김명호 | 중국인 이야기 **❽**

김명호 | 중국인 이야기 ⑧

한길사

중국인 이야기 ❽

지은이 김명호
펴낸이 김언호

펴낸곳 (주)도서출판 한길사
등록 1976년 12월 24일 제74호
주소 10881 경기도 파주시 광인사길 37
홈페이지 www.hangilsa.co.kr
전자우편 hangilsa@hangilsa.co.kr
전화 031-955-2000~3 **팩스** 031-955-2005

부사장 박관순 **총괄이사** 김서영 **관리이사** 곽명호
경영이사 김관영 **편집주간** 백은숙
편집 노유연 박홍민 배소현 임진영
관리 이주환 문주상 이희문 원선아 이진아 **마케팅** 이영은
디자인 창포 031-955-2097
인쇄·제책 예림

제1판 제1쇄 2020년 12월 3일
제1판 제3쇄 2024년 10월 15일

값 19,000원
ISBN 978-89-356-6347-7 04900
ISBN 978-89-356-6212-8 (세트)

"트루먼은 조선을 포기할 생각이 없다.
겪어보지 못한 큰 전쟁이 될지 모른다.
원자탄이 떨어지면 수류탄으로 대응해라.
미국을 종이호랑이라고 무시하는 것은
전략일 뿐이다. 미국은 진짜 호랑이다."

■마오쩌둥

중국인 이야기 ❽

일러두기

중국어 인명·지명 등 고유명사는 외래어표기법 '주음부호와 한글대조표', 중국어 사전의 '병음·주음 자모대조표'에 근거해 표기했다. 20세기 이전 생물의 인명, 잡지와 신문명, 좀더 친숙하거나 뜻을 잘 드러내는 일부 용어는 우리말 한자 독음으로 읽었다.

예) 쩡궈판 → 증국번, 런민르바오 → 인민일보, 이허위안 → 이화원,
  톈안먼 → 천안문, 쯔진청 → 자금성, 타이허뎬 → 태화전

냉전이 낳은 괴물 1

"우리는 혼 빠진 망령과 다를 바 없다.
인천에 상륙할 때와는 딴사람이다.
1분 1초가 미 해병대 역사상
가장 참혹한 순간이었다.
매일 밤 내 인생에
내일은 없다는 생각을 했다."

두 곳의 전쟁터

"실패를 성공으로, 패배를 승리로, 욕심을 덕행으로
포장할 줄 알아야 선전가 자격이 있다."

어느 노부인과의 만남

1991년 5월 10일, 홍콩에서 황먀오쯔(黃苗子) 부부를 만났다. 천
안문 사태 이후 호주에 머물며 가끔 홍콩을 오간다며 웃었다. 서울
나들이를 권했더니 흔쾌히 수락했다. 부인이 유명 화가 위펑(郁風)
인 것도 그날 처음 알았다.

위펑이 친구에게 들었다며 항미원조(抗美援朝)를 얘기해서 깜짝
놀랐다. 중국인들은 6·25전쟁을 그렇게 불렀다.

"항미원조에 지원했던 친구가 있다. 압록강 건너 서울까지 종군
기자로 활약한 맹렬여성이다. 폐허나 다름없던 서울이 다시 비상
하기 시작했다며 자기 일처럼 좋아한다."

다음 날 베이징에서 온 치궁(啓功) 노인과 어울렸다. 망명객이나
다름없던 대화가 황융위(黃永玉) 부부와 아들도 함께했다. 내가 한
국인이라 그런지 항미원조 얘기가 빠지지 않았다.

황먀오쯔와 위펑의 서울 나들이는 그렇고 그랬다. 서울을 떠나
던 날 황먀오쯔와 몇 마디 주고받았다.

"장한즈(章含之)의 책을 본 적 있느냐? 베이징에 가면 만나봐라.

세상을 떠난 전 국무원 외교부장 차오관화(喬冠華)의 부인이다. 항미원조에 대해 아는 것이 많다."

몇 년 후 베이징에서 황먀오쯔와 위핑의 귀국기념 전시회가 열렸다. 개막식 참석자들의 면면이 일품이었다. 둔황(敦煌)학회 비서장이 "여기 폭탄이 터지면 한동안 중국은 깜깜하겠다"고 할 정도였다. 황먀오쯔가 내게 종이쪽지를 건넸다. 장한즈의 주소와 전화번호가 적혀 있었다. 주소를 보니 어딘지 알 만했다.

스자후퉁(史家胡同)의 고풍스런 사합원(四合院)에서 노(老)부인을 만났다. 마오쩌둥과 장한즈 부친의 친필 족자가 걸린 거실은 품위가 넘쳤다.

"평양에 가봤느냐?"

"못 가봤다."

"여행은 자유로운가?"

"그렇지 않다."

"남편이 정전협정에 참가한 지 몇십 년이 지났다. 아직도 자유롭게 오가지 못하느냐? 차오관화는 한국과 인연이 많았다. 대학생 시절 항미원조로 전국이 열광했다. 나도 매일 거리에 나가 항미원조 참여를 외쳐댔다. 우리 연령층 모두가 그랬다."

이후 중국 사람들이 항미원조라 부르는 6·25전쟁에 관심을 갖기 시작했다. 자료를 닥치는 대로 모았다. 기상천외한 것들이 많았다.

차오관화의 말년을 물었다. 노부인의 말은 횡설수설 두서가 없었다.

"세상 떠나기 며칠 전 시중쉰(習仲勛)과 우슈촨(伍修權) 동지가 다녀갔다. 김일성 주석은 마오쩌둥 주석에게 극진했다. 마오 주석은 김일성이 생일선물로 보낸 황주 사과를 내 결혼식 전날 밤 보내 줬다. 남편은 개성 지역 얘기를 자주 했다. 딸 이름도 개성의 옛 지명인 '쑹두'(松都)라고 지었다. 항미원조 정전담판 북한 측 대표 남일이 지어줬다. 항미원조 초기, 우슈찬 동지가 유엔에 갈 때 남편도 같이 갔다."

우슈찬은 문혁 4인방 재판의 재판관이었다. 6·25전쟁 초기 유엔안전보장이사회에 차오관화와 함께 참석했다는 말은 금시초문이었다. 6·25전쟁 발발 초기 중화인민공화국은 유엔 회원국이 아니었다. 당시 국제사회에서 중국을 대표하는 정부는 대만의 중화민국이었다.

냉전의 화약고가 된 한반도

1950년 6월 25일 새벽 4시, 북한군이 남침을 시작했다. 소련제 탱크가 38선을 무너뜨렸다. 이튿날 미국이 참전을 선포했다. 3일 후, 미국 대통령 트루먼의 명령으로 미 7함대가 대만해협으로 이동했다. 필리핀에 주둔하던 미군도 인도차이나 전쟁에 투입했다. 신중국은 미군이 중국을 포위했다며 발끈했다. 외교부장을 겸하던 정무원 총리 저우언라이(周恩來)가 성명을 냈다.

"미국이 무슨 행동을 하건, 대만이 중국에 속해 있다는 것은 영원히 변할 수 없는 사실이다. 미 7함내의 숭국 영토 침범은 유엔헌장의 철저한 파괴를 의미한다."

1949년 12월 6일, 소련을 방문하는 마오쩌둥을
산하이관(山海關)역 플랫폼에서 기다리는 우슈찬(오른쪽 둘째).
왼쪽부터 외교부 부부장 리커눙(李克農), 훗날 국무원 부총리와
중공 중앙정치국 상무위원을 역임한 리푸춘(李富春),
철도부장 텅다이위안(滕代遠),
마오의 장남 마오안잉(毛岸英), 우슈찬.

인민정부 위원회 제8차 회의에 참석한 마오쩌둥도 포문을 열었다.

"전 세계 각국의 업무는 그 나라 인민들 스스로 해결해야 한다. 아시아주(Asia洲)에서 벌어지는 일은 아시아주 인민들의 일이다. 미국의 간섭을 받을 이유가 없다. 미국의 제국주의적 행동은 아시아주 인민들의 폭 넓고 단호한 저항을 초래할 것이다. 1월 5일 트루먼은 대만에 간섭하지 않겠다는 성명을 발표한 적이 있다. 5개월 전의 성명이 허위라는 것을 스스로 증명했다."

대만 국민정부는 북한의 남침 소식에 들떴다. 반공대륙(反攻大陸)의 기회가 왔다고 흥분했다. "북한을 통해 중국의 동북 지역으로 진입하고, 동남 해안 지역을 제2의 전쟁터로 만들 수 있다"며 전쟁이 확대되기를 희망했다. 총통 장제스(蔣介石)가 전쟁 발발 다음 날 이승만 대통령에게 깊은 관심을 표명하는 전문을 보냈다.

29일, 맥아더가 한강 방어선을 시찰하자 국민당도 미 국무부에 비망록을 전달했다.

"북한이 무력으로 남한을 침공했다. 중화민국은 남한을 지원할 용의가 있다. C46 수송기 20대로 최정예군 3만 3,000명을 5일 안에 한반도에 투입할 수 있다."

장제스의 의견도 곁들였다.

"중화민국 정부군은 한국과 가까운 거리에 있다. 가장 빠른 시간 내에 도착이 가능한 우군이다."

미국정부의 의견이 엇갈렸다. 트루먼은 찬성했다.

"국민당 군대가 참전하면 미군 투입을 감소시킬 수 있다. 사망자도 그만큼 줄어든다."

국무장관 애치슨이 반대의견을 냈다.

"미국은 이미 7함대를 대만에 파견했다. 공격받을 지역으로 파악했기 때문이다. 보위를 위해 함대까지 파견한 지역의 군대를 한반도에 참전시키는 것은 모순이다. 장제스 군대의 전투력도 장담할 수 없다. 대만이 참전하면 공산중국도 참전하지 않는다는 보장이 없다."

미국은 장제스의 제안을 완곡하게 거절했다. 유엔 총회에 참석한 중화민국 외교부장도 "미국은 대만을 침략하지 않았다"고 선언했다.

중국공산당 유엔 대표단

9월 15일, 맥아더가 지휘하는 연합군이 인천에 상륙했다. 전세가 역전됐다. 서울 수복 전날인 9월 17일, 저우언라이가 총회를 앞둔 유엔 사무총장 트뤼그베 리에게 전문을 보냈다.

  "중화인민공화국이 중국을 대표한다. 총회에서 대만의 국민
당 대표를 축출해라. 관철되지 않으면 중국에 관한 모든 결의는
불법이다. 우리는 무효로 간주하겠다."

24일, 리에게 항의 서신을 보냈다.

  "미군 비행기가 우리 영공에 침입했다. 안둥(安東, 지금의 단둥
丹東) 중심가에 포탄 12발을 투하했다. 총회에 우리 대표단을 파
견해 미국의 죄상을 밝히겠다."

  저우언라이는 유엔에 누구를 보낼지 고심했다. 전쟁 중에는 국
제무대에 군인을 보내는 전통이 있었다. 우슈촨만큼 적합한 사람
이 없었다.

  우슈촨은 1908년 후베이(湖北)성 우창(武昌)의 빈민가정에서 태
어났다. 개울물로 끼니를 대신하고, 학교 문턱엔 가보지도 못했다.
열다섯 어린 나이에 중공 창당 발기인 천탄추(陳潭秋)와 둥비우(董
必武)의 소개로 사회주의 청년단에 가입했다. 2년 후, 모스크바로
갔다. 중산(中山)대학에서 마르크스주의를 체계적으로 익혔다. 행
동이 민첩하고 장악력이 뛰어났다. 모스크바 보병학교에서 모셔갈
정도였다. 졸업 후 소련 극동국 산하 정보기관에서 외교 문제를 담
당했다. 22세 때 소련공산당 후보당원 자격증을 받았다. 중국 홍군

이 어렵다는 소식을 듣자 자진해서 귀국했다. 장정 시절, 중국 역사에 남을 모든 전투에 빠진 적이 없었다. 선전 실력도 탁월했다.

태평양 전쟁 막바지인 1945년 4월, 유엔 창설이 임박했다. 장제스는 중공 대표도 참여시켰다. 중공은 둥비우와 우슈촨을 추천했다. 국민당은 우슈촨을 경계했다. 국민당 정보기관은 우슈촨이 손으로 눈을 자주 비비는 것을 주목했다. 국제 의전상 전염성이 강한 트라코마 환자는 외교무대에 내보낼 수 없다며 우슈촨을 탈락시켰다.

4년 후, 신중국이 탄생하자 사정이 달라졌다. 트라코마는 전혀 문제될 게 없었다. 외교부 부부장 리커눙이 우슈촨과 함께 대표단을 선정했다. 땅 덩어리가 워낙 큰 나라였다. 구석구석에 인재가 많았다. 하버드대학에서 경제학 박사 학위를 받고 귀국한 청년과 러시아어에 능통한 여성을 통역으로 차출했다. 초대 국무원 외교부 신문출판국장 차오관화도 고문 자격으로 합세했다. 준비를 마친 저우언라이는 연일 미국 비난 성명을 발표했다.

"미국은 속으로 우리와 외교적 접촉을 희망했다"

이런 얘기하는 사람이 많다.

"중공은 선전술로 대륙을 석권했다."

틀린 말이 아니다. 혁명 시절 중공에는 빼어난 선전가들이 많았다. 한결같이 트집 잘 잡고 자신들의 실책은 얼렁뚱땅 뭉개는 능력이 뛰어났다. 1950년 11월, 유엔은 신중국의 선전장이었다. 한반도 북쪽 장진호(長津湖) 인근에 도달한 미 해병대가 쑹스룬(宋時輪)의

유엔 헌장 선포식에 중국 해방구 대표로 참석해 헌장에
서명하는 중공 화북(華北) 인민정부 주석 둥비우.
1945년 6월 26일, 미국 샌프란시스코.

요상한 전략에 허둥지둥할 때였다.

1950년 10월 19일, 중국인민지원군이 압록강을 도강했다. 4일 후인 10월 23일, 유엔은 저우언라이의 특파대사 파견 제안을 수락했다. 저우는 대표단의 미국 입국에 대한 도움도 요청했다.

"대표단은 중화인민공화국 외교관 여권을 소지했다. 미국은 우리의 수교국이 아니다. 프라하 소재 미국 대사관에 입국사증을 요구할 예정이다. 미국 측과 협의해주기 바란다."

중국 특파대사 우슈촨의 회고를 소개한다.

"미국은 유엔의 결정에 반대했다. 겉으로만 그랬다. 속으로는 우리와 외교적인 접촉을 희망했다. 소련 일변도였던 우리의 외교정책을 흔들려는 속셈이었다. 미국이 끝까지 반대했다면 총회 참석은 불가능했다. 반대하면서 방관했다고 보는 것이 옳다. 미국은 대표단이 유엔에 도착하기도 전에 우리의 한국전 참전을 성토했다. 소환할 것을 제안하며 우리를 모욕했다. 소환은 식민주의자나 제국주의자가 노복들에게 쓰는 용어다. 인구 수억인 주권국가에 합당한 말이 아니다. 미국의 제안은 부결됐다. 대만으로 쫓겨간 장제스 측의 대표와 쿠바만 지지했다."

미국 유엔 대표는 중국 대표단의 권한 제한을 제안했다.

"연합군사령부의 한국전쟁 관련 특별 보고 토론에만 참석을 국한시키자."

저우언라이가 발끈했다. 유엔 사무총장 앞으로 전문을 보냈다.

1950년 11월 19일, 장진호 지역으로 향하는
중국인민지원군 9병단. 그해 겨울 장진호 일대는
미군과 중국인민지원군의
무덤이 되었다.

"미국의 대만 침략을 피해가려는 음모다. 대만과 한국 문제는 병합시켜야 한다. 우리는 미군이 설치한 연합군사령부를 연장할 수 없다. 그 사령부는 불법단체다. 특별 보고도 불법이다. 관철되지 않으면 유엔의 초청을 거부한다."

총성 없는 전쟁터로 향하는 외교관 우슈촨

11월 14일, 베이징공항은 환송인파로 들끓었다. 대표단 9명은 소련 민항기로 출국했다. 몽골과 이르쿠츠크를 거쳐 크라스노야르스크에서 대설(大雪)을 만났다. 비행이 불가능할 정도였다. 소련은 "미 제국주의와 대결할 특사들이 탄 비행기"라며 군인 수천 명을 동원해 제설작업을 했다. 모스크바공항에서는 소련 비밀경찰 책임자 베리야에게 간단한 교육도 받았다. 미국 대통령 트루먼이 "극동의 평화는 중국의 태도에 달려 있다. 미국은 한국전쟁에 적극적으로 개입할 의사가 없다"는 묘한 발언을 한, 바로 그날이었다.

우슈촨 일행은 베이징 출발 6일 만에 프라하에 도착했다. 공항에서 체코 부총리와 주 체코 대사 탄시린(譚希林), 프라하 주재 유엔 대표의 영접을 받았다. 탄시린이 한국 전황을 설명했다.

"미군이 중국 국경선 3킬로미터 앞까지 왔다. 쑹스룬에게 험한 꼴 당할 날이 머지않았다."

탄시린은 황푸군관학교 시절부터 저우언라이의 측근이었다.

프라하의 미국 대사관은 굼떴다. 3일을 기다리라고 했다. 우슈촨은 수십 년이 지난 후에도 어처구니없어했다.

"비잔지 뭔지, 별것도 아니었다. 여권에 네모난 도장 하나 찍혀 있었다. 밥은 굶어도 지루함은 참기 힘들었다. 즐거운 일도 있었다. 체코 외교부 차관이 유엔에 근무했었다는 말을 듣고 배움을 청했다. 목소리가 예쁜 미인이었다. 지금도 맑은 시냇물 소리를 들으면 그날이 떠오른다. 귀가 간지럽고 차관의 모습이 눈에 어른거린다. 들은 내용은 다 까먹은 지 오래다. 나보고 미남이라고 했다. 23일 프라하를 떠났다. 런던공항에 잠시 머무는 동안 영국 외무장관이 중국인민지원군의 한반도 철수를 요구했다는 소식을 듣고 놀랐다. 남한 대통령 이승만이 유엔의 한국 내정 간섭에 불만을 표시했다는 말도 들었다. 1950년 11월 24일, 뉴욕 시간 6시 13분, 전혀 다른 세상에 도착했다."

기자들이 몰려들었다. 우슈촨은 마이크를 피하지 않았다.

"중·미 양국의 인민들은 오랜 기간 우의를 다져왔다. 이 기회에 평화를 사랑하는 미국인과 뉴욕 시민에게 경의를 표한다."

대표단은 월도프아스토리아 호텔에 여장을 풀었다. 스위트룸 9개와 집무실을 5주간 임대했다. 비용이 엄청났지만 개의치 않았다. 출발 전 저우언라이가 우슈촨에게 한 말이 있었다.

"전 세계 인구의 25퍼센트가 중국인이다. 세계가 대표단을 주목한다. 외교는 돈이다. 대국 대표답게 가장 비싼 곳에 투숙해라. 밥도 방으로 시켜 먹어라. 도청을 조심해라. 할 얘기 있으면 부근 공원을 산책하면서 해라. 시금 미국은 반공과 반중국 분위기가 상상 이상이다. 누굴 만나건 호전적인 용어는 피해라. 한국에서 정전 담판이 조속히 열리기를 희망한다는 말만 해라. 유엔에서는 하고 싶은 말 다 해도 된다."

앞에서는 평화, 뒤에서는 전쟁

돈 퍼붓고 바보되기 쉬운 것이 홍보다. 얼치기들이 하면 그렇다. 선전은 차원이 다르다. 자신의 존재감과 장점을 만방에 각인시키는 것이 선전이다. 실패를 성공으로, 패배를 승리로, 욕심을 덕행으로 포장할 줄 알아야 선전가 자격이 있다. 억지와 이간질, 모든 책임을 상대방에게 뒤집어씌우는 것은 기본이다. 6·25전쟁 참전 후 중국이 그랬다. 국제무대에서 평화를 외치며 뒤로는 전쟁에 골몰했다.

1950년 겨울, 중국 특파대사 우슈촨이 유엔에서 미국에 대한 비난과 신중국 선전에 열을 올렸다. 한반도 북방 최대의 호박(湖泊), 장진호 주변이 인간지옥일 때였다.

11월 28일 오후, 우슈촨이 유엔 안보리 회의장에 모습을 드러냈다.

"중화인민공화국 중앙인민정부의 명을 받들어 전 중국 인민을 대표해 이 자리에 나왔다. 중국 영토 대만과 우리의 인접국 조선을 무력 침략한 미국정부를 고발한다. 미국은 대만의 미국 위탁관리와 중립화를 은밀히 획책했다. 카이로회담과 포츠담선언에 위배된다. 대만을 자신들의 항공모함 취급하는 미국은 규탄받아 마땅하다."

베이징시 부녀 4만여 명이 참석한 항미원조 지지대회.
마오쩌둥 좌우로 김일성과 스탈린의 초상화가 걸려 있다.
1951년 1월 28일, 고궁 태화전(太和展).

미국 대표 오스틴이 반박에 나섰다.

"미국은 대만을 침략한 적이 없다. 중화민국 외교부도 미국의 침략을 받지 않았다고 공언했다."

우슈찬이 발끈했다.

"미 7함대와 13항공단이 어디에 있는지 아느냐. 대만에 없다면 화성(火星)에 있다는 말이냐 뭐냐. 현재 대만에 와 있다. 미 제국주의자는 1895년 일본침략자들이 걷던 길을 답습하고 있다. 지금은 1950년이다. 1895년이 아니다. 시대가 다르고 상황도 변했다. 중국도 그때 중국이 아니다. 중국 인민들의 침략자 구축(驅逐)과 영토 회복 각오를 가볍게 보지 마라."

중국 대표단은 세 가지 건의안을 안보리에 제출했다.

"미국의 대만 침략과 조선 문제 개입은 범죄행위다. 견책과 제재를 바란다. 미국 군대는 대만에서 철수해라. 미국을 비롯한 모든 외국 군대도 조선에서 철수해라."

당시 미국에는 중공에 우호적인 인사가 많았다. 연설이 끝나자 방청석에 있던 에드거 스노가 다가와 악수를 청했다. 얘기는 5주 전으로 거슬러 올라간다.

26

"쑹스룬은 만취해야 전쟁에서 이긴다"

1950년 10월 20일, 중국인민지원군의 압록강 도하 이튿날 마오쩌둥이 쑹스룬을 불렀다. 쑹스룬이 대만 공격을 준비하고 있을 때였다.

"미국이 대만해협을 봉쇄했다. 대만은 너무 멀어졌다. 가까운 조선에 가서 솜씨를 발휘해라. 미 해병대에게 본때를 보여줘라. 술 부지런히 퍼 마셔라."

술 얘기를 꺼낸 이유가 있었다. 쑹스룬의 주량은 중국 최고였다. 중국공산당 당내에서 두 번째라는 소문이 장정 시절부터 자자했다. 첫 번째가 누군지는 이름만 무성할 뿐 지목된 사람이 없었다. 저우언라이라는 설이 있지만, 저우도 쑹스룬과는 대작을 피했다.

쑹스룬은 술 마신 다음 날은 전쟁에서 꼭 이겼다. 항일전쟁 시절에도 그랬고, 국·공내전 때도 마찬가지였다. 맨 정신에 지고 온 적은 있어도 만취상태에서 패한 적은 없었다. 이런 우스갯소리가 있다.

> "검객 이태백은 술 취하면 시인(詩人)으로 돌변했다. 『수호전』 무송은 술 취한 후에 호랑이를 때려잡았다. 쑹스룬은 만취해야 전쟁에서 이긴다."

주장군(酒將軍)이라는 별명이 전혀 이상하지 않았다.

마오쩌둥은 쑹스룬을 9병단 사령관 겸 정치위원에 임명했다. 황푸군관학교 5기생인 쑹스룬은 타고난 전략가였다. 매복과 기습에

중앙군사위원회에 출석해, 장진호 전투
상황을 보고하는 쑹스룬.
1952년 봄, 베이징.

일가견이 있었다. 휘하 군단장들에게 요구했다.

"미군 전술의 특징을 연구해라. 지휘관의 소양을 제고시켜라. 종이가 강철에 대항할 방법을 찾아라. 나는 승리를 자신한다."

9병단에는 20·26·27, 3개 군이 있었다. 총 15만 병력 대부분이 남방 출신이었다. 목적지도 모른 채 동북으로 이동 중 열차 안에서 항미원조 지원군(志願軍)으로 출전한다는 소식을 들었다.

9병단은 11월 7·12·19일, 세 차례에 걸쳐 야밤에 압록강을 건넜다. 고산지역을 거쳐 21일 새벽 장진호 주변 지역에 집결했다. 한국군과 함께 북진 중이던 미군은 중국인민지원군 대부대가 코앞에 올 때까지 깜깜했다.

장진호 인근까지 미군 정찰기에 발각되지 않은 것은 전쟁사에 남을 기적이었다. 장진호에서 쑹스룬과 격돌한 미 해병대 1사단장 스미스도 경탄했다. 정전 협정 체결 후, 미군 전사 연구가에게 말했다.

"장진호 일대는 근본적으로 군사행동에 적합한 장소가 아니었다. 칭기즈칸도 정복할 엄두는 못 낼 그런 곳이었다. 병력 15만을 잠복시켜 우리를 포위한 쑹스룬은 무모한 지휘관이 아니었다. 대전략가였다."

11월 27일 밤, 쑹스룬이 공격명령을 내렸다. 사방에서 피리, 꽹가리, 나팔 등 온갖 괴상한 소리가 난무했다. 통신 수단이 열악한 중국인민지원군의 연락방법이었다. 미군은 무슨 영문인지 알 길이 없었다. 순식간에 아수라장으로 변했다.

비슷한 시각, 우슈촨은 미국의 제의로 유엔 안보리에서 열린 중국의 한반도 침략 규탄 토론회에 참석했다.

엄동설한 매복으로 미군을 섬멸한 쑹스룬

전쟁은 승자와 패자가 있기 마련이다. 6·25전쟁은 예외다. 무기한 연기나 다름없는 휴전상태로 흐지부지되다 보니 서로 이겼다고 주장하는 이상한 전쟁이 돼버렸다. 장진호 전투도 양측 모두 승리를 자처했다. 승자는 따로 있었다. 아름다운 산하에 화약 냄새와 피비린내가 진동하자 분노한 동장군(冬將軍)이 진정한 승자였다. 싸우다 죽은 사람보다 얼어 죽은 사람이 더 많았다.

1950년 겨울, 장진호 일대는 미군과 중국인민지원군의 무덤이었다. 날씨도 한몫했다. 50년 이래 최대의 혹한이었다. 영하 30도는 기본이고 40도에 육박한 적도 있었다.

구전되는 일화가 있다.

"1950년 11월 22일, 맘 놓고 북진 중이던 미 10군단은 추수감사절 특식 칠면조를 즐기고 있었다. 장진호 서안에 와 있던 해병 1사단 7연대와 5연대는 보급이 지연됐다. 사병들은 C레이션 박스의 쇠고기와 콩으로 칠면조를 대신했다. 갑자기 한파가 몰려왔다. 설사병 환자가 속출했다. 한 사병이 배를 움켜쥐고 간이화장실로 달려갔다. 몇 분 후 화장실에서 비명이 요란했다. 달려가보니 어처구니가 없었다. 배출 중이던 변이 변기통에 얼어 있던

위장막 설치하는 중국인민지원군.
화약 냄새와 피비린내가 진동하는
전쟁터에서 진정한 승자는
동장군이었다.

변과 언 채로 연결돼 엉덩이 사이에 붙어 있었다. 군의관이 톱으로 겨우 빙분(氷糞)을 떼냈다. 곰이나 호랑이라면 모를까, 장진호 주변은 사람 있을 곳이 못 됐다. 속으로 맥아더를 원망했다."

미 해병 1사단은 제2차 세계대전에서 혁혁한 무공을 세운, 미국 최강의 부대였다. 육군 7사단과 함께 알몬드가 지휘하는 10군단에 속해 있었다. 인천상륙작전 성공 후 바다를 통해 흥남에 상륙했다. 흥남에서 함흥을 거쳐 장진호까지 가는 길은 하나밖에 없었다. 그 것도 수천 년간 사람보다 야생동물이 더 오가던 꾸불꾸불한 소로(小路)였다.

항미원조 지원군 출병 후 마오쩌둥은 베이징 교외 굴속에 지휘부를 차렸다. 온종일 한반도 지도에서 눈을 떼지 않았다. 서부전선에서 성과를 거두자 지원군 사령관 펑더화이(彭德懷)에게 전문으로 명령했다.

"서쪽은 그 정도면 됐다. 일부만 남아서 저항하고 38·39·40·42군을 동쪽으로 이동시켜라. 미 10군단을 장진호 부근으로 유인해라. 동서 양쪽에서 포위해버려라. 동쪽에 있는 9병단 산하 20군과 27군은 이미 매복에 들어갔다. 병참이 큰 문제다. 26군은 명령 있을 때까지 대기시켜라."

펑더화이는 마오의 지령을 9병단 사령관 쑹스룬에게 전달했다. 장진호를 향하던 미 해병 1사단 선발대는 유리하다 생각되는 곳에서 야영했다. 한밤에 소변이 급해 일어났던 하급 지휘관이 구술을 남겼다.

"주변 산세에 등골이 오싹하고 간담이 서늘했다."

중간에 있는 5개 마을은 미군의 공습으로 폐허나 다름없었다. 가끔 중국인민지원군과 총격이 벌어졌지만 별 것 아니었다.

11월 26일, 유담리(柳潭里)라는 이름 예쁜 마을에 도달할 즈음 심상치 않은 정보가 들어왔다.

"6일 전 중국인민지원군 3개 사단(우리의 연대 정도)이 유담리를 통과했다. 해병 1사단을 포위 중이다. 중국군 2개 군단도 매복을 완료했다."

미 육군 1사단장 스미스는 어릴 때부터 "중국 사람은 음흉하고 똑똑하다"는 소리를 많이 들었다. 짚이는 바가 있었다. 헬기에 올랐다. 장진호 일대와 개마고원의 험준한 산세, 행군 중인 부하들이 한눈에 들어왔다. 스미스는 중국군이 포위를 시도할 만하다고 확신했다. 어떤 일이든 만에 하나가 문제였다. 장진호 남단 마을에 간이비행장 건설을 요구했다.

"긴급 상황이 발생할 수 있다. 공중보급과 부상병 수송을 완비한 후에 조금씩 전진하겠디."

전쟁 귀신 스미스도 중국인민지원군의 매복은 믿지 않았다. 영하 30도를 웃도는 엄동설한이었다. 8만에 가까운 병력이 흔적도 없이 설원에 매복한다는 것은 말도 안 되는 소리였다. 10군단장 알몬드는 물론이고 최고 사령관 맥아더도 중국군이 매복했다는 정보를 믿지 않았다. 지원군 9병단이 미 10군단을 향해 공격을 시작했을 때도 최초의 반응은 웃어넘기는 정도였다. 미군에 쫓긴 잔여부대의 소동 정도로 취급했다. 항일전쟁과 국·공내전의 맹장 쑹스룬을 우습게 봤기 때문이다.

미군을 우습게 보기는 마오쩌둥도 마찬가지였다. 펑더화이에게 이런 전문을 보낼 정도였다.

"미 10군단을 전멸시켜라. 한 명도 남기지 마라. 상대를 전멸시키면 우리 병사 한 명만 남아도 우리가 승리한 거다."

11월 27일 새벽 9병단의 공격이 시작됐다. 9시 15분, 미 해병대 정찰기가 황급히 보고했다.

"중국군 진지가 서남부 전선과 도로 남북에 널려 있다. 해병 1사단이 포위됐다."

28일 밤 10시 30분, 잠복해 있던 중군 지원군 9병단 산하 20군이 미 해병 1사단에 싸움을 걸어왔다. 혈전이 벌어졌다. 지원군은 무기가 빈약했다. 낡은 박격포와 수류탄에 의존했다. 수류탄 투척거리는 30미터를 넘지 못했다. 미군 코앞까지 다가가 수류탄을 던지고 쓰러졌다. 밤새도록 줄을 잇는 지원군의 수류탄 투척에 미군은 경악했다.

1952년 9월 중국인민지원군 9병단은
한반도에서 철수했다. 귀국 후
가족과 소풍 나온 쑹스룬.

국제무대에서 서로를 비난하는 공산당과 국민당

11월 29일, 뉴욕 유엔 안보리 회의장은 시작부터 웅성거렸다. 미국은 중국 특파대사 우슈촨이 제안한 '미국의 조선 침략' 안건의 첫 번째 발언권을 한국 대표로 참석한 외무장관 임병직(林炳稷)에게 안배했다. 우슈촨은 토론회 참석을 거절했다.

임병직의 발언이 끝나자 대만의 중화민국 대표 장팅푸(蔣廷黻)가 뒤를 이었다. 우슈촨은 중국 대표단과 함께 다시 회의장에 들어갔다. 장팅푸는 자신이 중국을 대표한다며 유창한 영어로 중공을 비난했다.

우슈촨도 발언권을 얻었다. 장팅푸를 국민당 패잔집단의 대표라고 몰아붙였다.

"저 사람은 장제스 패거리의 대표에 불과하다. 중국인이 맞는지 의심스럽다. 위대한 5억 인민을 대표한다는 사람이 중국어도 할 줄 모른다. 중국어는 유엔의 공식 언어다. 영어로 발언하는 것은 국격을 손상시키는 일이다. 장제스당을 대표할 뿐이다."

중국 대표단의 제안은 총회에서 부결됐다. 우슈촨은 분노했다. 뉴욕을 떠나지 않았다. 유엔도 글러 먹었다며 장외 투쟁에 나섰다.

일류 선전가 우슈촨, 유엔을 뒤흔들다

인간은 핑계를 명분으로 포장할 줄 아는 동물이다. 남에게 죄를 덮어씌울 줄도 안다. 그래서 만물의 영장이다. 6·25전쟁도 양측 모두 명분이 그럴듯했다. 먼저 밀고 내려온 북쪽은 조국 해방전쟁을 주장했다. 유엔군과 함께 반격에 나선 남쪽은 북진통일을 소리 높여 외쳤다.

전쟁이다 보니 파괴와 인명 피해는 당연했다. 유사 이래 최대의 인구 이동도 피할 수 없었다. 제 발로 올라가고 내려온 사람도 있지만, 살기 위해 내려온 피난민이 더 많았다. 신중국의 참전과 원자탄 때문이었다. 긴장이 계속됐다.

긴장은 엄청난 에너지를 뿜어냈다. 전후 회복 속도가 빨랐다. 평화와 풍요가 길다 보니 지난 일을 까먹었다. 온갖 망측한 일이 벌어졌다. 재치와 삼류 말장난이 지혜와 지식으로 둔갑했다. 무지와 막무가내 앞에 사실은 빛을 잃었다. 인간성 파괴는 덤이었다.

유엔은 미국의 독무대였다. 1950년 12월 7일, 미국과 다수의 유엔 회원국 대표가 중국 특파대사 우슈촨이 제안한 미국의 한반도 침략안을 총회에 상정키로 의결했다. 우슈촨은 반발했다. "미국이 유엔 조직을 농단한다. 흑백이 전도됐다"며 회의장을 떠났다.

12월 15일, 유엔 총회는 무기한 연기를 선언했다. 3일 후 유엔 정치위원회도 같은 결정을 내렸다. 우슈촨의 회고를 소개한다.

"총회의 결정은 취소나 마찬가지였다. 유엔 연단을 이용해 미제국주의와 투쟁하려던 계획은 실패로 돌아갔다. 장소를 회의장 밖으로 이전했다. 성공호(成功湖, Lake Success)에서 기자간담회를 열었다."

기자들 앞에서 우슈촨이 입을 열었다.

"우리는 평화를 쟁취하기 위해 유엔에 왔다. 미국의 조종을 받는 안보리 이사회는 우리의 합리적이고 평화적인 건의를 묵살했다. 중화인민공화국의 목소리를 전 세계가 듣도록 유엔 정치위원회에서 할 발언도 준비했다. 미국의 방해로 뜻을 이루지 못해 유감이다. 여기 원고가 있다. 읽어주기 바란다."

타자기 두드리는 소리가 요란했다. 우슈촨은 일류 선전가였다. 미국인에 대한 호감도 빠뜨리지 않았다.

"여러 방법으로 우리를 반겨준 미국인이 많았다. 충심으로 감사드린다. 우리는 중국과 미국의 인민들이 미국 통치 집단의 침략정책에 맞서 승리하리라 믿는다. 양국 인민의 우호 증진을 고대하는 우리의 뜻이 미국 국민에게 전달되기 바란다."

영문으로 번역한 자료 뭉텅이도 배포했다. 국·공내전 시절 중공 야전군이 국민당군에게서 노획한 미국 무기 사진첩이 눈길을 끌었다. 6·25전쟁 발발 후, 미국 비행기가 중국 영토를 폭격하는 사진 수백 장이 열거된 책에 기자들은 고개를 갸웃했다.

중국 대표단은 유엔의 서방국가 대표들과 활발히 접촉했다. 미국 내 진보적 인사도 직접 방문했다. 흑인가수 폴 로브슨(Paul Robeson)은 미국을 대표하는 인권운동가였다. 중국 국가 「의용군행진곡」을 부르기도 한 친중 인사였다. 대표단 일원 궁푸성(龔普生)은 컬럼비아대학 재학 시절 가까이 지낸 로브슨을 방문했다. 중

차오관화(왼쪽 둘째)와 중국 최초의 여성외교관
궁푸성을 대동하고 미국 기자초대회에 참석한 우슈촨(맨 왼쪽).
1950년 12월 4일, 뉴욕.

국을 대표해 안부를 전하며 저우언라이의 초청장도 전달했다. 미국 정보기관의 물밑대화 제안은 거절했다.

미국정부의 대응도 만만치 않았다. 미국 국내 은행에 예치된 중국인의 예금을 동결시켰다. 대표단 고문 차오관화는 경호원들에게 인기가 많았다. 동결 발표 전날 여성 경호원 한 명이 차오관화에게 정보를 흘렸다. 대표단은 은행 마감시간 직전에 예치했던 자금을 인출했다. 12월 24일 오후 2시 36분, 장진호에서 후퇴한 한국군과 유엔군이 흥남부두에서 철수작전을 완료한, 바로 그날이었다.

11월 하순, 장진호 지역에 도달한 미 10군단은 방심했다. 중국인민지원군의 공격을 받고 나서야 모든 거점이 포위된 것을 알았다. 11월 30일 밤, 군단장 알몬드가 남쪽으로 방향을 돌리라고 선언했다.

구불구불한 산길에 줄을 잇는 철수 행렬은 장관이었다. 중국인민지원군은 낮에는 흔적도 보이지 않았다. 밤만 되면 미군을 공격했다. 유담리에서 하갈우리(下碣隅里)까지는 22킬로미터였다. 한 시간 동안 이동한 거리는 평균 286미터에 불과했다.

『뉴욕 헤럴드』가 해병 1사단 장교의 푸념을 소개했다.

"우리는 혼 빠진 망령과 다를 바 없다. 인천에 상륙할 때와는 딴사람이다. 다섯 주야를 악몽에 시달리며 혈로(血路)를 돌파했다. 1분 1초가 미 해병대 역사상 가장 참혹한 순간이었다. 매일 밤 내 인생에 내일은 없다는 생각을 했다."

유엔 특파대사직을 마치고 귀국한 우슈촨(왼쪽 둘째).
왼쪽 첫째는 대표단 고문 차오관화. 오른쪽 첫째가 차오관화의
첫 번째 부인 궁펑(龔澎). 1950년 12월 31일, 베이징.

전쟁 중인 나라의 백성은 소문에 약하다. 세상이 뒤숭숭하다 보니 사실 같은 소문이 꼬리를 물었다.

"12월 2일, 한국 국방장관 신성모가 한반도 북부에 원자탄을 투하해달라고 유엔에 간청했다."

유엔에 원자탄이 있을 리 없었다.

유엔군 총사령관 맥아더의 이름도 빠지지 않았다.

"맥아더는 우리의 은인이다. 한반도 북부와 중국의 단둥·선양·베이징·상하이·톈진·난징 등 6개 도시에 투하할 원자탄 26개를 미 합동참모본부에 요구했다. 일본도 원자탄 두 발에 손을 들었다. 북한과 중공은 망했다."

한반도 북부의 민간인들은 원자탄 투하 소리에 기겁했다. 우선 살고 보자며 피난 보따리를 꾸렸다.

한반도에 뜬 전쟁귀신들

"겪어보지 못한 큰 전쟁이 될지 모른다.
미국은 진짜 호랑이다."

한발 앞서 한반도로 떠난 펑더화이

40여 년 전, 10월 24일은 공휴일이었다. 명칭은 '유엔데이', 그럴 듯했다. 6·25전쟁 때 유엔군이 우리를 구해줬다고 고마워하던 시절 얘기였다. 금추시절(金秋時節)에 황금 같은 공휴일 하나 없어진 것을 애석해하는 사람이 간혹 있다. 역사는 정체된 연못이 아니다. 살아 움직이는 생물이다 보니 어쩔 수 없다.

중국은 하루 늦다. 10월 25일이 항미원조기념일이다. 미국에 대항하는 혈맹, 북한(朝鮮)을 지원(支援)하고, 가정과 국가를 보위하기 위해 출전을 자원한 지원군(志願軍)이 압록강을 건넌 날이기 때문이다. "소련이 중국을 떠밀고, 중국공산당이 청년들을 사지로 내몰았다"고 하면 누구 몽둥이에 정강이 부러질지 모를 정도로 아직도 열기와 흥분, 자부심이 식지 않았다.

지원군 총사령관 펑더화이는 6일 먼저 압록강을 도하했다. 1950년 10월 19일 밤, 라이트를 끈 녹색 지프 한 대가 압록강대교를 질주했다. 펑더화이와 정부 참모 양펑안(楊鳳安), 성호원 둘이 타고 있었다. 무전설비를 갖춘 대형트럭이 따라붙었다.

60년 후, 양펑안이 구술을 남겼다.

"펑더화이는 전황이 궁금했다. 지원군이 한반도에 도달하기 전에 김일성을 만나고 싶어 했다. 극비행동이었지만, 적의 동향도 모른 채 무장병력 없이 도강한 것은 모험이었다. 10일간 잠을 제대로 못 잔 펑더화이는 사람 몰골이 아니었다. 두 눈이 벌겋게 부어 있었다."

보다 못한 양펑안이 눈 좀 부치라고 권했다. 펑더화이는 버럭 화를 냈다.

"지금 잠이 오면 그게 어디 사람이냐."

펑더화이는 평정을 되찾자 감개무량한 듯이 입을 열었다.

"나는 전쟁 외에는 딱히 해본 일이 없다. 수십 년간 전쟁터만 누볐다. 오늘처럼 상대방의 상황을 모르고 나선 적은 없었다. 베이징에서 맥아더에 대한 책 두 권을 구입했다. 몇 번을 읽어도 무슨 말인지 모르겠다. 이해가 안 가면 별 내용 없는 거다. 위장과 대담한 포위로 적을 섬멸시키는 것 외에는 방법이 없다. 겨뤄볼 만하다."

몇 시간 후, 북한 부수상 박헌영과 조우했다. 김일성과도 연락이 닿았다. 평안북도 창성군 대동(大洞) 쪽으로 차를 몰았다. 북쪽으로 철수하는 북한 군민과 가축, 차량이 줄을 이었다. 머리에 짐 보따리를 올리고 압록강변으로 향하는 부녀자들이 인상적이었다.

　운전병은 스무 살이 채 안 된 동북(東北) 사람이었다. 북한의 지리와 지형을 알 턱이 없었다. 안전을 위해 차를 천천히 몰았다. 박헌영이 탄 차는 스탈린이 준 은회색 승용차였다. 속도가 빨랐다. 평더화이의 차가 뒤로 처지면 기다렸다 다시 가기를 반복했다. 성질 급한 평더화이는 박헌영의 차로 자리를 옮겼다. 같은 시간, 유엔군 사령관 맥아더는 1,000킬로미터 떨어진 도쿄의 호화주택에서 전쟁을 지휘하고 있었다. 자신의 적수가 될 중국 촌뜨기가 칠흑 같은 밤에 김일성을 만나러 가리라곤 상상도 못 했다.

"전쟁은 초기와 막판이 중요하다"

　평더화이는 20일 밤늦게 대동에 도착했다. 민가 몇 채가 흩어져 있는 작은 마을이었다. 21일 오전 8시 30분경, 먼저 와 있던 북한 주재 대리대사의 안내로 김일성과 회합했다. 마오쩌둥에게 첫 번째 전문을 보냈다. 회견 시간과 장소 외에 특별한 내용은 없었다. 마오의 답전도 간단했다.

　　"조선인민군과 조선노동당을 존중하고, 조선인민의 영수 김일성을 존중해라. 조선의 일초일목(一草一木), 일산일수(一山一水)를 소중히 여기고 보호해라."

6·25전쟁 시절, 마오쩌둥의 지시 때문인지
중국인민지원군 위문공연단은
주민들과 자주 어울렸다.

김일성의 환영 인사가 끝나자 펑더화이가 전선 상황을 물었다. 김일성은 난감한 표정을 지었다.

"적은 병력이 우세하다. 미 공군 엄호 하에 밀고 올라오는 중이다. 저지에 어려움이 많다. 어제 미 공수부대 1,000여 명이 평양 북방 숙천(肅川)과 순천(順川) 지역에 침투했다."

두 사람은 주변을 물리고 밀담을 나눴다. 때가 때인지라 신통한 먹거리가 없었다. 시골에서 키운 닭 한 마리와 반찬 몇 개 놓고 점심도 함께했다.

펑더화이는 대유동(大楡洞)으로 갔다. 지원군 부사령관 덩화(鄧華)와 회합했다. 대유동은 사면이 산으로 둘러싸인 작은 골짜기였다. 양쪽 산자락에 있는 폐광(廢鑛)이 김일성이 안배한 지원군 사령부였다. 김일성이 있는 대동과도 멀지 않았다.

동굴 안은 습기가 많고 어두웠다. 펑더화이가 덩화에게 엉뚱한 소리를 했다.

"둔황 생각이 난다."

몇 달 전까지 펑더화이는 서북 군정위원회 주석이었다. 둔황을 여러 차례 방문한 적이 있었다. 한마디 남기고 자리를 떴다.

"10월 25일 밤 작전회의를 소집해라. 야전 지휘관 전원에게 통보해라."

돌아서는 덩화에게 청푸(成普)를 부르라고 지시했다. 덩화는 무슨 말인지 금방 알아들었다.

펑더화이는 무슨 일이선 화부터 내는 습관이 있었다. 돌대가리 소리 안 듣고 하루를 보내는 참모가 거의 없었다. 장정과 항일전쟁,

둔황을 방문한 펑더화이. 오른쪽 여성은
'둔황의 수호신' 창수훙(常書鴻)의 부인 리청셴(李承仙).
1950년 9월, 막고굴(莫高窟).

국·공내전을 거친 맹장(猛將)들도 펑더화이 앞에만 가면 오금이 저렸다. 다 그런 건 아니었다. 청푸만은 예외였다.

이날도 달려온 청푸에게 눈웃음을 보내며 등부터 두드렸다. "마오 주석과 함께 너를 처음 본 지도 10여 년이 흘렀구나. 부디 살아서 돌아가라. 전쟁은 초기와 막판이 중요하다. 25일 밤까지 미군과 한국군 동향을 파악해라. 초기 작전계획 수립해서 보고해라."

청푸의 나이 서른한 살 때였다.

느릅나무골에 모인 중국의 별들

평안북도 창성군 동창면은 느릅나무(楡)가 많았다. 첩첩산중에 유난히 울창한 지역이 있었다. 지나가던 시인이 '대유동'(大楡洞)이라 이름 붙였지만, 다들 '느릅나무골'이라 불렀다. 식민지 시절 금맥이 발견되면서 외지인이 몰려왔다. '조선 제2의 금광 대유동'이라 부르기 시작했다. 금광은 오래가지 못했다. 풍광이 수려했던 느릅나무골에 귀신 콧구멍 같은 동굴들만 남았다. 훗날 중국인민지원군 수뇌부가 이곳에 전쟁 지휘부를 차릴 줄은 상상도 못 했다.

1950년 10월 25일 새벽 6시 대유동, 중국인민지원군 총사령관 펑더화이가 지휘관들을 소집했다. 사령부 성립 선포 후 첫 번째 작전회의를 열었다. 작전실 주임 청푸가 한반도 지도를 펼쳤다. 서른번째 생일이 갓 지난 청푸의 보고는 거침없었다.

"한국군과 유엔 연합군이 여러 경로로 북진 중이다. 고양동을 점령한 6사단 선발대의 목적지는 초산으로 단정해도 된다. 영원에 도달한 8사단은 희천에서 방향을 틀었다. 강계 근처에 와 있다. 1사단은 영변을 통과했다. 창성으로 향하고 있다. 영국군 27여단은 안주를 거쳐 신의주 방향으로 진군 중이다. 미국 기병 1사단과 보병 1사단이 24·25사단과 함께 평양에 집결했다. 미 해병 1사단과 보병 7사단은 원산에 상륙했다."

한동안 작전지도와 청푸를 주시하던 펑더화이가 입을 열었다.

"대책도 말해봐라."

청푸는 운산에서 온정에 이르는 지역을 지목했다.

"저들의 중점 공략 지역이다. 이 일대에 매복해 있다가 목을 졸라버리면 된다."

펑더화이는 흡족했다. 청푸의 어깨를 두드려줬다.

"엉덩이는 주석 몫이다. 상하지 않게 잘 간수해라."

지휘관과 참모들이 폭소를 터뜨렸다. 이유가 있었다.

청푸는 1937년, 18세 생일날 항일전쟁 발발 소식을 접하자 고향을 등졌다. 6개월간 굶기를 밥 먹듯 하며 중공의 항일근거지 옌안(延安)까지 걸어갔다. 항일군정대학에 입학해 두각을 나타냈다. 어찌나 총명했던지 교장 린뱌오(林彪)가 애지중지했다. 어린 나이에 조직과 작전 부서를 거치며 온갖 별꼴을 다 겪었다. 항일전쟁 막바지에는 총참모부 작전실에서 근무하며 전쟁이 뭔지를 터득했다. 일본 패망 후 국·공내전이 터졌다. 옌안을 포기한 마오쩌둥이 벽촌을 전전하며 전쟁을 지휘할 때 청푸는 마오의 그림자였다. 마오는 청푸의 의견 듣기를 좋아했다. 거침없는 얘기를 들을 때마다 기

국·공내전 말기 인민해방군 시절의 청푸.
청푸는 사진을 거의 남기지 않았다.
훤칠한 외모가 인상적이다.

특하다며 엉덩이 두드려주곤 했다. 이런 우스갯소리가 퍼졌다.

"청푸의 엉덩이는 주석이 맡아났다. 부인될 사람이 걱정이다. 결혼할 때까지 남아날지 모르겠다."

펑더화이나 저우언라이도 청푸를 칭찬할 때 어깨만 쓸어주며 웃었다.

마오쩌둥의 지원군 지도부 임명

펑더화이의 다음 시선이 덩화를 향했다.

"너는 장기전에 익숙한 지휘관이다. 전쟁 초기 동북변방군 사령관이었다. 압록강 건너 단둥에 상주하며 전황을 파악했을 줄 안다. 미국 참전을 예측하며 미군 전략 연구에 몰두했다고 들었다. 의견을 말해라."

덩화는 마오쩌둥의 애장(愛將)이었다. 지원군 총사령관으로 펑더화이를 선정하기 전부터 덩화를 부사령관으로 내정했다고 한다. 6월 25일, 북이 남침을 시작했을 때 13병단 사령관 덩화는 광둥(廣東)성 광저우(廣州)에 있었다. 7월 19일, 병단사령부 작전실에서 한반도 지도를 보며 이 생각 저 생각하던 중 마오의 급전을 받았다.

"변방이 위험하다. 급히 상경해라."

덩화를 만난 마오쩌둥은 본론부터 꺼냈다.

"트루먼은 조선을 포기할 생각이 없다. 네가 할 일이 생겼다.

동북 변방을 보위하며 미국과 싸울 준비를 해라. 겪어보지 못한 큰 전쟁이 될지 모른다. 원자탄이 떨어지면 수류탄으로 대응해라. 약점 움켜쥐고 바짝 붙어서 패배를 안겨라. 미국을 종이호랑이라고 무시하는 것은 전략일 뿐이다. 전술적으로 절대 무시해선 안 된다. 미국은 진짜 호랑이다."

평소 덩화는 펑더화이를 어려워했다. 조심스럽게 입을 열었다.

"미군은 세계 최강이다. 화력이 상상을 초월한다. 대담한 침투 전술을 쓰자. 약점을 발견하면 옆구리와 등을 살짝 건드리다 심장을 후려갈기자. 후방과 연락을 단절시킨 후, 분할해서 포위하고 섬멸하자. 미군은 정면 방어에 능하다. 조직도 꼼꼼하다. 그러니 정면 공격은 승산이 없다. 밝은 대낮에는 잠복하고, 어두울 때 공격하자."

듣기만 하던 펑더화이가 탁자를 내리쳤다.
"내 성격 잘 알리라 믿는다. 긴장할 필요 없다. 각자 장점과 풍부한 경험을 맘껏 발휘해라. 명령에 토 달지 말고 무조건 복종해라. 거역하면 누구건 용서하지 않겠다."
펑더화이는 지휘부를 발표했다.
"나는 중앙군사위원회가 정한 지원군 사령관 겸 정치위원이다. 덩화를 제1부사령관 겸 부정치위원에 임명힌다."
이어서 홍쉐즈(洪學智)와 한셴추(韓先楚)의 부사령관 임명도

덩화는 전쟁 시작부터 끝나는 날까지
한반도를 떠나지 않았다. 펑더화이 대신
사령관직을 수행하고 정전회담에도
지원군 측 대표로 참여했다.
훗날 개국 상장(우리의 중장 격) 계급을
받았다. 1950년 가을, 대유동.

발표했다. 북한과의 협조도 소홀히 할 수 없었다. 끝으로 한마디 했다.

"김일성 동지와 의논했다. 박일우 동지에게 부사령관과 부정치위원직을 맡긴다. 우리 당 위원회 부서기도 겸임한다. 모두 마오 주석의 뜻이다."

지원군의 진짜 지휘관은 마오쩌둥이었다. 부사령관들과 박일우 할 것 없이 회의 직전 마오의 전문을 받았다. 자신들이 할 일을 알고 있었다.

펑더화이의 이유 있는 분노

중화인민공화국 선포 70주년이 다가오자 황지광(黃繼光)과 만세군(38군)이 회자됐다. 황지광은 그렇다 치더라도 38군은 펑더화이의 성격과 무관치 않다.

펑더화이는 원만한 성격이 아니었다. 급하고, 희로애락이 분명했다. 아니다 싶으면 상대가 누구건 적당히 넘어가는 법이 없었다. 부하 지휘관이나 참모들은 눈치 보기 급급했다. 좋은 점도 있었다. 칭찬에 인색하지 않고, 아랫사람 공 가로채는 너절한 짓은 안 했다. 장정이나 항일전쟁, 국·공내전 때는 물론이고, 항미원조 지원군 총사령관 시절에도 마찬가지였다.

참전 초기, 지원군 총사령부(總部)는 직할부대가 없었다. 덩화, 한셴추, 훙쉐즈 등 고급 지휘관이 즐비한 13병단을 직속으로 편성했다. 13병단은 선봉부대였다. 진신(戰神) 린뱌오가 지휘하던 제4야전군 중 최정예였다. 펑더화이는 병단사령관 덩화를 지원군총사령부(총부) 제1부사령관에, 한셴추와 훙쉐즈를 2·3부사령관에 임명했다. 후속 부대가 도착하자 문제가 달라졌다. 한발 늦게 병력을 이끌고 압록강을 도하한 천겅(陳賡)이나 쑹스룬의 전공과 경력은 덩화를 압도했다.

덩화는 린뱌오의 총애를 한 몸에 받던 명참모였다. 펑더화이와 린뱌오는 내색은 안 했지만, 서로 우습게 보는 묘한 사이였다. 펑더화이는 시간이 갈수록 덩화를 신임했다.

13병단은 예하에 38·39·40·42·50·66 등 6개 군이 있었다. 총 25만 명이었다. 총부 직속이다 보니 펑더화이는 신경을 썼다. 1차 공세에서 우신취안(吳信泉)이 지휘하는 39군이 승리하자 흡족했다. 38군에게는 불만이 많았다.

1950년 11월 13일, 펑더화이가 지원군 당 위원회를 소집했다. 2차 공세를 앞둔 중요한 회의였다. 해 질 무렵, 미군이 버리고 간 소형 지프들이 대유동 지원군 총부에 모습을 드러냈다. 펑더화이의 비서였던 양평안은 반세기가 지난 후에도 그날을 잊지 못했다. 생동감 넘치는 구술을 남겼다.

"각 군의 지휘관과 정치위원들이 집결하자 총부는 활기가 넘쳤다. 압록강 도하 후 20여 일간 초연 속에서 고전을 치른 일선 지휘관들의 첫 번째 모임이었다. 저녁 먹고 총사령관의 집무실로 향하는 모습이 엄숙했다. 걸음을 옮길 때마다 화약 냄새가 코를 찔렀다."

펑더화이는 지휘관들에게 1차 공세의 득실을 설명했다. 비판도 빠뜨리지 않았다. "작전 경험이 전무한 부대도 있었다. 명령을 제대로 집행하지 않았다"며 좌중을 둘러봤다. 얼굴에 노기가 서서히 드러나기 시작했다. 이를 악물더니, 주먹으로 책상을 치며 버럭 소리를 질렀다.

"38군 량싱추(梁興初)! 어떤 놈이야?"

량싱추가 벌떡 일어섰다. 사색이 된 채 땀까지 뻘뻘 흘렸다. 펑더화이의 질책이 시작됐다.

"나는 네가 호랑이라는 소문을 들었다. 호랑이는 무슨 놈의 호랑이냐. 쥐새끼만도 못 한 놈이다. 고양이가 물어가도 시원치 않을 놈이다."

펑더화이는 화내기 시작하면 점점 정도가 심해지는 성격이었다. 고래고래 소리 지르며 온갖 욕설을 퍼부어댔다. 량싱추가 한마디 하려 하자 말대답질 한다고 재떨이를 집어 들었다. 벽에 던지며 독한 말도 서슴지 않았다.

"나 펑더화이는 읍참마속(泣斬馬謖)이 진리라고 믿는 사람이다."

1952년 10월, 지휘관들과 함께 신임 지원군
부사령관 양더즈(楊得志, 오른쪽 셋째)와
회의를 마친 량싱추(왼쪽 둘째).

당장 죽여버리겠다는 의미였다. 량싱추는 고개를 숙였다.

"제 목을 치시기 바랍니다."

호랑이 량싱추와 38군

펑더화이는 서서히 자리에 앉았다. 덩화와 총정치부 주임 두핑(杜平)이 겨우 펑더화이를 진정시켰다. 밖으로 나온 량싱추는 어찌나 놀랐던지 계속 토했다. 동료 지휘관들에게 "내 잘못이 크다"며 긴 한숨을 내뱉었다. 참석자들은 소문으로만 듣던 펑더화이의 성격에 간담이 서늘했다고 한다.

펑더화이의 분노는 이유가 있었다. 지원군 측의 주장은 이렇다.

"회의 16일 전인 10월 28일, 38군은 희천에 진입했다. 한국군 2개 연대의 퇴로를 차단한 상태였다. 한국군은 청천강 이남으로 이동하고 38군은 청천강 이북에 있었다. 이때 38군이 청천강 이남으로 파고들면 청천강 이북의 한국군을 소멸시킬 수 있었다."

38군은 "청천강 남쪽에 막강한 미국 흑인부대가 집결해 있다는 정보를 입수했다. 한동안 머뭇거렸다. 다음 날 황혼 무렵에야 공격을 시작했다. 한국군 8사단이 새벽에 희천을 철수한 다음이었다. 흑인부대는 흔적도 없었다.

펑더화이는 2차 공세에서 량싱추에게 종책을 맡겼다. 덩화에게 귓속말을 했다.

"량싱추는 맹장이다. 내게 받은 치욕을 공으로 답할 테니 두고 봐라."

38군은 미군 2개 사단과 한국군 1개 사단에 맹공을 퍼부었다. 7시간에 걸친 전투에서 2개 연대를 섬멸했다. 포로 중에는 미군 고문도 있었다. 노획한 무기와 차량도 기대 이상이었다. 보고를 받은 펑더화이는 입이 벌어졌다. 덩화를 불렀다.

"역시 38군이다. 량싱추는 호랑이가 맞다."

전군에 알리겠다며 붓을 들었다.

"38군은 우수한 전통을 발휘했다. 비행기와 탱크 100여 대가 포탄을 쏟아부어도 돌격을 멈추지 않았다. 승리를 축하하며, 가상함을 전군에 널리 알리고자 한다. 중국인민지원군 만세! 38군 만세!"

훗날 량싱추를 접견한 마오쩌둥도 찬사를 아끼지 않았다. 고개 숙이며 "주양, 주양(久仰, 久仰·존함들은 지 오랩니다) 만세군 군장"을 연발했다.

전쟁은 초기와 막판에 영웅을 배출한다. 양건쓰(楊根思)는 항미원조 초기, 장진호에서 후퇴하는 미군의 퇴로를 차단하기 위해 폭탄 5킬로그램을 들고 미군 진지에 뛰어들었다. 황지광은 정전담판이 한참이던 1952년 10월 20일, 상감령 전역(戰役)에서 21세의 나이로 세상을 떠났다. 전우들을 구하기 위해 몸으로 기관총 세례를 막았다고 한다. 수많은 영웅 중에서 이 두 사람만 특급영웅 칭호를 받았다.

특급영웅의 부모는 대우를 받았다. 황지광의 모친 덩팡즈(鄧芳芝)는 전인대 대표까지 지냈다. 다들 "황엄마"라고 불렀다. 마오쩌

격추한 미군기 잔해로 만든 수저 선물을 받고 즐거워하는
펑더화이(왼쪽 첫째). 1953년 봄, 개성.

특급영웅 황지광의 모친 '황엄마' 덩팡즈(왼쪽)는
주더와 춤을 추고 싶다는 소원을 성취했다.

등도 3번 만났다. 황엄마는 중국 홍군의 아버지 주더(朱德)와 춤 한 번 추는 것이 소원이었다. 주더는 춤을 좋아하지 않았지만 거절할 도리가 없었다.

미군의 인천상륙을 예견했던 중국

외국과 무슨 일을 할 때는 통역이 중요하다. 말 잘못 옮겼다가 일 복잡하게 만드는 경우가 허다하기 때문이다. 그래서 그런지, 중국 고위 외교관 중에는 최고 통치자의 통역 출신이 많았다. 지금도 그렇다.

1949년 6월 29일, 주한미군은 군사고문단 500여 명을 놔둔 채 철수했다. 9월 19일, 소련 홍군도 고문단을 잔류시키고 북한을 떠났다. 숫자가 엄청났다. 남한의 미군 고문 몇 배는 됐다.

중국인민지원군 참전 초기, 지원군 지휘부는 소련 고문들의 간섭에 불만이 많았다. 자존심 강한 펑더화이가 가만있을 리 없었다. 사사건건 충돌했다. 소련 고문단도 스탈린에게 전문을 보낼 때마다 펑더화이를 깎아내렸다.

"우리가 제시하는 작전방침이나 행동계획을 이해 못 한다. 제대로 배우지 못한 건 알고 있었지만, 머리도 나쁘다. 회의 때마다 해괴한 전략전술을 제시하며 우리 의견을 무시한다. 원칙성이 강한 사람이다. 한 번 정하면 양보하는 법이 없다. 우리에게 서구식 군사교조주의에서 달피하라는 중고를 대놓고 한다. 웃으며 헤어진 적이 한 번도 없다. 시간이 갈수록 더 심하다. 처음에는

생일날 북한이 선물한 한복을 입고 쑥스러워하는 펑더화이.
오른쪽이 동북 인민정부 주석 가오강(高崗).
왼쪽은 중국 주재 북한 대사 이주연.
1951년 10월 24일, 함흥.

그러지 않았다."

스탈린은 고문들의 불평을 무시하지 않았지만, 믿지도 않았다. 이유가 있었다.

전쟁을 일으킨 북한군이 파죽지세로 낙동강까지 진출하자 중국은 당황했다. 전쟁으로 잔뼈가 굵은 지휘관들이 머리를 맞댔다. 결론을 총리 저우언라이에게 보고했다. 저우는 보고서를 스탈린에게 전달했다. 미군의 인천상륙을 예견하는 내용이었다.

"인천 지역에 견고한 방어태세를 준비하라"는 중국의 권고를 소련 고문들은 무시했다. 북한도 마찬가지였다. 중국의 경고는 한 번에 그치지 않았다. 7월 중순에서 9월 초순까지 세 차례 북한을 설득했다.

"미군이 해상을 통해 인천에 상륙하면 남쪽으로 내려간 조선인민군은 후로가 차단된다. 적시에 북쪽으로 철수해서 주력을 보존해야 장기전에 승리할 수 있다."

참전을 준비하던 동북변방군 13병단 사령관 덩화의 분석은 구체적이었다.

"조선인민군은 전선이 남쪽으로 길게 늘어져 있다. 미군은 해군과 공군이 강하다. 조선은 동쪽에서 서쪽까지의 거리가 짧다. 해안으로 들어와 허리를 잘라버리면 위험하다."

8월 13일, 덩화와 홍쉐즈가 린뱌오에게 연명으로 보낸 보고서도 큰 차이가 없었다.

동북변방군의 보고서를 읽은 린뱌오는 무릎을 쳤다. 저우언라이

한국전 참전을 대기하는 동북변방군.
동북변방군 13병단 사령관 덩화는
미군의 인천상륙을 예견했다.

통해 스탈린에게 전문을 보냈다. 스탈린은 린뱌오의 전략에 혀를 내두른 적이 한두 번이 아니었다. 김일성과 소련 고문들을 재촉했다. 전과 같은 답변이 돌아왔다.

"미군의 상륙 가능성은 없다."

유엔군의 인천상륙 1주일 전인 9월 8일, 인민해방군 총참모장 녜룽전(聶榮臻)의 분석은 마지막 통보나 다름없었다.

"미군의 적극적인 반공(反攻)이 멀지 않았다. 여러 징후를 분석한 결과 인천이 확실하다."

소련 고문들은 중국 측의 여러 차례에 걸친 분석을 여전히 무시했다. 하도 듣다 보니 북한군은 손을 썼다. 인천과 서울 지역에 방어 준비를 했다. 급조한 부대이다 보니 전투력이 약했다. 남침 3일 만에 점령했던 서울에서 인천상륙 3일 만에 쫓겨났다.

유엔군의 인천상륙 이후 스탈린은 북한주재 고문단보다 펑더화이와 중국 지휘관들을 더 신뢰했다. 펑더화이를 매도하는 고문들에게 펑더화이의 착오나 결점을 구체적으로 적시해 보내라고 지시했다. 답변이 왔다.

"지적할 만한 결점이나 작전상 착오는 없었다."

스탈린은 통역 때문이라고 직감했다. 중국 측에 펑더화이의 통역을 바꾸라고 건의했다.

펑더화이의 걸출한 통역들

펑더화이의 첫 번째 러시아어 통역은 마오쩌둥의 장남 마오안잉(毛岸英)이었다. 마오안잉은 준재였다. 청년 시절 모습도 중국인들이 "가장 바람직한 전 중국의 통치자감"이라 여기던, 장제스의 큰 아들 장징궈(蔣經國)와 흡사했다.

마오안잉은 열네 살 때 중국을 떠났다. 10년간 소련에서 온갖 신산(辛酸)을 삼켰다. 어린 나이에 이마노프 국제아동보육원에서 더 어린 동생들을 보살피며 책을 끼고 살았다. 원장이 억지로 떠안긴 소년대 대장도 능청맞게 해냈다. 1939년 봄, 열일곱 살 때 콤소몰(Komsomol, 레닌주의 청년공산주의자동맹)에 가입해 지부 서기에 뽑혔다. 실물보다 사진으로 더 익숙한 부친처럼 의지가 강했다. 목숨 내거는 일도 피하지 않았다. 1941년 나치를 상대로 소련의 위국(衛國)전쟁이 폭발하자 참전을 자원했다.

당시 소련은 중국정부 요청으로 중국 청년들의 소련군 입대를 허락하지 않았다. 마오안잉은 소련군 정치부 주임을 찾아갔다. 정치부 주임은 마오안잉이 누구 아들인지 알고 있었다. 전쟁터에 보냈다가 죽기라도 하면 보통 일이 아니었다. 참전 대신 군사학교 입학을 권했다. 2년 후 소련군 중위 계급장을 달고 볼셰비키에 가입했다. 군사학에 매력을 느꼈다. 모스크바의 프룬제 군사대학에 진학했다. 세계적인 군사대학 재학 중 전차 연대 당대표를 맡았다. 지금의 벨라루스와 폴란드, 체코 전투에서 두각을 나타냈다. 스탈린이 칭찬을 아끼지 않았다.

"마오쩌둥의 아들답다. 꼬마 마오(少毛)로 손색이 없다."

1946년 1월 중공 근거지 옌안으로 귀국할 때 손잡이가 예쁜 권총 한 정을 선물했다.

마오안잉은 자원병 1호였다. 사령부에 근무하며 소련 고문들과

마오안잉은 1950년 10월 19일 압록강을 건넜다.
초등학교 교사 류스치(오른쪽)와 결혼한 4일 후였다.
1개월 후 미 공군이 투하한 소이탄에 목숨을 잃었다.
1950년 10월 8일, 베이징.

의 통역을 전담했다. 소련인들은 러시아어에 막힘이 없고, 소련 사정에 밝은 중국 청년을 좋아했다. 오해나 충돌이 발생하지 않았다. 11월 25일, 마오안잉이 대유동에서 전사했다. 새로 온 통역은 의사 전달에 문제가 많았다. 전방 지휘관들의 불만이 잇달았다.

스탈린의 건의를 받은 저우언라이가 새로운 통역을 물색했다. 치타 주재 총영사 쉬제판(徐介藩)만 한 인물이 없었다. 펑더화이에게 의견을 물었다. 펑더화이가 질색했다.

"내가 감히 쉬제판을 통역으로 쓰다니 말도 안 된다. 게다가 장메이(張梅)의 남편이다. 다른 사람 찾아봐라."

장메이는 린뱌오의 전 부인이었다. 쉬제판은 학력과 경력이 화려했다. 황푸군관학교와 광저우(廣州) 항공학교, 레닌그라드 홍군 항공학교, 모스크바 동방노동자 공산주의대학 학적부에 이름을 남겼다. 코민테른 동방부와 소련 홍군 작전참모도 역임한 소련 전문가였다.

저우언라이는 장메이에게 전화를 걸었다. 장메이는 모스크바에서 린뱌오를 차버리고 의과대학에 입학한 당찬 여인이었다. 자신도 의료요원으로 지원하겠다며 저우를 안심시켰다. 쉬제판은 총리가 제의한 지원군 총사령부 판공실 주임직을 수락했다. 소련 고문단은 쉬제판을 어려워했다. 단순한 통역으로 대하지 않았다. 펑더화이와의 관계도 원만해졌다.

쉬제판과 장메이(왼쪽). 쉬제판은 빼어난 항공전문가였다.
하얼빈 공정학원 교수를 끝으로 퇴임했다.
장메이와 린뱌오 사이에 태어난 자녀를 직접 양육했다.
1958년 여름, 하얼빈.

지루한 후반전 2

"전쟁은 총성이 음악을 대신할 뿐,
파티와 비슷하다. 시작은 요란해도
흐지부지 끝나는 것이 보통이다.
진이 빠질 때까지 오래 끌수록 좋다."

피와 땀, 광기

"전쟁은 보급이 중요하다.
지금 우리는 휴식이 필요하다."

펑더화이, 서울 점령 후 남진을 멈추다

중국인민지원군 사령관 펑더화이는 평북 창성군 대유동에서 두
차례 전투를 지휘했다. 한국군과 유엔군이 밀리자 새로운 지휘부
자리를 물색했다. 1950년 12월 10일, 평남 성천군 신성천 서수동
으로 이전했다. 이틀 후, 미 공군기가 서수동 일대를 맹폭했다. 지
원군 사령부는 심야에 서수동을 떠났다. 군자리에 새로운 둥지를
틀었다.

군자리는 묘한 지역이었다. 발가락처럼 생긴 지하갱도가 사방
에 널려 있었다. 내부가 서로 연결되고 공간도 넓었다. 대형회의
장소로 부족함이 없을 정도였다. 미군기에 발각될 염려도 없었다.
6·25전쟁과 북한 문제에 조금이라도 관심 있는 사람이라면 누구
나 다 아는 '군자리 회의'도 여기서 열렸다.

중국인민지원군과 북한군은 연합작전을 폈지만, 삐걱거릴 때가
많았다. 펑더화이가 김일성과 마오쩌둥에게 불만을 표시했다.

"명령은 힌곳에서 나와야 한다. 통일된 지휘체계 수립이 절실
하다."

김일성도 공감했다. 베이징으로 달려갔다. 마오쩌둥, 저우언라이와 머리를 맞댔다. 두 번째 회담에서 연합사령부 설립에 합의했다.

1951년 1월 초, 서울을 점령한 펑더화이는 남진을 중지했다. 김일성은 울화가 치밀었다. 군자리에 나타나 펑더화이와 회담했다. 말이 좋아 회담이지 살벌했다. 의자와 물잔을 집어 던지며 난투극 일보 직전까지 갈 지경이었다. 진정되자 펑더화이가 대전략가의 면모를 드러냈다. "우리 모두 성질이 급해서 탈이다. 마오 주석이 너를 존중하라고 했다"며 입을 열었다.

"지원군의 손실이 심각할 정도에 이르렀다. 세 번 모두 이겼다고 나대지만, 사망자와 부상자가 너무 많다. 마오 주석의 아들까지 불덩어리에 휩싸였다. 전쟁은 보급이 중요하다. 용맹이나 정신력은 몇 시간 지나면 쓸모가 없다. 지금 우리는 휴식이 필요하다. 적은 아직도 20만 명이 멀쩡하다. 부산에 쭈그리고 있을 때와는 상황이 다르다. 평택·영월·제천·삼척 일대에서 우리가 내려오기를 기다리고 있다. 지금은 중요한 시점이다. 준비 없이 싸우는 것은 모험이다. 정치적인 변화가 있으면 모를까, 미군과 그 졸개들을 한반도에서 퇴출시키는 것은 불가능하다."

두 사람은 중·조 양군 고급간부 회의를 열기로 합의했다.

군자리 회의

1월 25일 새벽, 군자리 연합사령부에서 회의가 열렸다. 정식 대표 60명과 참관인 62명, 총 122명이 한자리에 모인 대형회의였다. 김일성이 조선노동당 중앙정치국원과 군 지휘관들을 거느리고 회의장에 나타났다. 덩화와 천경을 양옆에 거느린 펑더화이가 동북인민정부 주석 가오강과 함께 일행을 맞이했다. 가오강과 천경의 등장은 참석자들의 눈길을 끌기에 충분했다.

가오강은 동북의 왕이나 다름없었다. 당시 동북의 모든 기관에는 스탈린과 가오강의 초상화가 나란히 걸려 있었다. 무슨 행사건 가오 주석 만세를 불렀지 마오 주석 만세는 부르지 않았다. 가오강은 알아도 마오쩌둥은 모르는 동북인이 많았다. 마오쩌둥도 가오강을 '동북왕'이라고 불렀다.

천경은 국·공내전 말기 윈난(雲南)을 점령한, 전설적인 군사전략가였다. 황푸군관학교 1기생으로 장제스의 목숨을 구한 적이 있었다. 장제스의 총애를 한 몸에 받았지만, 저우언라이를 만나면서 장제스와 다른 길을 걸었다. 제1차 국·공합작 파열 후에는 저우언라이와 함께 상하이의 지하공작과 배신자 제거를 주도한 신비투성이였다. 말 한마디를 해도 운치와 유머가 넘쳤다. 욕을 해도 품위가 있었다. 다들 좋아했다.

윈난 해방 후, 천경은 호찌민의 초청을 받았다. 보응우옌잡과 함께 국경 지역의 프랑스군 봉쇄전략을 세웠다. 훗날 디엔비엔푸에서 프랑스군에게 승리한 것은 천경의 기본전략을 그대로 따랐기 때문이라고 한다. 천경은 지하공작자 시절 문호 루쉰(魯迅)과도 친

가오강은 중국 최대의 중공업지구, 동북의 통치자였다. 지원군 지원에
물불을 가리지 않았다. 스탈린이 한국전쟁은 가오강이
치렀다고 말할 정도였다. 전쟁 기간
안산(鞍山)제철소를 방문한 가오강(가운데).

펑더화이(가운데)는 사진 찍기를 싫어했다.
군자리 회의 기간 신화통신 여기자의 간청으로
딩화(오른쪽), 천경(왼쪽)과 함께
촬영을 허락했다.

분이 두터웠다. 김일성도 중학교 시절 루쉰의 애독자였다. 5일간 계속된 회의 기간 중, 쉬는 시간만 되면 천경과 함께 루쉰에 대한 이야기를 나누며 즐거워했다.

중국인민지원군 정치부 주임 두핑이 개회 모습을 기록으로 남겼다.

"미군 폭격기가 시도 때도 없이 소란을 피우는 바람에 깃발도 생략했다. 표어나 구호도 붙이지 않았다. 만장일치로 스탈린 원수와 마오쩌둥 주석을 대회 주석단 명예주석에 추대했다. 김일성, 김두봉, 박헌영, 김웅, 박일우와 펑더화이, 가오강, 덩화, 쑹스룬 등 아홉 명으로 주석단을 구성했다. 나는 비서장을 맡았다."

김두봉이 개회사를 하고 펑더화이가 그간 전투과정을 보고했다. 분단 토의도 활발했다. 홍쉐즈가 후근(后勤)공작의 어려움을 토로했다.

"지원군의 후근공작은 문제가 많다. 물자 공급이 수준 이하다. 어느 부대나 먹지 못하고, 탄약이 부족하다. 부상병 치료도 엉망이다. 제공권을 상실했기 때문이다. 90일간 세 차례 전쟁을 치르며 자동차 1,200대를 손실했다. 앞으로 3,400대가 필요하다. 현재 100여 대가 남아 있다. 열차를 이용한 신속한 조달 바란다."

두핑이 미국과 중국을 비교했다.

중국인민지원군은 탄약 운송에
한국 부녀자들을 많이 징발했다.

"1950년 미국은 철강 8,772만 톤을 생산했다. 우리는 60만 톤이 채 안 된다. 미국이 3만 1,000대의 군용비행기를 보유한 것에 비해 중국은 200대도 못 된다. 미군 1개 군의 화력은 탱크 430대와 고사포를 포함한 대포 1,500문이다. 미군 공포증이 만연될까 우려된다. 대적 공포증에 사로잡힌 군대는 패하고야 만다. 동북은 우리의 후방기지다. 가오강 주석은 나의 요구를 경청하리라 믿는다. 정치 공작도 중요하다. 전쟁이 끝나면 조선 민중이 우리를 혐오하지 않도록 정치교육에 힘써줄 것을 당부한다. 병사들에게 아랫도리 조심하고, 대소변 아무 데나 갈기지 말고, 침 함부로 뱉지 않는 것부터 가르쳐라."

홍쉐즈의 발언은 설득력이 있었다. 동북으로 돌아간 가오강이 팔을 걷어붙였다. 중국 전역에 항미원조 위원회가 결성됐다. 헌금과 군용비행기 헌납이 줄을 이었다. 간 큰 사기꾼들도 제철을 만났다. 기상천외한 일들이 벌어지기 시작했다.

"피와 땀이 두렵지 않다"

중국공산당은 선전과 선동에 일가견이 있었다. 수십 년간 지하에서 연마한 전문가들이 많았다. "인민은 무지한 집단이다. 위대하다고 부추기면 진짜 그런 줄 안다. 엄청난 에너지를 발산한다. 여론은 만드는 것이지, 저절로 형성되는 것이 아니다. 국민을 다루려면 여론을 만들 줄 알아야 한다. 마무리만 잘하면 된다"고 확신하는 선수들이 당내에 즐비했다. 6·25전쟁 참전 후에도 실력을 발휘했다.

이승만이 미국에 고분고분하지 않았던 것처럼, 김일성도 만만치 않았다. 처음에는 스탈린에게 매달렸다.

"통일전쟁을 일으키겠다."

스탈린은 한반도 분할을 기획한 얄타회담의 당사자였다. 협약을 깰 생각이 없었다. 마오쩌둥을 끌어들였다. 마오는 신중국 선포 직후였다. 주저했다. 대만 점령과 토지개혁, 국민당 잔존세력 제거, 티베트 해방, 경제 건설 등 할 일이 태산 같았다. 김일성은 마오에게 말 한마디 없이 일을 저질렀다. 스탈린은 미국이 절대 참전하지 않는다는 김일성의 호언을 믿지 않았다. 마오의 등을 떠밀었다. 신중국은 소련의 원조가 절실하던 때였다. 스탈린의 손길을 뿌리칠 형편이 못 됐다.

남의 나라에 파병하려면 명분이 중요하다. 중국은 미 7함대가 대만해협을 봉쇄하자 미국을 침략자로 규정했다. "조선을 도와 미국에 대항하고 가정과 나라를 지키자"(抗美援朝 保家衛國). 중국인이라면 누구도 거부할 수 없는 구호를 내걸었다. '항미원조총회'도 신설했다. 형식은 순수 민간단체였다. 간부들도 비(非)당원으로 구성했다. 실권은 중공 지하당원들이 쥐고 있었다. 회장은 문단과 학계의 맹주(盟主) 궈모뤄(郭沫若)가 맡았다. 궈모뤄는 북한에 아는 사람이 많았다. 최용건, 김두봉, 홍명희, 이극로 등과 친분이 두터웠다.

항미원조총회는 전 국민을 싱대로 '스톡홀름 평화 선언' 지지 서명운동을 전개했다. 일주일 만에 2억 2,353만 1,898명이 서명했다

(『인민일보』 1950년 11월 28일 자). 총회는 위문품과 무기 구입에 쓸 헌금도 독려했다. 온 중국이 광기에 휩싸였다. 봉급을 자진 헌납하는 노동자와 숨겨놓은 돈을 들고 나오는 농민들이 전국에서 줄을 이었다. 결혼식 날 지원군에 자원한 젊은 부부가 신문에 대문짝만 하게 등장했다. 신랑의 말이 엄청났다.

"피와 땀이 두렵지 않다."

한 시인이 이들을 "가장 사랑스러운 사람"(最可愛的人)이라고 불렀다. 4만여 명이 혼인 서약과 동시에 지원군 자원서에 서명했다. 여자 잘 만난 청년들도 있었다. 신붓감이 귀에 대고 몇 마디 하자 정신이 번쩍 들었다. 결혼을 늦췄다.

미 공군기, 지원군 보급차량을 집중 타격

6·25전쟁은 현대화 전쟁이었다. 미국은 모든 기술과 무기를 동원했다. 중국인민지원군은 곤욕을 치렀다. 국내에서 치른 항일전쟁이나 국·공내전과는 비교가 안 됐다. 펑더화이의 정보비서가 구술을 남겼다.

"국민당군은 공군이 있기는 했지만, 강하지 못했다. 폭탄도 엉뚱한 곳에 투하하기 일쑤였다. 두려워할 이유가 없었다. 조선에 와보니 딴판이었다. 매일 미군 비행기가 폭탄을 퍼부어댔다. 날이 밝으면 활동이 불가능했다. 습기 찬 동굴에 있다 보니 일주일

항미원조 기간 중국 각지에서 위문품과 헌금을
자진 헌납했다. 1951년 봄, 충칭(重慶)의 항미원조
의연금 접수처에 운집한 노동자들.

도 못 돼서 온몸에 이가 들끓었다. 먹는 것도 문제였다. 해 뜨기 전에 한술 뜨면 어두워질 때까지 굶었다. 미군 비행기는 밥하는 연기만 보이면 내버려두지 않았다."

지원군은 무기 공급이 원활하지 못했다. 마오쩌둥도 예견하지 못할 정도였다. 국·공내전 시절 중공은 국민당군에게서 노획한 무기와 폭약으로 무장했다. 마오쩌둥이 "장제스가 우리의 무기 조달자"라고 큰소리칠 정도였다. 한국에서는 전리품을 써먹을 수가 없었다. 후퇴하는 미군과 한국군이 자동차 1,000여 대를 놓고 간 적도 있었다. 워낙 신품들이다 보니 작동하는 법을 몰랐다. 지원군에겐 쇳덩어리나 마찬가지였지만 그것도 잠시였다. 1시간만 지나면 비행기들이 나타나 폭탄을 쏟아부었다.

전쟁 초기 미 공군은 1,100여 대의 전투기를 동원했다. 중국인민지원군은 차량 1,300대가 수송을 담당했다. 일주일 만에 200여 대가 잿더미로 변했다. 1951년 초, 미 공군기는 1,700대로 늘어났다. 지원군 보급차량을 집중적으로 타격했다. 지원군의 차량과 물자 손실이 엄청났다.

복장도 심각할 정도였다. 중국군의 동복은 남방과 북방이 달랐다. 남방은 솜 750그램, 북방은 1,750그램을 사용했다. 한반도에 인접한 동북 출신이 참전했다는 것은 중국인민지원군에 대한 어설픈 지레짐작의 하나일 뿐이다. 지원군은 화동과 서북 출신이 많았다. 영하 30도를 웃도는 추위에 얇은 솜옷을 입었는데 행군속도가 빨랐다. 온몸이 땀투성이로 눈 위에 매복하다 보니 일어나지를 못했다. 1개 연대가 전투형태를 취한 자세로 동사한 경우도 있었다. 4만 명이 전사한 전투에서 2만여 명이 동사자였다.

1992년 겨울, 지원군 출신의 명(名)출판인 쑤천(蘇晨)의 회고담을 들은 적이 있다.

"조선전쟁 시절 나는 신화통신 기자였다. 전선을 여러 번 취재했다. 미군 비행기는 정말 무서웠다. 봄·여름에 입을 군복 40만 벌이 불구덩이에 휩싸인 것을 본 적이 있다. 한여름에도 솜옷 외에는 걸칠 것이 없었다. 양식도 부족했다. 미숫가루가 고작이었다. 밤에만 활동하다 보니 태양이 뭔지 잊은 지 오래였다. 야채가 있을 리 없었다. 비타민 결핍으로 야맹증에 시달렸다. 전투력이 저하됐다. 지원군 부사령관 홍쉐즈가 묘안을 냈다. 홍쉐즈는 구전되는 민간요법을 많이 알고 있었다."

홍쉐즈의 회고록에는 이런 구절이 있다.

"항미원조총회에서 땅콩, 황두, 간유구 등을 보내왔지만 양이 미치지 못했다. 한두 번 먹으면 동이 났다. 주변에서 방법을 찾았다. 병사들에게 솔잎을 다려먹으라고 일러줬다. 태평양전쟁 기간 일본인들이 남양군도에서 쓰던 방법이었다. 열흘 정도 계속 마시면 효과가 있었다. 소나무는 사방에 널려 있었다. 조선은 도처에 개울이 많았다. 영양보충과 피로회복에 올챙이 용법을 썼다. 컵에 올챙이를 넣고 물 부어 마시기를 계속하면 눈이 맑아졌다."

항미원조총회에는 돈이 많이 몰렸다. 상하이의 한 약장수가 가짜 약을 공급하다 덜미를 잡혔다. 일벌백계(一罰百戒), 체포 다음 날 공개처형했다. 전통극 가수 한 명은 비행기 헌납을 약정했다. 주위에서 비행기가 얼마나 비싼지 아느냐고 핀잔을 줬지만 아랑곳하지 않았다. 전국을 다니며 노래를 불렀다. 6개월 만에 비행기 한 대를 헌납했다. 가수의 이름을 따서 창샹위(常向玉)로 명명했다. 비슷한 일이 한둘이 아니었다.

폭격에도 끄떡없는 수송선

6·25전쟁 참전 초기, 중국인민지원군은 뒤에서 받쳐줄 기관이 없었다. 보급을 제대로 못 받았다. 사령관 펑더화이는 베이징의 중앙군사위원회에 여러 차례 전문을 보냈다.

"수송 역량이 수준 이하다. 4차 공세까지는 그럭저럭 때웠다. 보급을 전담할 후근사령부 설립이 절실하다."

1951년 4월 하순, 5차 공세가 시작됐다. 물자 결핍이 여전했다. 펑더화이가 부사령관 훙쉐즈를 호출했다. 결론만 얘기했다.

"당장 귀국해라. 저우 부주석에게 전선 상황과 수송 문제에 대해 상세히 설명해라."

저우 부주석은 총리 저우언라이를 의미했다.

훙쉐즈의 회고록에 이런 구절이 있다.

"중앙군사위원회와 동북군구(東北軍區)는 출국 부대를 위해 다량의 물자를 준비했다. 체제와 역량은 나무랄 데 없었지만, 공정(工程)부대가 없었다. 통신 시설과 방공(防空)에 필요한 무기를 갖추지 못했다."

저우언라이는 지원군에게 자력갱생(自力更生)을 요구했다. 이유가 있었다. 항일전쟁 시절 중공이 지휘하는 팔로군(八路軍)이나 신사군(新四軍)은 일본군에게 노획한 무기와 식량에 의존했다. 주민들의 지원도 만만치 않았다. 국·공내전 시절에도 국민당군의 창고만 털면 만사해결이었다.

항미원조는 경우가 달랐다. 북한의 물자 지원은 어림도 없었다. 자신들의 의식주도 해결 못 할 형편이었다. 수십만, 많을 때는 100만에 가까운 중국인민지원군은 필수품을 본국에 의존했다. 전쟁이 계속되자 수송문제가 심각해졌다.

1950년 10월 말, 유엔군을 기습한 1차 공세는 중국 국경선에서 90킬로미터 떨어진 곳이었다. 10일 후 청천강 연변에 도달했을 때는 170킬로미터로 늘어났다. 수송선이 길어지고 탄약과 양식이 떨어지다 보니 작전을 계속할 여력이 없었다. 2차 공세에서 중국은 휘황찬란한 전적을 거뒀다고 자화자찬했지만, 후근 공작의 허술함이 드러났다. 미 공군의 폭격으로 철도가 기능을 상실했기 때문이다. 차량 2,000여 대를 동원했지만, 동북에서 보낸 보급품의 75퍼센트가 중도에 잿더미로 변했다. 보통 문제가 아니었다.

1951년 1월 22일부터 8일간 선양(瀋陽)에서 지원군 후근공작회

지원군에게 함량 미달 약품을 납품하다 적발된
상하이 다캉(大康)약방 주인 왕캉녠(王康年).
체포 다음 날인 1952년 2월 8일 오전, 형장으로 직행했다.

전통극 가수 창샹위는 전국을 다니며
노래를 불러 6개월 만에 비행기
1대를 헌납해 국민영웅이 됐다.

의가 열렸다. 저우언라이도 군사위원회 대표들과 참석했다. 군사
물자 수송을 놓고 갑론을박이 벌어졌다. 말석에 앉아 있던 30대 초
반의 청년이 손을 들었다.

"허락해주시면 5분만 발언하겠습니다."

저우언라이는 의외의 표정을 지었다. 옆에 앉은 리푸춘(李富春)
에게 눈길을 줬다. 동북 인민정부 부주석을 역임한 리푸춘은 청년
이 누군지 알고 있었다. "지원군 보급물자 수송을 담당한 선양 철
도국장 류쥐잉(劉居英)"이라며 고개를 끄덕였다.

류쥐잉은 베이징대학 화학과를 졸업한 중공 지하당원 출신이었
다. 총리의 허락이 떨어지자 입을 열었다.

"우리가 처한 어려움을 총리께 토로하고자 한다. 철로변의 역
무원과 철도병 전사들은 하루도 쉬지 않았다. 미군의 맹폭 속에
서 선혈을 뿌리며 지원군과 소통했다. 부상과 사망자가 그칠 날
이 없었다. 생존자들의 가슴에도 피멍울이 맺혔다. 지금 미군은
지원군의 목을 조르는 교살전(絞殺戰)에 돌입했다. 우리는 인력
과 장비, 고사포를 요구한다. 소원이 이뤄지면 목숨을 걸고 폭격
으로 단절된 철교와 철도, 교량을 보수해서 운수에 차질이 없도
록 하겠다. 그럴 자신이 있다."

류쥐잉의 발언은 45분간 계속됐다. 저우언라이는 막지 않았다.
미동도 하지 않고 끝까지 경청했다. 내용이 구체적이고 실현 가능
성이 있었다. 류쥐잉이 착석하자 즉석에서 결정했다.

"류쥐잉을 지원군 철도운수사령관에 임명한다. 고사포부대 3개 사단을 운수사령부에 파견한다. 폭격에 끄떡없는 강철 같은 수송 선을 구축해라."

"전방과 후방이 모두 전쟁터다"

베이징에 도착한 훙쉐즈는 저우언라이와 함께 마오쩌둥을 만났 다. 마오는 후근사령부 설립에 동의했다. 펑더화이에게 전문을 보 냈다.

"후근사령관으로 적합한 사람을 물색해라. 나와 저우언라이는 의견이 없다. 직접 임명해라."

펑더화이는 기분이 좋았다. 베이징에서 돌아온 훙쉐즈에게 후근 사령관을 제의했다.

"현대 전쟁은 하늘, 땅, 바다가 연출하는 입체전이다. 전방과 후 방이 모두 전쟁터다. 앞으로 전방은 내가 맡을 테니, 후방은 네가 책임져라."

5월 중순, 류쥐잉은 중앙군사위원회에서 보낸 전문을 받았다. 항 미원조에 참전하라는 내용이었다. 보직이 '중·조 연합철도 운수 사령부 부사령관, 조선철도 군사관리총국 국장 겸 정치위원, 중· 조 전방철도 운수사령관 겸 정치위원' 등 거창했다.

류쥐잉은 당황했다. 경력이나 자질이 뛰어난 선배가 많았다. 조 선철도 군사관리총국 부국장에 임명된 북한 인민군 중장 김황일도 군사철도 전문가였다. 펑더화이에게 호소했다.

"나이가 어리고 경력도 일천합니다."

1951년 5월 중순, 중국인민지원군 총부에 도착한 류쥐잉.
34세이다 보니 어리다는 소리를 들을 만도 했다.
저우언라이 앞에서 보급의 중요성을
강력하게 주장하고 책임자로 발탁되었다.

조선철도 군사관리 총국장 류쥐잉(왼쪽)과 부국장 김황일.
두 사람은 힘을 합쳐 중국과 북한을 연결하는
강철 같은 수송선을 구축했다.
1952년 봄, 평안북도 정주.

펑더화이는 화를 냈다.

"군사위원회가 심사숙고했다. 변동은 있을 수 없다."

류쥐잉을 파격적으로 기용한 사람은 저우언라이였다. 젊다고 반대하는 사람들을 직접 설득했다.

"전쟁은 모험이 필요한 특수상황이다. 우리 시야에서 먼 곳에 있는 젊은이들을 발굴해서 단련시키고 시험할 수 있는 기회다. 류쥐잉이 임무를 수행하리라 확신한다."

1954년 4월까지 류쥐잉 재임 3년간 조선철도 군사관리총국 관할 구역에 출동한 미 공군기는 연 5만 9,000대였다. 투하한 폭탄은 19만여 발에 달했다. 철로 7미터에 포탄을 한 발씩 투하했다. 제2차 세계대전 때 독일이 영국 본토에 투하한 폭탄의 1.5배였다. 교량 1,606개가 절단나고, 열차 1,058량이 고철로 변했다. 이런 악조건에서 류쥐잉은 책 한 권으로 엮어도 모자랄 솜씨를 발휘했다. 수송이 원만해지고 미국도 교살전 실패를 인정했다.

6·25전쟁 관련 자료나 연구서적에서 류쥐잉의 이름은 찾기 어렵다. 중국인민지원군 제1부사령관과 사령관 대리를 역임했던 천겅은 1937년부터 일기를 썼다. 1952년 4월 9일 일기는 55자였다.

"류쥐잉의 운수정황 보고를 청취했다. 엄중한 공중폭격과 봉쇄 하에서 우리의 공급은 차질이 없다. 이건 기적이다. 이런 경험을 깊이 새기며 연구해야 한다."

개국대장 천겅은 사람 보는 눈이 밝았다. 정전협정 이후 자신이 원장인 하얼빈 공정학원 부원장으로 류쥐잉을 추천했다. 류쥐잉은 천경 사후에도 6년간 원장과 당 서기직을 겸임했다.

호찌민과 호형호제하던 천경

가천대 라종일 석좌교수님께서 이런 얘기를 해주셨다.

"천경의 아들과 잘 안다. 6·25전쟁을 실제로 치른 사람은 자기 아버지였다는 말을 여러 차례 들었다."

틀린 말이 아니다. 6·25전쟁에서 중국인민지원군의 저력을 과시한 갱도전(坑道戰)은 천경의 작품이었다. 천경의 전쟁 경력은 화려했다. 프랑스·일본·미국과의 전쟁에서 과감한 작전을 편 국제적인 군사가였다. 우리에게 생소할 뿐이다.

천경은 월남에서 6·25전쟁 발발 소식을 들었다. 호찌민의 군사고문으로 프랑스와의 전쟁에 빠져 있을 때였다. 두 사람의 인연은 1924년 황푸군관학교 생도 시절, 광저우에서 시작됐다. 당시 호찌민은 국부 쑨원(孫文)의 소련인 고문이었던 보르딘의 통역이었다. 황푸3걸(黃埔三傑)로 군관학교 교장 장제스의 총애를 한 몸에 받던 천경과는 호형호제하는 사이였다. 두 사람은 장제스가 지휘하는 북벌전쟁 시절에도 고난을 함께했다.

천경은 국·공내전 막바지에 윈난(雲南)에 무혈 입성했다. 윈난성 인민정부 주석과 군구사령관에 임명된 후, 중공 대표단 일원으로 월남을 방문했다. 프랑스군과 전쟁 중인 호찌민이 천경의 발목을 잡았다. 청년 시절 프랑스에서 호찌민과 많은 사연을 남긴 총리 저우언라이도 월남 국부의 청을 마다하지 않았다.

호찌민이 이끄는 인도차이나공산당은 자칭 16만의 병력이 있었지만 문제가 많았다. 천경의 아들 천즈젠(陳知建)이 어른들에게 들었다며 구술을 남겼다.

"월남군은 프랑스군과 몇 차례 전투를 거치며 혼란에 빠졌다. 양식과 탄약이 부족하고 집중력도 떨어졌다. 사방 수백 킬로미터의 밀림 속에 흩어져 있었다. 억지로 집결시켜봤자 2만여 명이 고작이었다. 아버지는 편제를 갖추고 훈련을 강화해 정규군으로 탈바꿈시켰다. 중국의 지원을 원활히 하기 위한 비밀통로도 개설했다. 호찌민은 중국에 올 때마다 우리 집을 지나치지 않았다. 어렸던 나는 삐쩍 마른 노인의 수염이 어찌나 신기했던지 잡아당겼다. 옆에 있던 어른들이 깜짝 놀라며 야단쳤다. 노인은 재미있어했다. 내 볼을 쓰다듬으며 엉덩이를 두드려줬다."

천경과 호찌민은 이런 사이였다. 호찌민에게 땅굴 파고 지하를 병영화하라고 권한 사람도 천경이라는 설이 지배적이다.

천경은 평생 일기를 썼다. 1950년 7월 8일 밤 월남에서 쓴 일기에 처음 한국을 언급했다.

"조선 인민군이 계속 남진 중이다. 한강 이남의 방어선을 돌파하고 미군 일부를 섬멸했다."

베트남 부총리 겸 국방부장 보응우옌잡(오른쪽 셋째)과 함께
공군 실험실을 둘러보는 천경(오른쪽 다섯째).
1955년 11월 하얼빈, 중국인민군사공정학원.

"전쟁은 마지막 전투가 가장 치열한 법이다"

천경은 저우언라이가 보낸 귀국 명령 전문을 받고 흥분했다. 11월 5일 일기장을 폈다.

"나도 북조선 출병이 임박했다는 소문이 떠돈다. 피할 수 없는 전쟁은 늦게 하는 것보다 일찍 하는 것이 유리하다. 몸이 들뜬다. 간밤에 잠을 이루지 못했다."

천경은 11월 29일 베이징에 도착했다. 당 중앙과 마오쩌둥에게 월남 상황을 보고하고 한국으로 떠났다. 첫날밤은 길에서 보냈다. 펑더화이가 주관하는 작전회의 참석 후 장진호 전투를 지휘한 쑹스룬과 3일 밤낮을 지새우고 귀국했다. 마오쩌둥은 천경을 지원군 제3병단 사령관과 정치위원에 임명했다.

"부대를 편성해서 조선으로 떠나라."

천경은 1927년 제1차 국·공합작 파열 후 저우언라이가 지휘하던 지하공작자 시절 국민당에 체포된 적이 있었다. 온갖 고문으로 만신창이가 된 채 죽을 날만 기다렸다. 국민당군의 중추로 성장한 후쭝난(胡宗南) 등 황푸군관학교 동기생들이 장제스에게 구명을 호소했다. 장제스도 총애하던 옛 부하를 죽게 내버려두지 않았다. 출옥한 천경은 성한 곳이 없었다. 압록강을 건널 때는 죽장에 의지할 정도였다. 활달하고 유머가 넘치다 보니 중병 환자로 생각하는 사람은 없었다.

펑더화이는 천경에게 지원군 총부 제2부사령관을 겸직시켰다.

제1부사령관 덩화가 질색했다. 창당에서 신중국 선포까지 20여 년 간 덩화의 전과는 천경에게 미칠 바가 못 됐다. 천경은 개의치 않았다. 펑더화이의 속내를 알고 있었다. 천경과 펑더화이는 같은 후난(湖南)성 출신이었다. 함께 근무한 적도 많았다. 덩화는 천경을 존중했다. 항상 천경의 뒤에 서고 셋이 사진 찍을 때도 펑더화이의 왼쪽에 자리했다.

전선을 두루 둘러본 천경은 갱도를 파자고 제의했다.

"정전담판도 시작됐다. 협정이 언제 체결될지 가늠하기 힘들다. 이제는 공격보다 방어에 힘써야 한다. 전쟁은 마지막 전투가 가장 치열한 법이다. 미군의 화력에서 견디려면 모든 지원군이 갱도에서 생활하는 것 외에는 방법이 없다. 전군을 갱도 공사에 투입하자."

이의를 제기하는 지휘관이 있었다.

"갱도를 파는 것은 위험이 따른다. 공사 도중 산 사람의 무덤이 될 수 있다."

펑더화이는 천경의 손을 들어줬다. 천경이 지휘하는 3병단이 시범을 보였다.

갱도전은 보급이 중요하다

20여 년 전, 도쿄 메이지 신궁 인근 굴속에 있는 양복점에서 말 많은 중국 퇴역군인을 만난 적이 있다. 장소가 굴속이라 그런지 방공호 얘기가 그치지 않았다. 어찌나 재미있던지 시간 가는 줄 몰랐다.

"전쟁 나면 복잡하게 생각할 것 없다. 도망치는 것이 상책이다. 중국은 땅덩어리가 넓은 나라다. 숨을 곳이 많다. 전쟁 끝나는 날까지 도망만 다니면 된다. 우리 마을에 그런 사람들 많았다. 산속에 가면 몇 년 살아도 안전한 굴이 널려 있다. 거의가 전란을 피하기 위해 인공으로 만든 것들이다."

일화도 곁들였다.

"우리 할아버지 친구 중에 멋쟁이가 있었다. 옆집 유부녀와 야밤에 도망쳤다. 항일전쟁 발발 직전이었다. 굴속에 묵으며 명산대천 유람하다 보니 8년간 전쟁이 일어난 것도 몰랐다. 부인과 유부녀의 남편이 재혼했다는 소문 듣고 하산했다."

중국을 대표하는 작가 중에도 비슷한 사람이 있다. 워낙 유명인사라 성명은 생략한다.

상대가 한국인이다 보니 6·25전쟁과 갱도 얘기도 빠뜨리지 않았다. 일본군 얘기부터 했다.

"갱도전술은 보급이 보장돼야 한다. 태평양전쟁 시절, 태평양 도서(島嶼)에 주둔하던 일본군은 갱도전술로 미군의 포화에 대응했다. 효과는 잠시였다. 미군 함대가 도서를 포위하자 탄약과 양식, 병력 충원이 불가능했다. 보급이 단절된 일본군은 속수무책으로 거친 숨을 몰아쉬며 갱도에서 나오는 순간 폭사했다. 양

중공은 항일전쟁 시절에도 굴을 많이 팠다.
1942년 중공 항일근거지 옌안.

팔 번쩍 들고 '천황 폐하 만세'를 외칠 틈도 없었다. 항미원조 때 지원군도 갱도전술을 썼다. 엄청난 희생이 있었지만 실패한 전략은 아니었다. 천경의 공로가 크다."

중국인민지원군은 참전 후 1년간 다섯 차례 대형전투를 치렀다. 1951년 여름, 사병들이 만든 말발굽 모양의 소형 갱도가 추계 방어전에서 빛을 봤다. 정전담판이 시작되고 전선이 38선 일대에 고착되자 피아는 진지전에 들어갔다. 지원군 총부 부사령관과 3병단 사령관을 겸임한 천경은 사병들의 창조물을 가볍게 보지 않았다. 진지를 고수하기 위해 갱도, 참호(塹壕), 교통호(交通壕) 수축을 구상했다. 8월 26일 일기를 소개한다.

"전쟁의 모든 조건이 우리에게 유리한 쪽으로 변했다. 운수 조건도 개선 중이다. 사병들의 굶주림도 과거가 될 날이 멀지 않았다. 휴식도 훈련이다. 2개월간 쉬면서 체력도 회복됐다. 전술의 변화가 절실하다. 우리는 만리장성을 쌓은 민족이다."

한반도에 자리 잡은 거대한 용

이틀 후인 28일, 3병단 예하 15군을 방문했다. 군단장 친지웨이(秦基偉, 1980년대 국방부장 역임)와 정치위원 구징성(谷景生, 보시라이의 장인이며 최근 대형 사고를 친 구카이라이의 부친)에게 지시했다.

"미국은 정치와 군사가 한통속이다. 여러 나라에서 모여든 이민

갱도에 물자를 운반하는 지원군.
갱도전에서는 물자 보급이
가장 중요했다.

(移民)들이 구성원이다. 주관보다 객관을 존중하고 변화에 능하다. 소홀히 대할 상대가 아니다. 지구전을 펼 수 있는 갱도를 건설해라. 말발굽에 고양이 귀 모양을 더해라."

천경은 갱도건설을 전 지원군에 확산시켰다.

지원군 총부는 갱도 건설 목적을 분명히 했다. 방공(防空)·방포(放砲)·방독(防毒)·방우(防雨)·방조(防潮)·방화(防火)·방한(防寒), 7가지를 철저히 하라고 주지시켰다. 형식도 통일시켰다.

"갱도 입구는 두터워야 한다. 10미터에서 15미터로 해라. 서로 멀리 떨어져 있어도 안 된다. 짧게는 100미터, 멀어도 500미터 이상은 불허한다. 출구도 중요하다. 적어도 2개 이상 만들어라. 갱도의 폭은 1.2미터, 높이는 1.7미터를 기준으로 한다. 그 이상은 되도 이하는 안 된다. 내부시설도 만전을 기해라. 무전실과 사무실 외에 식량창고와 탄약고, 주방, 화장실, 목욕시설, 휴게실을 완비해라."

마오쩌둥이 대규모 갱도건설을 승인했다. 38선 이북에서 대역사(役事)가 벌어졌다. 미군 쪽에서 날아온 포탄 중에는 불발탄이 많았다. 해체하고 화약을 긁어모았다. 동북 인민정부와 동북군구(東北軍區)도 분주했다. 건설 자재와 장비들을 닥치는 대로 긁어모았다. 지상과 공중에서 퍼붓는 미군의 포격은 그칠 날이 없었다. 음악보다 포성이 더 익숙한 펑더화이조차 "이렇게 무서운 전쟁은 처음"이라고 할 정도였다.

동북에서 보낸 건설 장비는 중도에 손실이 컸다. 미군의 공습으로 사망한 운송병도 헤아리기 힘들 정도였다. 그래도 계속 보냈다.

정전협상 기간, 100만에 가까운 중공군은
갱도에서 생활했다. 갱도 안에서
목욕 중인 지원군 모습. 선전용으로 보인다.

건설현장의 공병들은 온갖 폭파 방법을 동원했다. 백설이 휘날리는 엄동설한에 폭파 소리가 요란했다. 공병들의 곡괭이와 삽이 허공을 갈랐다. 사병들은 파편과 호미 등 쇠붙이를 하나씩 들고 갱도 건설에 나섰다. 공사 도중 미군의 공격이 맹렬해도 전선은 38선 언저리를 크게 벗어나지 않았다.

1952년 새싹이 돋을 무렵, 눈에 보이지 않는 지표(地表) 밑에 거대한 용이 자리 잡았다. 만리장성에 비견될 만큼 긴 사방으로 연결된 6,250킬로미터짜리 갱도였다. 금수강산의 땅속을 흉하게 만든 지원군은 환호했다.

"우리의 갱도는 지하 장성(長城)이다. 난공불락(難攻不落)이다."

마오쩌둥은 갱도 완성에 만족했다. 천경을 귀국시켰다. 스탈린이 제의한 군사기술학교 설립을 맡겼다. 하얼빈 군사공정학원 초대 원장에 임명했다.

갱도는 기적을 연출했다. 정전협정이 체결되는 날까지 미군의 화력에 밀리지 않았다. 보급선도 단절된 적이 없었다.

펑더화이의 뒤를 이은 덩화

항미원조 지원군의 원조는 '중국 홍군'이었다. 홍군은 폭동으로 태동된 무장세력이었다. 비적이라는 소리를 들으며 정규군에게 쫓겨 다니는 동안 세력을 키웠다. 지휘관은 있어도 계급은 물론 통일된 군복도 없었다.

항일전쟁 시절 국민당에 편입되는 바람에 같은 군복 입고 장군 계급장 단 사람도 있긴 했지만 잠시였다. 일본 패망 후 내전(중공이 말하는 해방전쟁) 시절에도 마찬가지였다. 계급은 중요하지 않았다. 다들 동지 아니면 전우로 통했다.

1949년 10월 1일 신중국 선포 후, 마오쩌둥은 군의 현대화와 정규화를 꾀했다. 소련을 형님으로 받들어 모실 때였다.

"낙후된 군대를 뜯어 고쳐야 한다. 남의 좋은 경험 흉내 내다 보면, 언젠가 우리도 새로운 것을 만들 수 있다. 소련의 모든 것을 따라 해라. 세계 제2의 우수하고 현대화된 혁명군대 건설이 시급하다."

오랜 세월 보직은 있어도 계급 없이 굴러가던 군대이다 보니 공로자가 많았다. 누구에게 어떤 계급을 수여할지 골머리 썩던 중, 한반도에 전쟁이 터지자 지원군을 파견했다.

지원군 쪽에서 문제가 발생했다. 총사령관 펑더화이나 정치부 주임, 병단 사령관도 계급이 없었다. 말단부대는 초등학교 반장이나 분단장 같은 체제로 꾸려나갔다. 총 한 번 쏴보지 못하고 굶어 죽거나 얼어 죽지 않으면 다행이었다. 매달 동전 한 푼도 못 받았다. 전선에 있던 펑더화이는 짜증이 났다. 1951년 가을, 마오쩌둥에게 불편을 토로했다.

"중국은 큰 나라다. 우리 인민해방군은 각자 근거지가 있었다. 지휘관끼리 만날 기회도 적었다. 조선은 땅덩어리가 너무 작다. 흩어져 있던 부대가 작은 나라에 와서 복작대다 보니, 예상 못 했던 일이 한둘이 아니다. 규율과 예절, 내부 규칙이 제각각이다. 군은 계급으로 통솔해야 한다. 장기간 계급이 없다 보니 지휘에 어려움이 많다."

얼마 후 펑더화이의 뺨에 작은 종양이 생겼다. 점점 커지자 부사
령관 천경이 귀국 치료를 권했다. 펑더화이는 병원 가기를 여자 잔
소리보다 더 싫어했다. 치료 얘기만 나오면 화를 냈다. 보다 못한
천경이 저우언라이에게 편지를 보냈다. 펑더화이의 증세를 설명했
다. 저우는 펑더화이의 성격을 잘 알았다. 마오에게 달려갔다.

마오쩌둥이 펑더화이에게 전문을 보냈다.

"극비리에 귀국해라. 덩화를 사령관 대리에 임명한다."

마오는 베이징에 도착한 펑더화이를 베이징 의원에 강제로 입원
시켰다. 펑더화이의 귀국은 국제적인 뉴스거리였다. 입원 수속도
가명을 사용했다. 의사들은 입원환자가 누군지 몰랐다. 온갖 검사
를 다했다. 재미있는 결과가 나왔다.

"너무 비위생적인 사람이다. 몇 개월간 목욕이나 세수한 흔적이
없다. 내버려두면 된다."

마오는 그럴 줄 알았다며 펑더화이를 베이징에 눌러앉혔다.

"군 개혁이 시급하다. 지원군 총사령관직 유지하면서 중앙군사
위원회 일상 업무를 처리해라."

당부도 잊지 않았다.

"개혁은 함부로 하는 게 아니다. 개혁을 입에 달고 다니는 사람
치고 제대로 된 사람 본 적이 없다. 인간의 역사는 개혁가들의 비극
으로 가득하다. 서두르지 마라."

중국군의 현대화를 앞당긴 항미원조

1952년 11월 13일, 마오쩌둥이 중앙군사위원회 전체회의를 소집했다. 펑더화이가 중대 발표를 했다.

"마오 주석의 뜻이다. 1954년 1월부터 징병제와 계급제도를 실시하려 한다. 매달 계급별로 일정한 액수도 지급할 예정이다. 실현되는 날이 우리 나라 국방건설의 기점이 될 수 있도록 구체적이고 활발한 토의와 연구를 기대한다."

회의는 55일간 계속됐다. "구체적인 방안이 나오려면 3년 정도는 필요하다"고 합의했다. 항미원조 덕이라며 다들 좋아했다.

1953년 봄, 마오쩌둥은 펑더화이를 대신할 항미원조 사령관감을 물색했다. 저우언라이가 양융(楊勇)과 양더즈(楊得志)를 추천하자 무릎을 쳤다.

"양(楊) 셋 중에 양융만 조선 전선에 나가지 않았다. 귀국 중인 20병단 사령관 양청우(楊成武)와 교체해라. 양융도 국제전 경험이 필요하다."

펑더화이는 매일 군사위원회로 출근했다. 정전협정문에 서명하러 개성에 갈 때까지 베이징을 떠나지 않았다.

지원군은 정전협정 체결 후에도 북한을 떠나지 않았다. 1958년 10월, 철수할 때까지 8년간 주둔했다. 사령관도 펑더화이 한 사람이 아니었다. 덩화, 양더즈, 양융이 뒤를 이었다. 재임 기간은 양융이 제일 길었다.

1955년 9월, 중난하이에서 계급과 훈장 수여식이 열렸다. 장정과 항일전쟁, 해방전쟁에서 공을 세운 60여만 명이 준위 이상 계급

양더즈(오른쪽)와 양융(왼쪽), 양청우(가운데)는
나이와 경력이 비슷했다. 3양이라 불렸다.
양더즈는 훗날 인민해방군 총참모장까지 지냈다.

장을 받았다. 10원수와 10대장 외에 상장 55명, 중장 175명, 소장 802명 등 장군 1,614명이 탄생했다. 원수는 중공 정치국원, 대장은 국무원 부총리 예우를 받았다.

항미원조는 1955년 이전에 발생한 전쟁이었다. 원수 펑더화이와 대장 천겅을 포함한 451명의 장군이 참전했다. 상장 18명과 중장 52명, 소장 381명이었다. 장진호 전투를 지휘한 쑹스룬, 펑더화이와 함께 일무일문(一武一文)을 담당했던 정전담판 지휘자 리커눙은 우리의 중장에 해당하는 상장 계급을 받았다. 세 양(楊)도 상장 명단에 나란히 이름을 올렸다. 지원군 제1부사령관과 2대 총사령관을 역임한 덩화도 빠지지 않았다.

6·25전쟁은 보면 볼수록 의문투성이다. 당시 신중국은 처리할 일이 많았다. 이웃나라 전쟁에 대규모 병력을 파견할 형편이 못 됐다. 1998년 8월 홍콩의 호텔에서 중국 군사위원회에 오래 근무했다는 골수 마오쩌둥주의자에게 이런 말을 들은 적이 있다.

"나는 양더즈가 지휘하는 19병단 정치부에 근무했다. 1951년 2월 16일 밤, 항미원조 일원으로 조국을 뒤로했다. 지원 목적은 전선취재였다.

유엔군의 인천상륙으로 김일성은 수세에 몰렸다. 38선을 돌파한 유엔군과 한국군이 북진을 계속하면 중국 외에는 갈 곳이 없었다. 김일성은 동북항일연군 출신이었다. 동북에 기반이 단단했나. 소선속이 널려 있는 동북에 임시정부라도 세우면 말릴 방법이 없었다.

조선족은 개성이 강했다. 김일성이 나타나면 몰려들 것이 뻔
했다. 건국 초기 동북인들은 마오쩌둥이 누군지 잘 몰랐다. 마오
는 속으로 이 점을 우려했다. 참전은 어쩔 수 없는 선택이었다."

확인할 방법은 없다.

포로수용소의 풍경

"잘 먹이고 뱃속 편하게 해주면
세뇌는 저절로 된다"

참전 전에 중개인을 물색했던 중공

1950년 10월 1일, 서울을 탈환한 한국군이 38선을 돌파했다. 미군의 38선 통과도 시간문제였다. 함흥교도소*에 머물고 있던 김일성은 다급했다. 북한주재 중국 대사 니즈량(倪志亮)을 전화로 불렀다.

"현재 38선과 그 이북 지역에는 우리 병력이 없다. 중국 지도자들에게 상황을 전해라."

조선노동당 정치국 회의도 소집했다. 소련을 통해 중국에 군사지원을 청하기로 의결했다.

10월 2일, 한국군의 38선 돌파 이튿날, 마오쩌둥이 스탈린에게 전문을 보냈다. 원문 내용을 그대로 소개한다.

"우리는 지원군(志願軍) 명의로 해방군 일부를 파견하기로 결

---

* 전쟁 초기, 함흥교도소는 38선 이북에서 가장 안전한 곳이었다. 미 공군도 함흥교도소에는 폭탄을 투하하지 않았다. 북한이 우익 인사 대부분을 수감했기 때문이다.

정했다. 조선 경내에서 미군과 그 주구의 군대를 상대로 작전을 펴고 조선 동지들을 지원하겠다. 만일 미군이 전 조선을 점거하면, 조선의 혁명은 실패로 돌아가고, 미 침략자들의 창궐이 극에 달해 동방에 불리하기 때문이다. 목전의 상황을 우리는 좌시할 수 없다. 10월 15일, 남만주에 주둔 중인 12개 사단을 출동시키겠다. 작전 범위는 38선 지구에 국한하지 않겠다. 적당한 지역에서 38선 이북에 진출한 적과 싸울 생각이다. 초기에는 방어에 주력하고, 소련의 무기가 도달하기를 기다리겠다. 모든 장비가 구비되면 조선 동지들과 연합해 미국 침략군을 섬멸시키겠다."

마오쩌둥은 저우언라이, 린뱌오 등과 머리를 맞댔다. 전신(戰神) 린뱌오가 전략가의 면모를 드러냈다.

"빠른 시간 내에 미국과 수교하기는 틀렸다. 지연을 감수해야 한다."

다들 동의하자 계속했다.

"누구 말처럼 인간은 정치적 동물이다. 흥정을 할 줄 알기 때문이다. 전쟁은 고도의 정치적 행위다. 시작하기 전에 흥정 붙여줄 중개인을 구하는 것이 중요하다. 외부세계에 우리의 입장을 전달할 대상을 물색한 후 참전하자. 며칠 전 영국과 인도가 미군의 38선 진출에 반대했다. 네루는 우리에게 호감을 표시한 적이 있다."

파티 얘기도 곁들였다.

"전쟁은 총성이 음악을 대신할 뿐 파티와 비슷하다. 시작은 요란해도 흐지부지 끝나는 것이 보통이다. 진이 빠질 때까지 오래 끌수록 좋다."

10월 2일 늦은 밤, 주중 인도 대사 파니카의 침실에 전화벨이 요란했다. 저우언라이의 비서였다.

"총리가 급히 만나고 싶어 한다."

3일 새벽 1시, 파니카를 만난 저우는 평소처럼 정중했다. 한반도에서 벌어진 전쟁과 중국의 입장을 설명했다.

"미국 군대의 38선 돌파가 임박했다. 우리는 전선이 확대되는 것을 좌시할 수 없다. 이 점을 귀국 총리에게 보고해주기 바란다."

날이 밝기가 무섭게 인도정부는 중국의 입장을 미국에 전달했다. 중국의 출병은 고려해야 할 문제가 많았다. 역전의 노장들이 둥지를 튼 중공 중앙군사위원회는 미군의 국경 임박을 가정하고 불리한 부분을 점검했다. 압록강 정도는 미군이 도하하려는 맘만 먹으면 장애물 값에 들지도 못했다. 중요한 것은 중국 군대가 한국 경내에서 미국과 효과적인 전쟁을 수행할 수 있느냐였다. 한반도 문제 해결은 그 다음이었다.

지원군 명의라도 중국 군대였다. 미국에 선전포고했을 경우 중국은 전쟁 상태에 돌입하게 된다. 미 공군이 중국의 대도시와 공업단지를 공습하고 해군의 함포가 연해 지역에 불을 뿜을 가능성이 컸다. 중국 공군과 해군은 창건 단계였다. 전투력은 말할 필요조차 없었다. 중국 중산층의 미국 숭배와 공포증도 큰 문젯거리였다. 정규군이 아닌 지원군을 강조하기 위해 지원군 기관지 발행도 서둘렀다.

지원군 출병 2개월 후, 워싱턴 주재 인도 대사 판디트가 중국을 방문했다. 모스크바 주재 대사도 역임한 판디트는 네루의 여동생이기 전에 탁월한 외교관이었다. 파닉카와 함께 저우언라이와 두차례 회담한 후 워싱턴으로 돌아가 미국정부와 접촉했다. 저우언라이가 어떻게 홀려놨는지 만나는 사람마다 붙잡고 늘어졌다. 중국 입장 설명에 시간 가는 줄 모를 정도였다.

미국의 담판 제안에 소련으로 달려간 김일성과 가오강

참전 이후, 중국인민지원군은 연합군과 다섯 차례 대형 전투를 소화했다. 1951년 6월에 들어서자 전선에 변화가 생겼다. 38선 부근에서 대치 상태에 들어갔다. 유엔군의 주축은 미군이었다. 나머지 국가의 출병은 상징성이 강했다. 예외도 있지만, 한국군이나 미군에 비해 전투력이 떨어졌다. 싸울수록 강해지는 것은 한국군과 북한 인민군이었다. 미군은 제2차 세계대전 이래 만나본 적이 없는 얄궂은 상대를 만나 곤욕을 치렀다. 애꿎은 부녀자와 민간인들에게 무례한 행동도 많이 했다.

미국은 넌덜머리가 났다. 여러 경로를 통해 소련 측에 중재를 요청했다. 인도도 그중 하나였다. 일단 군사행동을 중지하고 화의 담판을 열자는 조건이었다. 6월 초순, 평양과 베이징에 소식이 전달되자 김일성이 베이징으로 달려갔다. 마오쩌둥, 저우언라이 등과 정전문제를 협의했다. 마오는 김일성을 존중했다.

"2주 전부터 전선에 총성이 그쳤다. 직접 소련에 가서 스탈린과 협의해라. 우리는 가오강을 파견하겠다. 대동해라."

스탈린은 김일성과 가오강에게 전선 상황을 물었다. 통역 스저

중국을 방문한 판디트를 맞이하는
저우언라이(오른쪽). 왼쪽은 주중 인도 대사 파니카.
1950년 12월 12일, 베이징.

(師哲)가 구술을 남겼다.

"스탈린은 현실을 중요시하는 사람이었다. 전선의 현재 상황과 전투를 계속할 수 있는지 궁금해했다. 남북 쌍방의 군대가 점거 중인 진지의 위치와 우열도 상세히 물었다. 당장 정화(停火)가 좋은지, 한차례 전투를 치른 후에 전선 위치를 수정하고 정전을 논의하는 것이 유리한지 알고 싶어 했다. 김일성과 가오강은 말이 많았다. '정화' '정전' '강화' '휴전' '화약' 등 온갖 용어가 난무했다."

스탈린이 두 사람의 말을 막았다. 체계적으로 공부한 사람이 직감에만 의존하는 산만한 학생을 타이르듯이 입을 열었다.

"목적이 분명해야 한다. 완전히 다른 의미의 어휘를 혼동해서 쓰다 보면 상대방이 너희들의 의견을 이해하지 못한다. 들으면 들을수록 머리만 복잡해진다. 요구가 뭔지 정확하게 말해라."

김일성과 가오강이 동시에 "정전"이라고 하자 스탈린이 다시 물었다.

"그냥 정전이냐? 아니면 전선을 한차례 조정한 후에 정전이냐? 현재 포위되거나 포위 중인 부대와 지역이 있느냐?"

두 사람은 대답을 못 했다. 소련군 부참모장이 지도를 펼쳐놓고 한차례 설명하자 스탈린은 이해하는 표정을 지었다.

마오쩌둥이 지원군 파견을 계기로 소련제 무기를 탐낸 것처럼, 스탈린도 중국에 탐나는 물건이 있었다. 회담이 끝나자 가오강에게 고무농장 얘기를 꺼냈다.

"하이난다오(海南島)와 레이저우(雷州) 반도는 물론이고 광저우에도 고무나무 재배가 가능하다고 들었다. 귀국하면 대규모 고무농장 설립을 검토해봐라. 고무는 전략물자다. 그것도 아주 중요한 전략물자다. 묘목은 우리가 보내주겠다."

가오강은 무슨 말인지 이해하지 못했다고 한다.

6월 23일, 유엔 공보처 주최 '방송의 날' 기념식이 열렸다. 소련 유엔 대표 마리크가 연단에 올랐다. 6·25전쟁의 평화적 해결을 제안했다.

"정화와 휴전담판을 위해 양측 군대는 교전을 멈추고 38선에서 철수해라."

비무장 지대 설정을 언급하는 내용이었다. 중국도 6월 25일과 7월 3일, 『인민일보』 사론을 통해 마리크의 제안을 수락했다. 7월 10일, 2년에 걸친 지루한 담판의 막이 올랐다.

"리커눙이 없었더라면 지금 나는 너희들 앞에 있을 수 없다"

1962년 2월 9일 오후, 중국 외교부 상무부부장 겸 군사위원회 정보부장 리커눙이 베이징에서 세상을 떠났다. 보고를 받은 대만의 국민정부 정치부 주임 장징궈는 외출을 서둘렀다. 연금 중인 장쉐량(張學良)을 찾아갔다.

"몇 시간 전 리커눙이 세상을 떠났다."

장쉐량은 미동도 하지 않았다. 장징궈가 떠나자 왕년의 청년 원수(元帥)는 만감이 교차했다. 1936년 시안(西安)의 겨울 밤 생각하며 통음했다. 만류하는 부인의 손길도 뿌리쳤다.

"26년 전 시안을 떠나지 말라는 저우언라이와 리커눙의 권고를
한 귀로 흘렸다. 그날 리커눙의 눈빛을 잊을 수 없다. 이공(李公, 리
커눙)은 장군도 아니고 군 지휘관도 아니지만, 문무를 겸비했다. 재
기와 민첩, 과감함을 갖춘 인재였다. 한창 나이에 세상을 뒤로하니
애통하고 애석하다"며 붓을 들었다. 밤하늘을 바라보며 일필휘지
했다.

　"너 있는 곳 바라보니 처참하고 애석할 뿐, 그날 생각하니 후
　회가 물밀듯, 너와 손잡고 왜구에 대항했으면, 후세에 빛난 이름
　남겼을 것을."

4년 후, 문화대혁명이 발발했다. 홍위병 대표가 저우언라이에게
엉뚱한 소리를 했다.

"리커눙은 과거가 불분명하다. 공도 없는 사람이 상장(上將) 계
급을 받았다. 역사 문제를 파헤칠 필요가 있다."

저우의 얼굴이 일그러졌다.

"리커눙이 없었더라면 지금 나는 너희들 앞에 있을 수 없다."

마오쩌둥도 홍위병 대표들과 만난 자리에서 리커눙을 찬양했다.

"당에 불멸의 공을 세웠다. 그가 없었으면 상하이의 당 중앙과
수많은 간부들이 살아남을 수 없었다. 저우언라이도 일찍 염라대
왕 앞에 갈 뻔했다. 2년간 개성과 판문점에서 열린 항미원조 정전
담판도 지휘했다. 청년들은 잘 모른다. 너희들이 일러줘라."

틀린 말이 아니었다. 국민당과 공산당 사이에 화약 냄새가 진동했던 시절, 양측의 정보전도 피비린내를 풍겼다. 리커눙은 정보전의 승리자였다.

1950년 6월 25일, 리커눙은 신병 치료차 모스크바에 체류 중이었다. 한반도 전쟁 소식을 듣자 숙소 밖을 나오지 않았다. 신문이란 신문은 다 모아놓고 라디오 곁을 떠나지 않았다. 수행원으로 따라간 마오쩌둥의 장남 마오안잉에게 방송과 언론에 보도된 한반도 전황을 시간별로 보고받았다. 연합군이 인천에 상륙하자 스탈린 면담을 요청했다. 소련 비밀경찰 총책 베리야의 안내로 스탈린을 만난 후 귀국을 서둘렀다.

귀국 직전 마오쩌둥과 중공 중앙에 보고서를 보냈다. 대충 이런 내용이었다.

"조선 내전 폭발은 미국의 새로운 동방침략 계기를 제공했다. 북조선 인민정권의 존망뿐 아니라, 막 탄생한 신중국의 안위와도 관계가 있다."

정전담판 총책임자 리커눙

전선에 총성이 난무할 때 다른 한쪽에서 정전을 논의하는 것이 전쟁이다. 1951년 6월 말에서 7월 초까지 중국과 북한은 미국과 수차례 전문을 주고받았다. 7월 10일 개성에서 만나기로 합의했다. 마오쩌둥과 저우언라이는 정전협상 지휘를 누구에게 맡길지 고심했다. 유엔에 파견했던 우슈촨과 리커눙을 놓고 저울질했다. 저우

정전담판 시절 북한주재 중국 대사관에는
전 유엔 특파대사 우슈찬(앞줄 왼쪽 다섯째. 당시 외교부 부부장) 등
대체인력들이 상주했다.
1951년 11월, 평양 교외 중국 대사관 앞.

언라이가 의견을 냈다.

"우슈촨은 국제무대에 얼굴이 알려졌다. 리커눙은 지하공작자 출신이다. 상대를 혼란시킬 줄 안다. 영어도 못 한다. 유창한 것보다 낫다. 미국과의 협상에 적격이다."

7월 1일, 마오쩌둥이 리커눙을 불렀다.

"저우언라이와 의논한 결과 정전담판 책임자로 너를 낙점했다. 개성에 눌러앉아 협상을 총지휘해라. 차오관화와 함께 대표단을 조직해라. 외교부와 군에서 적합한 사람을 추려라. 하버드 대학에서 경제학 학위를 받은 푸산(浦山)을 포함시켜라. 담판 발언 원고는 신화통신 기자 딩밍(丁明)에게 맡겨라. 선젠투(沈建圖)는 선전 전문가다. 대동해라. 인원은 너무 많아도 안 된다. 300명 미만이 적당하다. 분산해서 이동해라. 미군 포로 심문관 중에 우수한 청년이 많다. 잘 활용해라. 회담 대표는 조선인민군 대표가 맡아야 한다. 그래야 훗날 조선이 미국과 직접 담판하기에 용이하다. 우리 측 대표는 덩화와 제팡(解方)이 나선다. 미군은 세계 최강이다. 대표가 오만할 수 있다. 말을 적게 하고 상대를 궁지에 몰지 마라. 당장은 속 시원해도 이로울 게 없다. 전쟁은 변수가 많다. 어제와 오늘이 다르다. 전투를 중지하고 하는 담판이 아니다. 펑더화이와 문무를 분담해라."

리커눙은 해소병이 심했다. 심장도 정상이 아니었다. 진통제를 복용해야 수면이 가능했다. 마오쩌둥에게 사정을 털어놨다.

정전담판장 주변을 산책하는 리커눙(왼쪽).
오른쪽은 미군 포로 관리를 전담한
정치부 주임 두핑. 1952년 4월, 판문점.

"병이 심합니다. 판단을 그르칠까 걱정입니다. 제가 아니라도 무방하면 우슈촨이나 지펑페이(姬鵬飛)가 있습니다."

두 사람 모두 훗날 외교부 부부장과 부장을 역임한 중국의 대표 외교관들이었다. 마오는 주저했지만 잠시였다. 리커눙의 어깨를 두드리며 입을 열었다.

"그래도 네가 가라."

리커눙은 토를 달지 않았다. 즉시 출발 준비하겠다며 자리를 떴다. 마오는 김일성에게 전문을 보냈다.

"중공 중앙과 중국정부는 조·중 연합대표단 총지휘와 총책임자로 리커눙을 파견한다."

7월 5일 새벽, 리커눙 일행을 태운 열차가 베이징을 출발했다. 청나라 말기 서태후가 애용하던 객차에 오른 리커눙이 차오관화에게 농담을 건넸다.

"우리가 감히 이 열차에 올라탈 줄 서태후가 상상이나 했을까!"

폭소가 터졌다. 그날 밤, 국경도시 단둥에 도착했다. 평양에서 달려온 중국 대사관 정무참사 차이쥔우(柴軍武)의 안내로 국경을 넘었다.

7월 6일 오전, 김일성은 평양 동북 15킬로미터 지점에서 리커눙을 만났다. 북한군과 중국인민지원군 연합대표단을 조직했다. 마오쩌둥의 의견이 그대로 반영됐다. 수석대표는 중국 측에서 덩화와 제팡, 북한 측에서 이상조와 장평산이 맡기로 합의했다. 연락관도 필요했다. 마오의 전문대로 차이쥔우와 북한군 동원국장 김창만을 연락관에 배정했다. 유엔군 사령관 리치웨이가 연락관 계급을 대령 이하 3명으로 하는 조건을 달자 수용했다. 소장 김창만은 대교 계급장을 달고 장춘산으로 개명했다. 차이쥔우도 차이청원(柴成文)으로 이름을 바꿨다. 나머지 한 명은 북한 측에서 충당했다.

7월 9일, 회담 전날 저녁, 한바탕 난리가 벌어졌다. 회담 첫날 국제관례에 따라 상대방에게 제시할 전권위임증서를 깜빡했다. 북한 측은 평양에 사람을 파견해 김일성의 서명을 받아왔다. 리커눙은 무슨 일이건 대책이 있는 사람이었다. '彭德懷'(펑더화이) 석 자를 대신 써버렸다. 리커눙이 아니면 불가능한 일이었다.

7월 10일, 신중국 선포 후 미국과의 첫 번째 담판이 시작됐다. 2년을 끌 줄은 아무도 예상 못 했다.

"포로는 죄인이 아니다"

1991년 10월 8일, 김일성이 베이징을 찾았다. 중공 총서기 장쩌민(江澤民)이 뜻밖의 제안을 했다.

"며칠 후 난징(南京)에서 신해혁명 80주년 기념식이 열린다. 강남 유람 겸해 같이 가자."

10월 10일 저녁, 난징의 진링(金陵)호텔에서 쌍십절 기념 연회가 열렸다. 김일성도 장쩌민의 안내를 받으며 참석했다. 당·정·군 수뇌들과 악수를 나누던 중 자그마한 노인 앞에서 잠시 멈칫하며 놀란 표정을 지었다. 노인이 입을 열었다.

"나를 기억합니까?"

김일성의 얼굴에 웃음이 가득했다. 두 팔을 벌렸다.

"두핑 동지를 기억 못 할 리가 있나. 마오 주석의 편지를 전해주던 모습이 아직도 생생하다."

두 사람은 할 얘기가 많았다. 귓속말이 그치지 않았다. 술잔도 수없이 주고받았다. 이튿날, 김일성은 인편을 통해 옛 전우에게 보낼 선물을 챙기고 난징을 떠났다.

6·25전쟁 시절 두핑의 공식직함은 중·조연합총부 정치부주임이었다. 지원군 사기 진작과 정치교육 외에 외국인 포로 관리를 정전담판 마지막 날까지 담당했다. 직급도 높았다. 지휘관 가운데 서열 3위였다.

스탈린은 중국인민지원군의 포로 관리에 관심이 많았다. 저우언라이와 펑더화이, 가오강, 김일성 등이 올 때마다 신신당부했다.

"전장에서는 상대방을 수천 명 살상해도 상관없다. 포로는 죄인이 아니다. 포로가 되기 전 계급을 존중해야 한다. 한 명이라도 죽였다가 들통나면 국제사회가 난리를 떤다. 유엔군 포로는 중국인민지원군이 직접 관리해라. 한국군 포로는 조선인민군 측에서 담당하는 것이 좋다."

중국군의 허점도 꼬집었다.

"중국은 아직도 훈장과 계급이 없다. 군인의 사기는 훈장과 승진, 일정한 봉급에서 나온다. 장군이나 원수가 필요 없다는 것은 무정부주의자들의 발상이다."

저우언라이가 그럴듯한 이유를 댔다.

"우리도 공급제도를 월급제로 전환시킬 계획이었다. 항미원조 때문에 뒤로 미뤘다. 1954년이면 가능하다."

반세기 만에 재회한 두핑(가운데)과 김일성.
오른쪽은 중공 총서기 장쩌민. 1991년 10월 10일, 난징.

펑더화이도 한마디 거들었다.

"우리는 홍군 시절부터 포로를 함부로 대하지 않았다. 급식도 지원군보다 좋은 것을 제공한다."

10년 후, 이 한마디 때문에 친미주의자로 몰릴 줄은 상상도 못했다.

두핑과 김일성의 첫 만남

마오쩌둥은 포로 관리를 선전과 연관시켰다. 귀국한 저우언라이에게 지시했다.

"포로는 전쟁 끝나면 돌려보내야 한다. 훗날 우리 선전원이 될 사람들이라 생각하고 대우해라. 중국 전통문화를 제대로 습득한 사람을 물색해서 관리를 맡겨라."

저우는 염두에 둔 사람이 있었다. 두핑이라면 맡길 만했다. 이유가 있었다.

항미원조 초기 펑더화이도 포로 문제로 고심했다. 제1차 운산(雲山) 전투를 치른 후 정치공작회의에서 두핑이 의견을 냈다.

"맥아더는 우리의 참전을 형식적인 것으로 치부한다. 포로 일부를 풀어주면 맥아더는 자신의 판단이 맞았다고 확신할 것이다. 국제 여론도 우리에게 불리하지 않게 형성된다. 적을 안심시킨 후에 들이치자."

펑더화이가 박수를 쳤다. 보고를 받은 마오도 답전을 보냈다.

"너희들 정치 공작이 탁월하다. 힌마당 선두가 끝나면 포로를 석방하자는 의견에 동감한다. 수시로 석방해라. 앞으로 내 의견 구할 필요 없다."

두펑은 수용소에 사람을 보냈다.

"미군 포로 27명과 한국군 포로 76명, 총 103명을 추려라. 간단한 교육과 이발 후 목욕시키고 새 옷도 지급해라. 여비를 지급하고 반찬도 몇 가지 추가해라. 칠흑같이 어두운 밤에 미군 비행기를 피해서 이동해라. 운산 남쪽에 가서 풀어주면 된다."

마오쩌둥은 기분이 좋았던지 다시 전문을 보았다.

"다음에는 300명 정도 풀어줘라. 경비도 느슨하게 해라. 몇 명 도망쳐도 모른 체해라."

중학교 시절 두펑은 공부 잘하는 평범한 학생이었다. 예쁜 여학생 따라 농민단체에 갔다가 중공과 인연을 맺었다. 학교를 때려치우고 중국 홍군에 자원해버렸다. 겸손과 근면이 몸에 밴, 박학다재한 인재였다. 시와 서법에도 능했다. 중공의 항일 근거지 옌안에서 전시회를 할 정도로 산수화도 일품이었다. 한마디로 중국의 전통적인 문인이었다. 항일전쟁 승리 후 린뱌오가 지휘하는 동북야전군과 제4야전군의 선전과 조직도 두펑의 머리에서 나왔다.

저우언라이는 절차를 중요시했다. 지원군 정전담판 대표단에 전문을 보냈다.

"정치부 주임 두펑을 담판 대표단에 합류시켜라. 업무차 베이징에 와 있다. 직접 통보해라."

두펑은 개성에서 보낸 전문을 받고 당황했다. 20여 년간 말 위에서 적을 쫓고 쓰러트린 적은 있어도 담판이나 협상은 해본 적이 없었다. 저우언라이가 두펑을 불러 안심시켰다.

성탄절 특식 먹는 미군 포로들.
1951년 12월 24일, 평안북도 벽동.

"하면서 배우면 된다. 포로 관리와 송환담판은 네가 적격이다. 여기 마오 주석의 편지가 있다. 지원군 총부에 가는 도중 김일성을 만나서 전달해라."

두핑은 주 북한 대사와 함께 김일성의 사령부를 방문했다. 동북에서 소년 시절을 보낸 김일성은 중국어가 유창했다. 통역이 필요 없었다. 마오 주석의 편지와 저우언라이의 건의를 전달했다.

"정전담판에서 포로 석방과 송환 문제를 원만히 해결하기 위해 외국인 포로는 지원군이 맡고 한국군 포로는 조선인민군이 전담토록 하자."

김일성은 이견이 없었다.

"저우 총리의 의견을 존중한다. 스탈린 동지도 비슷한 말을 했다. 우리 측 포로 공작 책임자 장평산과 의논해라."

지원군 총부로 돌아온 두핑은 정전담판 상황이 궁금했다. 담판 대표 덩화를 만나러 개성으로 갈 준비를 서둘렀지만 그럴 필요가 없었다. 덩화는 총부 부사령관실에 있었다. 의아해하는 두핑에게 툴툴거렸다. 화가 단단히 나 있었다.

"차라리 전쟁터라면 직위가 높건 낮건 상관치 않겠다. 미국 놈 꼴 보기 싫어서 담판인지 뭔지 하러 다시는 개성에 가지 않겠다. 외교 업무에 능숙한 볜장우(邊章五)와 교대했다. 속이 시원하다. 나는 다시 전쟁터로 가겠다."

볜장우는 초대 소련주재 대사관 무관이었다.

두핑은 평안북도 벽동에 있는 포로수용소를 찾았다. 외국인과 한국인 포로를 분리시켰다. 중앙군사위원회에 전문을 보냈다.

"포로 심문과 회유에 필요한 준재들을 보내주기 바란다."

무슨 조화를 부렸는지, 훗날 국제무대에서 중국을 대표할 청년들이 참전을 자원(自願)하기 시작했다.

판문점에서 탄생한 신중국 최고의 외교관들

신중국은 전문외교관이 없었다. 국민정부가 배출한 외교계 인재들이 널려 있었지만 같은 편이 아니었다. 해외에 파견하면 망명할 가능성이 있었다. 거들떠보지도 않았다. 궁여지책으로 팔로군(八路軍)이나 신사군(新四軍) 지휘관 출신 중에서 대사를 선발했다. 전쟁터라면 몰라도 외교와는 거리가 먼, 신임장이 뭔지도 모르는 사람이 대부분이었다. "외교도 전쟁"이라며 나가기 싫다는 사람들을 억지로 양복 입혀서 내보냈다. 속으로 투덜대며 나가는 사람이나 내보내는 사람이나 할 짓이 못 됐다. 믿을 거라곤 두꺼운 얼굴과 배우 뺨치는 연기력이 다였다. 몇 사람 빼곤 다 그랬다.

국제무대는 생각보다 단순했다. 속 깊고 의심 많은 것이 큰 자산이었다. 꾸역꾸역해냈다. 외교를 총괄하던 저우언라이는 차세대 외교관 양성이 절실했다. 6·25전쟁이 단단히 한몫했다. 항미원조지원군이 관리하던 외국인 포로수용소와 판문점을 외교관 양성소로 활용했다. 실습 장소로 그만한 곳이 없었다.

외국어에 능숙한 청년들을 포로 심문관이나 회담장 속기사로 파견했다. 문혁 이후 국제무대에 널리 알려진 2세대 중국 외교관들의 회고록에는 공통점이 있다. 외국인 포로수용소가 있던 평안북도 벽동(碧潼)과 강계(江界)가 빠지지 않고 등장한다. 판문점과 개성은 말할 것도 없다.

1954년 제네바회담을 시작으로 마오쩌둥, 저우언라이, 덩샤오 핑 등 최고 수뇌부가 외국 원수를 만날 때마다 등장하는 지차오주 (冀朝鑄)나 냉전 시절 미국과의 대사급 회담과 1971년 키신저의 중국 방문 때 중요한 역할을 했던 귀자딩(過家鼎)의 외교 생애도 출발은 판문점이었다. 중국이 자랑하는 세계적인 경제학자 푸산과 리커눙 사후 중국에서 비밀이 제일 많았던 천중징(陳忠經)도 청년 시절 개성과 판문점을 오갔다.

신화통신(新華社) 홍콩분사 마지막 사장 저우난(周南)도 예외가 아니었다. 20대 초반에 지원군이 설립한 미군 포로수용소 심문관 이었다. 홍콩이 영국 식민지였던 시절, 신화통신 홍콩분사장은 아무나 가는 자리가 아니었다. 중국의 해외 주재 외교관 중 서열이 제일 높았다. 통신사 지사장이었지만, 국내 직함은 중국공산당 홍콩·마카오 서기였다. 흔히들 지하 총독이나 그림자 총독이라 불렀다. 장쩌민이 상하이 시장 시절 가장 희망했던 자리가 신화사 홍콩 지사장이었다. 중공 중앙 정치국 상무위원 우관정(吳官正)도 한때는 부지사장 후보로 거론된 적이 있었다. 저우난의 전직은 외교부 부부장과 주 유엔 대표였다.

불멸의 미 기병 1사단을 포로로 만든 우신취안

1950년 10월 19일, 국군 1사단과 미 기병 1사단이 평양을 점령했다. 그날 밤, 우신취안이 지휘하는 지원군 39군도 단둥과 장톈 (長天) 하구에서 압록강을 도하했다. 예정된 지역으로 은밀히 이동

136

중앙군사위원회 부주석 예젠잉(葉劍英, 왼쪽 둘째)을 수행하며
극비 방문한 키신저를 맞이하는 지차오주(왼쪽 첫째).
1971년 7월 9일, 베이징 난위안(南苑)공항.

했다.

우신취안은 전쟁을 위해 태어난 사람이었다. 성격도 유별났다. 어떤 전투든 자신이 지휘하는 부대가 선봉에 서야 직성이 풀렸다. 장정 시절에도 그랬고, 항일전쟁 때도 그랬다. 마오쩌둥도 후한 점수를 줬다.

"전쟁에 능하고, 전쟁이 뭔지를 안다. 상대를 방심시킨 후 기습을 가해 숨죽인 채 대기하던 아군 쪽으로 몰아버리는 능력이 탁월하다."

작전 지역에 진입한 우신취안은 잠복에 들어갔다. 예하 부대에 첫 번째 명령을 내렸다.

"야밤에 미군 보초 두 명을 생포해서 따로 심문해라. 미군 위치 파악하면 보고해라."

미군의 영변과 박천 도달을 확인한 우신취안은 운산을 포위했다. 11월 1일 17시 30분, 총공세를 퍼부었다. 11월 4일, 방어에 실패한 미 8군은 청천강 남쪽으로 이동했다.

미 기병 1사단 8연대는 운산 전투에서 반 이상이 전사하거나 포로가 됐다. 미 기병 1사단은 조지 워싱턴이 독립전쟁 시절 직접 창설한 기병대가 전신이었다. 160년간 한 번도 패한 적이 없었다. 최정예 기계화(機械化)사단이 된 후에도 기병(騎兵) 1사단이라는 명칭을 고집했다. 자부심이 강하고, 화력도 굉장했다.

지원군 총부는 포로수용소 부지를 물색했다. 정치부 보안부장은 이름난 명풍(名風)의 후예였다. 총사령관 펑더화이에게 의견을 냈다.

우신취안은 중국인민지원군의 첫 번째 공세에서
한국군과 미군을 곤혹스럽게 했다.
1982년 봄, 베이징.

중국인민지원군의 포로가 된 미 기병
1사단 병사들. 1950년 11월 중순,
평안북도 운산.

"강계와 벽동이 적합하다."

이유도 설명했다.

"강계는 인심이 후하고 전쟁에 휩싸인 적이 없다. 주민들도 배타적이지 않다. 평안도 사람치고는 순한 편이다. 중국에 인접한 벽동군은 반도나 다름없다. 동쪽에서 남쪽으로 가려면 배를 타야 한다. 서쪽은 강과 산에 가로막혀 통행이 불가능하다. 북쪽만 육지로 이동이 가능하다. 차량 운행도 불편함이 없다. 일단 강계와 벽동 지역에 분산 수용하자. 전쟁이 길어질 기미가 보이면 벽동에 번듯한 수용소를 만들면 된다."

펑더화이는 그 자리에서 동의했다. 문제는 언어였다. 정치부에서 파견한 통역들은 영어 실력이 신통치 않았다. 미국을 비롯한 영어권 포로들과 오해가 그치지 않았다. 외교부에 통역을 보내달라고 요청했다.

중국 외교부는 베이징 외국어학원에 공문을 보냈다.

"항미원조에 자원할 사람은 외교부에 신청해라."

광기가 넘치던 시절이었다. 합동결혼식을 마치고 친구들과 저녁 먹던 저우난은 흥분했다. 신부 귀에 속삭였다.

"내일 당장 자원하자."

신부도 동의했다. 다음 날 새벽 신혼부부는 외교부를 찾아가 자원서에 서명했다.

전장은 제1전선, 공작은 제2전선

외교부는 베이징 외국어학원 영문과 학생 20명을 추려 정치공작대를 편성했다. 저우언라이가 인도 대사관 공사로 내정된 한녠룽(韓念龍)을 불렀다.

"인도는 다음에 나가도 된다. 정치공작대를 인솔해서 조선에 가라. 외국인 포로를 상대하며 많이 배워라."

정치공작대는 일주일간 교육을 받았다. 2007년 봄, 현직에서 은퇴한 저우난이 재미있는 구술을 남겼다.

"외교부 제1부부장 리커눙의 훈시가 인상적이었다. 2분도 걸리지 않았다. 50여 년이 지났지만 지금도 생생하다."

이런 내용이었다.

"당과 마오 주석의 말만 들으면 된다. 경극 대사에 나오는 말처럼 아버지가 누구 때리라고 하면 때리고, 야단치라고 하면 야단치면 된다."

6·25전쟁 참전 초기, 중국은 이런 나라였다.

정치공작대는 압록강에 도달하기까지, 제 나라 땅에서도 많은 체험을 했다. 외국인 포로수용소에 가서도 마찬가지였다.

6·25전쟁 시절 중국인민지원군은 외국인 포로에게 관대했다. 벽동이나 강계 지역에 수용됐던 미군 포로들의 체험담에는 특징이 있다. 중국을 원망하는 내용이 거의 없다. 미국은 중공군이 포로들을 세뇌시켰다며 중국을 매도했다. 지원군 총정치부 주임 두핑이

미국의 주장을 리커눙에게 보고했다. 훗날 두핑은 리커눙의 말을 회고록에 남겼다.

"리커눙은 한동안 말이 없었다. 안경을 치켜 올리더니 입을 열었다. 전장이 제1전선이라면 적에 대한 공작은 제2전선이다. 미국은 우리와 함께 항일전쟁을 치른 경험이 있다. 공산당이 세뇌에 능한 것을 누구보다 잘 안다. 미국의 주장은 맞다. 포로정책은 별게 아니다. 우수한 인력이 고향사람 대하듯 하면 해결된다. 잘 먹이고 뱃속 편하게 해주면 세뇌는 저절로 된다."

1996년 봄, 신화통신 홍콩분사장 저우난도 한 잡지에 강계 시절을 회상했다.

"강계 외국인 포로수용소의 책임자는 조선족이었다. 나는 내근 조장을 하며 주로 장교들을 심문했다. 평범한 대화를 나누다 보면 쓸 만한 정보가 있었다. 가족관계, 지휘관의 성격, 기병 1사단이 어떤 부대인지, 이런 것들이었다. 흑인들이 백인보다 호감이 갔다. 미국의 인종차별에 분개하며 전쟁 끝나면 중국에 남겠다는 미군도 여러 명 있었다. 실제로 내가 심문한 장교 한 명은 정전협정 체결 후 귀국을 포기했다. 산둥(山東)의 한 공장에 취업해 중국 여인과 가정을 꾸리고 눌러앉았다. 전쟁 초기 포로들은 힘들어했다. 우선 배가 고팠지만 우리와 같이 먹다 보니 불평은 없었다."

저우난은 걸출한 외교관이었다. 홍콩 반환 문제로
영국과 22차례 열린 중·영회담의 중국 대표단 단장직도
15번 역임했다. 대처 총리와도 여러 차례 회담했다.
1984년 2월, 홍콩 스탠리베이.

추위 얘기도 빠뜨리지 않았다.

"야전병원에 가본 적이 있다. 부상병보다 동상 환자가 더 많았다. 코가 경극배우 분장한 것처럼 하얗게 얼어버린 동료가 있었다. 만지면 떨어진다며 근처에 오지도 못하게 했다."

각국의 포로들

『판문점담판견증록』(板門店談判見證錄)과 미국에서 출간된 6·25전쟁 관련 서적의 역자로 널리 알려진 궈웨이징(郭維敬)은 벽동 외국인 포로수용소 간부였다. 믿을 만한 기록을 남겼다.

"수용소에 담장이나 철책을 만들지 않았다. 주변에 중립 지역이나 미군의 탈출을 도와줄 우방이 없었다. 식품과 의료시설은 부족했지만, 대부분의 포로들은 구타나 괴롭힘을 당하지 않았다. 벽동 수용소에는 15개국 포로들이 몰려 있었다. 나라마다 풍속과 습관이 달랐다. 사상과 문화도 상이했다. 표현방법이 천차만별이었다. 미군 포로가 가장 많았다."

미군 포로들은 수염이 덥수룩했다. 혼자 웅얼거리다 한숨 내뱉는 습관이 있었다. 참전 이유도 단순했다.

"세계를 주유하며 안목을 넓히고 싶었다."

신앙을 물으면 "금전, 미녀, 위스키"라는 답이 의외로 많았다. 유기그릇을 금과 혼동했다. 한두 개씩은 소지하고 있었다. 평안도 일대에는 유기 공장이 많았다. 중국인민지원군도 마찬가지였다. 유기 요강에 밥을 해먹곤 했다. 지금은 어떤지 모르겠지만, 90년대 초까지도 유기 요강에 국이나 찌개를 끓여 먹는 집이 간혹 있었다.

미군 포로의 짐 보따리에는 여자 나체사진이 빠지지 않았다. 장교, 사병 할 것 없이 3-4장 없는 사람이 한 명도 없었다. 서로 돌려보며 명화 감상하는 사람 같았다. 흑백 문제는 수용소 안에서도 여전했다. 백인들은 흑인과 같은 난로 불을 쬐기 싫어했다. 목사 말이라면 무조건 잘 들었다. 중국인민지원군에게 불만이 많았다.

"우리는 정의의 사자다. 유엔의 경찰임무를 수행하러 이 땅에 왔다. 공산주의가 만연되는 것을 저지하고, 한국의 독립과 통일이 목적이다. 전쟁이 지연되는 것은 너희 중국 군대가 출현했기 때문이다. 중국이 북한을 지원하는 마당에, 우리가 남한을 지원하는 것은 당연하다. 한국이 적화되도록 내버려둘 수 없다. 미국은 물자가 풍부하고 무기도 정교하다. 비행기와 대포도 많다. 북한은 약소국이다. 우리의 상대가 못 된다."

미군 포로들은 동정심이 없었다. 한방에 환자가 있어도 돌보지 않았다. 1951년 겨울, 감기환자가 발생했다. 고열에 시달렸다. 양옆의 두 사람은 전염될까 두려웠다. 심야에 환자를 들어서 건물 밖에 내놨다. 산 채로 얼어 죽었다. "동북이나 시베리아에 끌려갈지

익살스러운 모습으로 바이올린을 연주하는 미군 포로.
1951년 12월, 평안북도 벽동군 외국인 포로수용소.

모른다. 후방에 가면 죽여 버릴 것이 분명하다"며 도망친 포로도 심심치 않게 있었다. 민가에서 밥 훔쳐 먹고, 산속에서 뱀 잡아먹다 다시 돌아오곤 했다.

터키 포로들은 미군과 천양지차였다. 거의가 농민과 유목민 전사의 후예들이었다. 고통을 삼킬 줄 알았다. 포로생활에 잘 적응했다. 83퍼센트가 경건하고 신실한 무슬림이다 보니 동료들을 친형제처럼 대했다. 수용소 안 여기저기를 다니며 폐허 속에서 뭔가 찾기를 즐겼다. 벽돌 조각을 모아 화덕도 만들었다. 직접 구운 빵을 미군 포로들의 시계와 교환하곤 했다.

영국 포로는 문화 수준이 높았다. 참전군 숫자가 많다 보니 포로도 미국 다음으로 많았다. 조용하고 독서와 토론을 즐겼다. 제2차 세계대전 참전 경험이 있는 직업군인이 대부분이었다. 미군은 거칠다며 깔보는 경향이 있다. 다툴 때도 큰 소리를 내지 않았다. 심문관들에게 호감을 줬다. 훗날 영국 대사를 역임한 지차오주의 구술을 소개한다.

"하버드대학 2학년 때 귀국했다. 칭화대학 재학 중 판문점 담판장에서 통역과 속기사를 하며 영국 기자와 자주 접촉했다. 내게 이런 말을 했다. '벽동 외국인 수용소 인근에 있던 중국인민지원군 부대를 영국군 비행기가 맹폭했다. 그날 밤 영국군 포로들은 중국군의 보복이 있을 거라며 두려워했다. 며칠이 지나도 아무 일 없었다'며 엄지손가락을 치켜세웠다. 우리의 포로관리를 세계에 알리겠다고 장담했다."

1952년 봄부터 벽동에 온기가 돌기 시작했다. 날이 풀리고 보급이 원활해졌다. 관리 인원도 늘어났다. 이발소와 목욕시설이 들어섰다. 화장실도 개조하고 병원도 문을 열었다. 환자가 줄어들었다. 관리 책임자도 새로 부임했다.

새 관리주임 왕양궁(王央公)은 정전담판 대표도 겸했다. 왕양궁은 동북군구(軍區) 소속 소수민족 정책 전문가였다. 소련에서 귀국해 전범 수용소에 수용 중인 청(淸) 마지막 황제 푸이(溥儀)의 전담 관리인이었다. 포로들의 문화와 오락, 체육활동을 중요시했다. 송환을 앞둔 포로가 "왕양궁 같은 사람이 포로수용소 소장이면 다시 전쟁터에 나가도 포로가 되겠다"는 말이 나올 정도로 포로 관리의 귀재였다.

끝나지 않은 회담

> "인내가 유일한 방법이다.
> 타협하는 순간 모든 것을 잃게 된다."

"또 회담장의 불빛이 꺼졌다"

싸움은 서로 이겼다는 주장이 대부분이다. 1952년 가을, 인적 드문 오성산 일대를 43일간 인간지옥으로 만든 상감령 전투도 마찬가지다. 대한민국과 미국은 패배를 부인하고, 중국과 북한은 때만 되면 영화와 문학작품, 노래 등으로 승리를 자축한 지 오래다. 아직도 전쟁에 진정한 승리자가 있는지 반문해볼 여유가 없기 때문이다.

1951년 7월 10일 시작된 정전회담은 43일 만에 중단됐다. 다시 회담장에서 마주하기까지 64일이 걸렸다. 협상이 속개됐지만 순조롭지 못했다. 총성도 그치지 않았다. 재개 349일 만인 1952년 10월 8일, 또 회담장의 불빛이 꺼졌다. 양측은 파열 원인을 서로 떠넘겼다. 대치 중인 38선 지역에 전운이 감돌았다. 미군이 선수를 쳤다. 중국인민지원군의 대비도 만만치 않았다. 3병단 예하 15군을 투입했다. 군단장은 훗날 총참모장과 국방부장을 역임하는 친지웨이였다.

장정 시절, 친지웨이는 개국원수 쉬샹첸(徐向前)의 경호대장이었다. 어린 나이에 죽을 고생하며 별꼴을 다 겪었다. "두려운 적을 만나면 적도 나를 무서워한다는 것"을 진작 깨달았다. 포로가 됐다가 탈출한 적이 한두 번이 아니었다. 항일전쟁 때도 어려운 일은 도맡아 했다.

일본 패망 후 국·공내전이 발발했다. 류보청(劉伯承)과 함께 중원야전군(中原野戰軍)을 지휘하던 덩샤오핑은 친지웨이를 신임했다. 전통을 자랑하는 9종대(縱隊) 사령관에 발탁했다. 아직 어리다며 난처한 표정을 짓자 이유도 곁들였다.

"인간은 자신의 장점을 잘 모른다. 그간 너를 눈여겨봤다. 너는 공격과 퇴각이 민첩하고, 지구전에 강하다. 손상이 커도 결국은 승리했다. 회복도 빨랐다. 9종대는 타이항(太行)산에서 깃발을 날린 야전부대다. 지휘관으로 네가 적격이다."

정치위원 임명에 있어서도 배려했다. 훗날 프랑스 대사를 역임하는 황전(黃鎭)을 딸려 보냈다. 친지웨이는 덩샤오핑을 실망시키지 않았다. 국·공내전 말기, 갱도전으로 국민당군을 괴롭혔다. 1949년, 중원야전군이 제2야전군으로 바뀌면서 9종대도 15군으로 개편됐다.

미군을 회담장으로 끌어내기 위한 상감령 전투

15군은 항미원조지원군 예비대였다. 주둔지도 쓰촨(四川)성 충칭(重慶) 인근이었다. 1951년 1월, 중국인민지원군이 서울을 점령했다. 마오쩌둥은 우리 국군과 연합군이 37선으로 후퇴하자 15군을 화북(華北) 지역으로 이동시켰다. 15군 45사단 정치위원 녜지펑

갱도에서 참모와 작전을 숙의하는
15군 군장 친지웨이(오른쪽).
1952년 10월 말, 오성산.

(聶濟峰)이 구술을 남겼다.

"1개월 만에 화북에 도착했다. 베이징과 톈진에서 군사회의가
열렸다. 15군과 12군, 60군으로 항미원조지원군 3병단을 창설했
다. 2개월간 간부들에게 정치교육을 시켰다. 다들 미군이 종이호
랑이가 아니라는 것을 알고 있었다. 미국을 매도하고 우리의 승
리를 확신시키는 교육이었다. 전쟁은 첫 번째 전투가 중요하다.
패하면 사기가 떨어진다. 되살아나기까지 오랜 시간이 걸린다.
친지웨이는 이 점을 우려했다. 돼지 수백 마리 삶아놓고 잔치 겸
출정 선서식을 열었다. 무슨 일이 있어도 첫 번째 전투에서 이겨
야 한다며 수전필승(首戰必勝)을 부하들에게 각인시켰다."

15군은 1951년 3월 24일, 압록강을 도하했다. 지원군의 5차 공
세에 투입됐다. 필리핀군과 한차례 전투를 치른 후, 미 3사단 2개
연대를 궁지에 몰아넣었다. 대수동(大水洞)과 사오랑(沙五郎) 고개
전투도 성과가 있었다. 미군 300여 명이 두 손 들고 항복했다. 미군
기계화 부대의 분할공격으로 전군이 곤경에 빠진 적도 있었다. 친
지웨이는 악전이 몸에 밴 지휘관이었다. 식량이 바닥난 상태에서
험지를 빠져나왔다. 캐나다 여단까지 가세한 미 3사단과 10일간
피를 튀긴, 포천 박달봉 전투도 지휘했다. 1,200여 명의 사상자를
내고도 총사령관 펑더화이에게 "고맙다"는 전문을 받았다.
"미 공군기 4대를 격추하고, 1급 영웅 차이윈전(柴云振)을 배출
하는 등 전략임무를 완수했다."

상감령에 보낼 보급차량에
위장막 설치하는 여 공병대원.

5차 공세를 마친 15군은 중부전선 평강(平康) 골짜기에 주둔했다. 9개월간 수비에 전념하며 한가한 시간을 보냈다.

베이징의 중앙군사위원회가 지원군 사령부를 통해 친지웨이에게 전문을 보냈다. '오성산'(五聖山)을 몇 차례 반복했다.

"미군의 2차 상륙작전에 대비해라. 예상 지점은 원산이 유력하다. 오성산은 평강의 병풍이다. 오성산을 점령당하면 평강이 적의 수중에 떨어진다. 평강에서 원산까지는 왕래가 원활하다. 미군의 원산상륙 계획을 포기시키고, 회담장으로 끌어낼 방법은 오성산 고지 사수가 유일하다. 실패하면 군사분계선이 달라진다."

15군은 중국과 북한이 상감령전역(上甘嶺戰役)이라 부르는 오성산 방어전에 성공했다. 피해가 엄청났다. 중국인민지원군 창설 이래 전사한 3만 5,000여 명 가운데 3분의 1이 상감령에서 40여 일 만에 사망했다. 중국인민지원군이 자랑하는 특급전투영웅 황지광도 579.9고지에서 목숨을 잃었다.

한·미 연합군의 희생도 엄청났다. 고지가 2미터 날아갈 정도로 맹폭을 가했지만, 갱도전인지 뭔지 때문에 공격을 포기했다. 537.7고지 북쪽에 있는 작은 진지 점령이 고작이었다. 6·25전쟁이 그랬던 것처럼, 상감령 전역도 인간이 벌인 쓸데없는 짓거리였다.

"싸우면서 대화한다"

1951년 5월 17일, 미국 대통령 트루먼은 "한국전쟁 정전담판을 고려해볼 필요가 있다"는 국가안전회의(NSC)의 건의를 비준했다. "미국의 적은 소련이다. 참전도 안 한 소련이 뒤에서 조종하는 전쟁에 국력을 낭비할 필요가 없다"는 것이 이유였다. 압록강까지 밀고 올라갔던 국군과 연합군은 중국인민지원군 참전 8개월 후인 1951년 6월 중순, 38선 부근까지 퇴각했다. 전선이 원점으로 돌아가고, 군사력도 겉보기엔 비슷해졌다.

한·미 연합군은 70만으로 증가하고, 중국인민지원군과 북한군도 112만 정도로 늘어났다. 한·미 연합군은 병력만 열세였다. 전력은 북·중 연합군이 어림도 없었다. 전투기와 폭격기, 수송기 등 항공기 1,670대와 270척의 함정, 1,130량의 탱크와 3,000여 문의 대포로 하늘과 바다를 완전히 장악하고 있었다. 보병의 화력과 기동력도 엄청났다.

미군도 약점은 있었다. 미 육군은 18개 정규 사단의 3분의 1 이상인 7개 반 정도의 사단 병력을 6·25전쟁에 투입했다. 당시 미군의 전략 중점은 유럽이었다. 한반도에 증병은 곤란했다. 유엔군으로 참전한 나머지 국가들도 증병은 바라지 않았다. 보병이 우세한 북·중 연합군을 참전 초기처럼 밀어붙이기엔 역부족이었다.

미 국무장관 애치슨이 성명을 발표하고 마셜과 브래들리가 사방으로 유세와 외교 활동을 폈다. 소련통 조지 케넌은 주소련 대사 시절 막역했던 유엔 대표 마리크와 접촉했다. 소련을 토닥거리고 베이징 주재 중립국 외교사절들을 통해 정전 의사를 중국에 흘렸다.

중국의 전략은 지구전과 대화의 병행이었다. 인민해방군 총참모장 대리 녜룽전의 회고록에 이런 구절이 있다.

"5차 공세가 끝난 5월 하순, 중앙군사위원회 전체회의가 열

상감령 전투(1952년 10월 14일-11월 25일)는 포격전이 치열했다.
1952년 10월 말, 상감령 전선에서 포탄 23발로 탱크 5대를
격파하고 화약고를 폭파한 15군 포병 5연대 6반 반원들.
8명 모두 2등 공로상을 받았다.

상감령 전투가 끝난 후 지원군 부사령관
양더즈(왼쪽)와 함께 오성산 지역을 둘러보는
북한군 부사령관 최용건(왼쪽 둘째).
왼쪽 셋째는 북한 정치보위상 박일우.

냉전 시절 천안문 광장에서는 미국을 비난하는
퍼포먼스가 그치지 않았다.

렸다. 동지들은 38선 부근에서 전쟁을 끝내자고 주장했다. 담판으로 해결하자는 의미였다. 나도 미군과 남한군이 조선 북부에서 물러났으니 정치적 목적은 달성했다고 판단했다. 마오 주석이 싸우면서 대화한다(邊打邊談)는 방침을 정하자 다들 찬성했다. 6월 3일, 김일성 수상이 베이징에 왔다. 마오 주석, 저우언라이 총리와 미국이 제의한 정전담판 문제를 의논했다. 마오 주석과 김일성은 의견이 일치했다."

정전회담 대표 덩화, 부대표 제팡

중앙군사위원회와 마오쩌둥의 지시를 접한 펑더화이는 7월 1일, 전략가다운 답전을 보냈다.

"8개월간 격렬한 전투를 치렀다. 전쟁이 길어지면 심각한 문제가 발생한다. 미국은 동방과 세계에서 차지하는 정치적 지위를 유지하기 위해 실패를 감수할 리가 없다. 지구전에 돌입하면 병력이 분산되고 역량이 약해지는 것은 미군도 어쩔 수 없다. 인원과 물자의 소모가 막대하고 운수에도 어려움이 많겠지만 모든 면에서 우리보다 우월하다. 우리는 인원이 많고 보병이 강하지만 운수에 어려움이 많다. 조선은 땅덩어리가 작고 지형이 오밀조밀해서 작전에 어려움이 많다. 공군도 보급에 도움이 못 되고, 작전을 펴기 전에 제대로 작용을 못 한다. 장기전에 돌입하려면 평균 2개월에 한 번은 반격을 시도해서 적의 공격을 격퇴해야 한다. 매월 보충병 3만 명과 매년 미화 7억 달러 내지 8억 달러

(1950년 기준)를 감당할 자신이 없으면 장기전은 불가능하다. 문제는 재력이다. 인력은 충분하다. 나는 중앙의 결정에 복종한다. 지구전과 회담을 통해 전쟁을 끝내기 위해 38선을 견지하겠다."

펑더화이는 부사령관 천경과 덩화, 부정치위원 간쓰치(甘泗淇), 참모장 제팡 등 간부회의를 소집했다. 김일성이 마오쩌둥에게 보낸 전문을 보여주며 정전회담 대표로 덩화를 지목했다. 덩화는 "내 전문은 전쟁이다. 외교에 능한 사람으로 바꿔달라"며 손사래를 쳤다. 천경과 간쓰치가 발언을 요청했다.

"덩화 동지는 외교 무대에 나서본 적이 없다. 물건 값 흥정도 제대로 못 한다. 그래도 전쟁 경험 하나만은 누구보다 풍부하다. 정전회담은 전쟁을 끝내기 위한 담판이다. 지원군 부사령관으로 다섯 번에 걸친 전투에 빠진 적이 없다. 회담에서 가장 발언권이 있는 사람이다."

펑더화이가 제팡을 부대표로 임명하자 덩화는 안심하는 눈치였다. 그럴 만한 이유가 있었다.

문무를 겸비한 전장의 사자 덩화

6·25전쟁 정전회담 중국 측 대표 덩화는 중국인민지원군 2대 사령관이었다. 덩화 이후에도 양더즈와 양융, 두 명의 사령관이 있었다. 정전 2년 후인 1955년 9월, 신중국 첫 번째 계급 수여식이 열렸다. 초대 지원군 사령관 펑더화이는 원수 계급에 정무원 국방부장까지 겸했다. 양더즈는 대군구(軍區) 사령관만 20년 이상 지내

항미원조 시절의 덩화(왼쪽 둘째)와 간쓰치(오른쪽 둘째).
덩화는 중국인민지원군 2대 사령관으로,
간쓰치는 정치공작으로 활약했다.

회담장으로 향하는 제팡(왼쪽). 제팡은 동북군 시절
'제갈량'으로 불렸다. 제팡이 정전담판 부대표가 되자
대표를 맡은 덩화는 안심했다.

고 덩샤오핑에게 총참모장 자리도 물려받았다. 양융은 베이징군구 사령관과 중앙서기처 서기까지 거쳤다.

덩화도 상장(上將) 계급은 받았다. 4년 남짓 역임한 선양(瀋陽)군구 사령관을 끝으로 시야에서 사라지다시피 했다. 린뱌오와 펑더화이의 묘한 인간관계 때문이었다. 권위 있는 해석을 소개한다.

"항미원조 전쟁 초기, 덩화가 마오쩌둥에게 보고차 귀국한 적이 있었다. 업무를 마친 덩화는 옛 상관 린뱌오를 잊지 않았다. 역으로 가는 도중 시간을 냈다. 린뱌오는 꼼꼼하고 생각이 많은 사람이었다. 전선 상황을 상세히 물었다. 부관에게 점심을 준비하라는 지시도 했다. 열차 시간이 촉박한 덩화는 초조했다. 용기를 내서 빨리 떠나야 한다는 말을 해버렸다. 린뱌오의 안색이 변했다. 덩화를 쳐다보며 아무 말도 하지 않았다. 자리에서 일어나 손으로 문을 가리켰다. 나가라는 의미였다. 항일전쟁과 국·공내전 시절 린뱌오의 신임을 한 몸에 받았던 덩화는 린뱌오의 성격을 누구보다 잘 알았다. 전선 사정이 급하다 보니 어쩔 수 없었지만, 등에서 식은땀이 났다. 린뱌오는 평소 우습게 알던 펑더화이를 따라 조선에 가더니 나를 가볍게 본다며 마음에 상처를 입었다."

1959년 펑더화이는 마오에게 한 방 날리고 실각했다. 신임 국방부장 린뱌오가 펑더화이 추종자들을 추려냈다. 펑더화이의 측근으로 분류된 덩화도 덩달아 화를 입었다.

쓰촨성 부성장으로 쫓겨나 농업 문제를 전담했다. 문혁 기간에도 호된 비판을 받았다. 1977년 인민해방군 군사과학원 부원장으로 복귀했지만 3년 후 세상을 떠났다.

덩화는 유복한 집안에서 태어났다. 외가도 큰 부자였다. 모친은 시집올 때 3대가 놀고먹어도 될 전답과 패물을 들고 왔다. 다섯 살 어린 지원군 공군사령관 류전과 지원군 맹장 한셴추가 밭에서 소 끌고 땀 흘릴 때, 덩화는 미국인이 설립한 명문 중학교 학생이었다. 교장은 물론이고 교사들도 미국인 일색이었다. 수업도 모든 과목을 영어로 배웠다. 수학과 물리, 화학 성적이 우수했다.

소년 덩화의 꿈은 법률가였다. 17세 때 후난성 창사(長沙)의 법정학교에 합격했다. 친구 따라 공산당 비밀집회에 갔다가 눈이 휘둥그레졌다. 무슨 생각이 들었는지 입당을 자청했다. 얼마 후 사달이 났다.

"학교에 잠입해 있던 국민당 특무에게 신분이 폭로됐다. 나 대신 잡혀간 아버지는 모친이 돈을 쏟아부은 덕에 보석으로 풀려났다. 고향 움막에 숨어 있던 나는 농민들이 조직한 혁명군을 따라 홍색 근거지 징강산(井岡山)에 들어갔다. 장정 도중 적이 버리고 간『손자병법』을 노획했다. 보물처럼 끼고 다녔다. 틈만 나면 펴 들었다."

덩화는 청년 시절을 전쟁터에서 보냈다. 항일전쟁이 발발하자 린뱌오가 지휘하는 핑싱관(平型關) 전투에서 일본군에게 대승을 거뒀다. 1941년 6월 11일, 팔로군 기관지『진찰기(晋察冀)일보』에 작가 저우얼푸(周而復)가 젊은 분구 사령관을 소개했다.

북한 내무상 박일우의 방문을 계기로 기념사진을 남긴
중국 항미원조 지휘부. 왼쪽부터 부참모장 왕정주,
정치부 비서장 리정, 리정의 남편인 정치공작 담당 간쓰치,
박일우, 펑더화이, 천경, 덩화.

"수려하고 창백한 용모에 신기 어린 눈동자가 인상적이었다. 걷는 모습도 군인과는 거리가 멀었다. 어깨가 축 늘어진 문인 같았다. 고전과 영문에 능하고 붓글씨가 일품이라는 소문 그대로였다. 이런 사람이 포성과 불기둥이 난무하는 전장에선 사자로 변했다. 어떤 전투든 부하 지휘관들은 이 사람에게 의존하며 승리를 장담했다. 말수가 적고 적정(敵情) 판단이 정확했기 때문이다. '문인과 무사가 한 몸에 조화를 이루면 저렇구나'라는 생각이 들었다."

기사 제목이 「덩화의 일면」(鄧華斷片)이었다. 실제로 덩화는 문·무(文武)와 군·정(軍政)을 겸비한 군인이었다.

일본 패망 후 국·공내전이 벌어졌다. 동북민주연군(제4야전군의 전신) 사령관 린뱌오는 덩화를 신임했다. 창바이(長白)산(백두산)에서 하이난다오(海南島) 점령까지 인연을 이어갔다. 한반도에 전쟁이 발발하고 중국인민지원군이 참전하자 마오쩌둥과 저우언라이는 덩화를 지원군 부사령관에 임명했다. 평소 덩화는 "전쟁도 먹고살기 위해 하는 일"이라는 말을 입에 달고 다녔다. 항미원조 기간에도 농사에 관심이 많았다. 본국에서 320만 명이 배설한 인분을 들여와 북한 농촌에 공급했다.

'동북군 제갈량' 제팡

판문점회담에 덩화와 함께 참여한 제팡은 정전 2년 후 소장 계급을 받았다. 원수 계급장을 받은 펑더화이가 발끈했다. "제팡은 지

덩화는 연합군의 재상륙작전을 두려워했다.
사진에서 보는 것처럼 서해안 경계를 강화했다.

원군 참모장이었다. 참모장이 소장이면 사령관인 나는 중장이 마땅하다"며 전화통을 집어 던졌다. 저우언라이가 겨우 진정시켰다.

"우리는 20여 년간 무장투쟁을 했다. 기라성 같은 지휘관들이 즐비하다. 제팡은 국민당 소장 출신이다. 입당도 늦게 했다. 린뱌오의 참모장을 오래 하고 하이난다오 해방에도 큰 공을 세웠다. 소장 서열 1번이니 중장이나 마찬가지다. 린뱌오도 불만이 없고, 대만에 있는 장제량도 이해하리라 믿는다. 너도 참아라."

저우언라이가 장제량까지 거론하자 펑더화이도 고개를 끄덕였다.

제팡은 동북 출신이었다. 소작농이었던 부친은 밥보다 교육을 중요시했다. 제팡이 명문 학교에 입학하자 없는 돈에 마을 잔치를 베풀 정도였다. 제팡도 부친의 기대를 충족시켰다. 중학교를 1등으로 졸업했다. 장제량 집안과 인연이 시작됐다.

6·25전쟁 정전회담은 세계 전쟁사상 기록을 세웠다. 개전에서 협정문서 서명까지 2년 하고도 17일이 더 걸렸다. 748일간, 회담하면서 싸우고, 싸우다가 또 마주했다. 승자와 패자의 만남이 아니다 보니, '회담'이란 용어는 적합하지 않았다. 세계 최강의 미국과 한국전쟁 덕에 국제사회에 모습을 드러낸 신중국 간의 살벌한 담판이었다.

1951년 6월 30일 오전 8시(동경 표준시), 리지웨이가 유엔군 총사령관 자격으로 김일성과 펑더화이에게 "상부의 명을 받들어 귀군에 통지한다"로 시작되는 전문을 보냈다.

"나는 귀측이 한반도에서 진행 중인 모든 적대행위와 무력행동을 정지할 것을 토의하기 위한 회의를 원한다는 소식을 접했다. 대표를 파견해 귀측과 협의토록 하겠다. 회의 장소는 원산항에 정박 중인 덴마크 병원선을 제의한다."

7월 1일, 김일성과 펑더화이도 조선인민군 총사령관과 중국인민지원군사령관 명의로 답을 보냈다.

"우리도 군사행동 정지와 평화 건립 담판에 동의한다. 귀측 대표와 만날 용의가 있다. 장소는 38선 이북의 개성지구를 건의한다. 동의하면 1951년 7월 10일부터 15일까지 우리 대표가 귀측 대표와 만날 준비를 하겠다."

양측은 이후에도 여러 차례 전문을 주고받았다.

6·25전쟁은 제2차 세계대전 이후 참전국이 가장 많았다. 한정된 좁은 땅덩어리를 벗어난 적이 없는 국제전이다 보니 별일이 다 벌어졌다. 회담장도 전장과 한동네나 마찬가지였지만 정전회담에 대한 중국과 미국의 회상은 천양지차였다. 보는 시각이 달랐다. 중국인민지원군 사령관 펑더화이는 조카에게 구술을 남겼다.

"조선은 복잡한 나라다. 정전담판 과정 중 우리 대표들은 상대방의 음모와 위세에 넘어가지 않았다. 담판에 성공한 결과, 장차 조선 문제를 평화적으로 해결할 수 있는 길을 열었다."

정전회담 북한 대표들과 함께한 중국인민지원군 대표단.
왼쪽 셋째부터 리커눙, 제팡, 덩화, 차오관화.
1951년 여름, 개성.

남측 대표 배제를 암시한, 우리에겐 섬뜩한 내용이었다.

정전회담 대표였던 중국인민지원군 참모장 제팡은 협상에 능했다. 일본 육군사관학교를 졸업한 동북군의 제갈량이었다. 정전회담에서 북한 측에 많은 조언을 했다. 정전담판 회상을 소개한다.

"미군은 전장에서 얻은 것이 없자 담판을 통해 뭔가 얻으려 하는 눈치였다. 우리 측 수석대표는 남일(南日) 대장이었지만 상대측 대표는 미군들이었다. 남한 측에서는 젊고 능수능란한 백선엽 소장 한 명만 발언권 없는 연락관으로 참석한 것을 보고 미군의 속내를 알 만했다. 우리는 두 손을 활용했다. 한 손으로는 전쟁하고 다른 한 손으로는 회담했다. 두 손을 적절히 배합하며 지혜를 짜냈다. 우리 뒤에는 젊은 준재와 보기만 해도 든든한 리커눙 동지와 차오관화 동지가 있었다. 회담 첫날 수석대표 남일 대장은 차오관화 동지가 밤새 쓴 원고를 토씨 하나 빼지 않고 읽었다."

회담은 아직 끝나지 않았다

제팡의 술회는 사실이었다. 송악산 남록의 구릉지대 은밀한 곳에 각 기관에서 차출된 젊은 인재들이 우글거렸다. 하버드대학에서 경제학 학위를 마친 훗날의 사회과학원 대학원 원장 푸산과 유엔 대사 링칭(凌靑)은 직접 군 계급장을 달고 회담에 참석했다. 20여 년 후, 셰익스피어 연구와 극본 주석으로 명성을 떨친 추커안(裘克安)은 제팡의 통역 노릇을 했다. 제팡의 현란한 몸짓과 품위 넘치는 언어를 생동감 있게 전달해 리커눙의 칭찬을 받았다. 외국 언론도 "중국은 큰 나라다. 별사람이 다 있다"며 추커안의 재능을 보도했다. 키신저의 중국 방문에 한몫을 담당한 지차오주는 당시 21세로 제일 어렸다.

정전회담 미국 측 수석대표 조이 제독은 공산당이라면 진저리를 쳤다.

"담판에서 공산당의 행동이 어땠는지 묻는 사람이 많았다. 한 마디로 전술과 책략 외에는 성의가 없는 사람들이라고 단정해도 된다. 저들과 상대하려면 인내가 유일한 방법이다. 타협은 금물이다. 타협하는 순간 모든 것을 잃게 된다."

판문점담판 대표단 2인자였던 두핑은 미국을 비난했다.

"우리의 적은 전쟁 중후반부터 패배를 거듭하다 보니 어쩔 수 없이 회담을 제안했다. 실패를 인정할 줄 모르고 평등한 관계에서 협상할 준비가 되어 있지 않았다. 승리라도 한 것처럼 무리한 요구를 계속했다. 국제법도 염두에 두지 않았다. 전쟁을 통해 기를 꺾는 것 외에는 방법이 없었다. 강하게 나오면 우리는 더 강하게 대응했다."

1953년 7월 27일, 220평 간이건물에서 미국 대표와 공산 측 대표 사이에 정전협정 조인식이 열렸다. 당사국을 제쳐놓은 괴상한 의식은 12분 만에 끝났다. 대표들끼리 악수는커녕 기념사진도 남기지 않았다. 당사국 대한민국이 빠진 회담은 아직도 끝나지 않았다.

3 전쟁이 남긴 것

"역사는 냉혹하다. 일전을 불사하겠다며
국민을 흥분시키는 지도자보다
전쟁을 막기 위해 모욕을 감수하고
굴욕을 삼킨 지도자에게 후한 점수를 준다."

귀래자의 노래

"살아서 돌아온 너희들은
인민의 죄인이다."

"포로를 이용해 포로를 제압한다"

1953년 7월, 정전협정이 체결됐다. 포로송환의 막이 올랐다. 중국인민지원군 포로는 약 2만 2,000명, 미군 포로의 7배를 웃돌았다. 지원군 전사(戰士)에서 포로가 되기까지는 여러 이유가 있었다. 중국 군사전문가의 분석을 소개한다.

"7,000명 정도는 환자와 부상병이었다. 탄약과 양식이 떨어지고, 추위와 기아로 전투력을 상실해 포로가 된 경우가 제일 많았다. 1만 2,000명에 조금 못 미쳤다. 자발적으로 투항한 사람은 생각보다 많지 않았다. 수백 명에 불과했다. 자질구레한 이유도 1,000명 정도는 됐다."

포로들은 별꼴을 다 겪었다.

1951년 7월, 정전협상이 시작됐을 때부터 미군은 포로에 신경을 썼다. 전방 포로수용소에 있던 지원군 포로들을 거제도에 일괄 수용했다. 폭동을 방지하기 위해 감독과 관리만 철저히 했다. 정전협

유엔기와 인공기 앞에서 정전협정 문서에 서명하는 미국 대표 클라크(왼쪽 탁자)와
중·조연합군 수석대표 남일. 미군 3명, 북한 인민군과
중국인민지원군 각각 2명씩을 배석시킨 두 사람은 눈인사도 나누지 않았다.
외신기자 100여 명과 일본기자 10명이 운집했지만 한국기자는 최병우가 유일했다.
1953년 7월 27일 오전 10시에서 10시 12분 사이, 판문점.

상은 포로송환 문제가 중요한 의제였다. 양측이 팽팽히 맞섰다. 강대국에게 협정이나 조약은 중요하지 않았다. 미국은 제네바 협정을 무시해버렸다. 각자 가고 싶은 곳으로 보내자며 자유송환을 주장했다. 포로정책도 바꿨다. 이부제부(以俘制俘), 포로를 이용해 포로를 제압했다. 반공포로를 지지하고, 친공포로 속에 첩자를 침투시켰다. 자유송환된 포로들을 대만의 국민당군에 편입시키는 것이 최종 목표였다.

지원군 포로 중에는 국·공내전 시절 국민당군에 포로가 됐다가 중국인민해방군으로 편입된 사병이 많았다. 중공이 선전하는 "견고한 사상으로 무장된 지원군 전사"와는 거리가 멀었다. 미군은 국민당군 장교 출신 포로 가운데 쓸 만한 장교들을 선발해서 도쿄로 보냈다. 특수훈련을 시킨 후 포로수용소 관리관으로 임명했다. 관리관들이 요구한 국민당지부와 반공항소동맹회(反共抗蘇同盟會) 설립도 허락해줬다.

두 단체는 정치운동을 벌였다. 중공당원과 공산주의 청년단 단원을 색출해서 탈당과 함께 탈당서에 서명을 요구했다. 미군이 지원한 초콜릿, 캐러멜, 누드화보, 담배 등으로 회유하고, 거부하면 몰매를 퍼부었다. 효과가 있었다. 죽어도 대만에 가서 죽겠다는 혈서가 난무했다. 팔뚝과 등에 문신하는 포로가 늘어났다. 주로 '반공'(反共)이나 '살주발모'(殺朱拔毛, 중국 홍군의 아버지 주더를 죽여버리고 마오쩌둥을 없애버리겠다)였다. 지원군 포로 1만 4,000명이 대륙행을 거부했다. 미군은 이들을 거제도에서 제주도로 이동시켰다.

정전 직후의 개성 모습.
모두가 춥고 굶주린 시절이었다.

귀국 열차를 타고 그리운 고향으로

1953년 7월 27일 오후 거제도에 남아 있던 지원군 포로들은 만세를 불렀다. 거제도에서 포로 시절을 보낸 장쩌스(張澤石)의 회고록에 이런 구절이 있다.

"미군 대위가 정전협정이 체결됐다고 알려줬다. 다들 환호했다. 미군들도 좋아하기는 마찬가지였다. 다시는 죽이는 경쟁을 하지 말자며 서로 얼싸안았다. 하루빨리 처량한 섬에서 벗어나 처자와 자녀들 곁에 가기를 희망한다며 우리를 위로해줬다. 조선 전우들과도 기쁨을 함께했다. 여자 수용소에 노래 잘하는 조선인민군 포로가 있었다. 예쁜 얼굴에 두 눈은 표현이 불가능할 정도였다. 그날도 노래를 불렀다. 다시는 들을 수 없는 노래라 생각하니 눈물이 났다. 나만 그런 게 아니었다. 다들 땅을 치며 통곡했다."

8월 5일 시작된 지원군과 미군의 포로교환은 9월 6일까지 33일이 걸렸다. 다시 장쩌스의 생생한 기록을 소개한다.

"1,000여 명의 인민군 포로와 함께 거대한 미군 함정을 타고 거제도를 떠났다. 인천에서 문산까지 열차로 이동했다. 처음 보는 조선의 도시와 농촌이었다. 전쟁의 흔적은 참혹했다. 허물어져가는 집에서 밥 짓는 연기가 났다. 전쟁터에서 포성과 함께 치솟던 화염과는 천양지차였다. 달리는 열차 밖에서 수척한 한국

연합군은 지원군 포로 2만여 명을 구금했다. 제주도로
이송되기 위해 기제도를 떠나는 지원군 반공포로들.

인들이 손을 흔들었다. 인민군 포로들은「김일성 장군의 노래」를 부르고, 우리는「동방홍」(東方紅)과「지원군전가」(志願軍戰歌)를 열창했다. 밤늦게 문산에 도착했다. 미군은 우리를 창고를 개조한 수용소에 집어넣고 밖에서 문을 닫아걸었다. 이튿날 아침 미군 장교와 민간 복장을 한 대여섯 명이 수용소에 나타났다. 중국 옷을 입은 50대 초반의 남자가 우리 앞으로 다가왔다."

장쩌스는 그날의 묘한 분위기를 평생 잊지 못했다.

"나는 중국 적십자를 대표해서 여러분을 위로하러 왔다. 지난 수년간 조국은 여러분의 고난을 주시하며 영웅적인 투쟁을 이해하느라 노력했다. 하루빨리 귀향시키기 위해 열과 성을 다했다. 오늘 여러분은 판문점을 거쳐 조국으로 돌아간다."

박수와 만세가 그치지 않았지만 찜찜한 열변이었다.

지원군 포로들은 벽동 외국인 포로수용소에 있던 미군 포로 20여 명과 영국군 포로 1명과 함께 귀국 열차에 올랐다. 중국은 통일전선에 성공했다고 자화자찬했다. 미군 포로들도 수용소에서 중국인과 접하며 중국에 매료됐다고 싱글벙글했지만 진정한 이유는 따로 있었다. 당시 미국은 매카시즘의 유령이 미 전역을 휩쓸 때였다. 5,332명이 공산주의자로 몰려 교수대에 올랐고, 6만 2,351명이 20년 이상의 형을 선고받을 정도였다.

미군 포로들의 중국 생활은 오래가지 못했다. 몇 년이 지나자 고

포로 신분에서 벗어나 지원군 지역으로 달려가는
지원군 포로들. 누구도 앞으로 자신들에게 닥칠 일을
예상하지 못했다. 1953년 9월, 개성.

향 생각에 온몸이 뒤틀렸다. 일부는 갖은 경로를 거쳐 미국으로 돌아왔지만, 주위의 시선은 예전과 달랐다. 밀고자, 반도, 적과 내통했다는 꼬리표가 죽는 날까지 붙어 다녔다. 툭하면 체포되고 감옥으로 끌려갔다. 감시와 심문도 그치지 않았다. 친인척과 친구들에게 냉대를 받으며 점점 사람들의 시선에서 사라졌다.

9월 6일, 중국 측에 넘겨진 지원군 포로 6,000여 명은 개성에 있는 지원군 병원에서 정밀검사를 받았다. 빈혈, 위장병, 기관지염, 관절염 등 멀쩡한 사람이 한 명도 없었다. 좋은 치료를 받고 영양가 풍부한 음식을 먹으며 원기를 회복했다. 비싼 돈 줘야 볼 수 있는 유명 연예인들의 위문공연이 줄을 이었다. 귀환 포로들은 하루하루가 즐거웠다. 자신이 세계에서 가장 행복한 사람이라고 확신했다. 판문점담판에서 포로송환을 전담하던 황화(黃華)의 연설은 생동감이 넘쳤다. 국내외 정세를 들으며 2년간 장님이나 다름없었던 시야가 훤해지는 것 같았다. 1954년 1월 포로들은 귀국 열차에 올랐다. 날벼락이 기다리고 있을 줄은 상상도 못 했다.

돌아온 사람들에게 떨어진 날벼락

1954년 1월 3일 새벽 평양역, 지원군 포로를 태운 열차가 기적을 울렸다. 신의주와 압록강 철교, 단둥을 거쳐 선양(瀋陽)까지 내달렸다. 선양의 동북군구(東北軍區)는 귀환포로를 귀래자(歸來者), '돌아온 사람'이라 불렀다. 교육을 위해 창투(昌圖)에 귀관처(歸管處)를 신설했다.

귀래자들은 한동안 편안한 나날을 보냈다. 창투 명물인 돼지고

기와 술도 실컷 먹고 마셨다. 몸과 마음이 느슨해질 무렵, 귀관처 주임이 귀래자들을 한자리에 모아 놓고 선언했다.

"정치심사와 기절(氣節)교육을 실시한다. 포로수용소에 있었던 일을 상세히 적어 제출해라. 잘한 일은 장황하게 설명할 필요 없다. 착오가 있었던 부분을 자세히 적어라. 공은 공이고 허물은 허물이다. 공이 허물을 덮을 수 있는지 여부는 조직이 판단한다. 엄격한 심사와 신중한 처리를 마친 후 새로운 일자리를 안배하겠다."

기절교육은 영화감상으로 시작했다. 귀래자들에게 「자오이만」(趙一曼), 「낭아산 5장사」(狼牙山 五壯士), 「8녀 투강」(八女 投江) 같은 영화를 계속 보여줬다. 자오이만은 황푸군관학교와 모스크바 중산대학을 마친, 중공이 자랑하는 미모의 여성 혁명가였다. 1931년 9월 18일, 일본 관동군이 동북(만주)을 점령하자 자오이만을 동북에 파견했다. 자오이만은 만주총공회 비서를 역임하며 조직을 키웠다. 1935년 겨울, 일본군과 치열한 전투에서 총상을 입고 체포됐다. 하얼빈 헌병대에서 8개월간 혹독한 고문을 받았지만 입을 열지 않았다. 형장에 끌려가는 차 안에서 딸에게 비장한 유서를 남겼다.

"나는 네게 교육의 의무를 다하지 못했다. 항일투쟁에 온몸을 던졌다. 모친으로서 유감이다. 이제 나는 생전에 영원히 너를 만날 기회가 없다. 부디 잘 자라서 지하에 있는 나를 위로해라. 나는 천 마디 만 마디 말 대신 행동으로 너를 교육시켰다. 성인이 된 후에 모친이 조국을 위해 희생했다는 것을 기억해주기 바란

미모의 여성 혁명가 자오이만이
동북에 잠입하기 직전 딸과 함께 찍은 사진.
자오이만이 남긴 유일한 사진이다.

다. 1936년 8월 2일, 자오이만."

「낭아산 5장사」나 「8녀 투강」도 적의 포로가 되는 것을 치욕으로 여긴 용사들이 절벽과 강 언덕에서 몸을 던진 내용이었다. 귀래자들에게는 딴 세상 얘기 같았다.

귀래자들은 자신의 잘못을 스스로 찾기 시작했다. 대부분이 비슷한 내용을 기술했다.

"삶을 탐하고 죽음이 두려웠다. 포로가 되기 위해 내 발로 투항했다."

인민의 죄인이 되다

귀관처의 심문이 심할수록 답변도 조리가 있었다. 미군이나 국군이 다 아는 부대번호 실토도 군사기밀을 폭로했다고 자인했다. 양식과 실탄이 떨어져 저항능력 상실로 포로가 됐던 귀래자들은 굴복 또는 의기를 상실했다고 가슴을 쳤다.

"낭아산 5장사와 강에 투신한 8명의 여전사에 비하면 우리는 사람도 아니다. 고향에 돌아갈 면목이 없다."

귀래자 중에는 쓰촨성 출신이 제일 많았다. 7,000여 명 가운데 2,000명을 약간 웃돌았다. 자오이만도 본적이 쓰촨이었다. 쓰촨 출신 귀래자들은 고향에 돌아갈 엄두를 못 냈다.

6월이 되자 방침이 정해졌다.

"포로 시절 잠시 우경화됐지만 즉시 반성하고 수용소에서 적과의 투쟁에 돌출한 행동을 취했던 귀래자는 군에 복귀시킨다. 단, 당적(黨籍)과 단(공산주의청년단)적은 보류한다. 포로가 된 후 엄중한 실책을 범했지만 잘못을 뉘우치고 적과의 투쟁을 인정받은 사람은 포로가 되기 전 부대에 복귀시키지만, 당과 단에서는 퇴출시킨다. 포로가 된 후 투쟁에 참여했다가 변절한 경우는 군, 당, 단에서 모두 퇴출시킨다."

귀래자 6,000여 명 가운데 중공 당원은 2,900명 정도였다. 그중 91.8퍼센트가 당에서 제명당했다.

귀래자들은 수긍하지 않았다. 귀관처 측은 단호했다.

"조선은 사방에 산이 널려 있다. 탄약과 양식이 떨어지면 산속에서 유격전을 펴다가 낭아산 장사들처럼 자진(自盡)해야 한다. 살아서 돌아온 너희들은 인민의 죄인이다. 많은 동지들이 희생됐다. 무슨 재주를 부렸기에 살아서 돌아왔는지 궁금하다."

귀래자들은 '특수 혐의자'나 '특수 당원' 모자를 쓰고 고향으로 돌아갔다. 부하들과 계곡에서 유격전을 벌이다 포로가 된 우청더(吳成德)는 귀래자 가운데 직급이 제일 높았다. 부하들과 헤어지며 오열했다.

"항미원조에 나섰다가 이런 꼴로 고향에 돌아가게 만든 내가 진짜 죄인이다. 동지들에게 죽을죄를 졌다."

귀래자들은 집안에서 냉대를 받았다. 친척도 등을 돌렸다. 약혼자도 열에 아홉은 파혼을 요구했다. 어쩌다 얻어걸린 직장은 더 심했다. 툭하면 자아비판을 강요당했다. 문혁 때 겪은 고초는 포로 시절이 그리울 정도였다. 1982년 당 중앙이 변덕을 부릴 때까지 편한

192

날이 단 하루도 없었다. 70세가 넘어서 명예가 회복되고, 인민의 영웅이 된 우청더는 실성한 사람 같았다. 며칠간 대성통곡을 그치지 않았다.

대만을 선택한 지원군 포로들은 1954년 1월 20일 인천항을 출발했다. 대만의 국민당정부는 지원군 포로들을 반공의사(反共義士)로 변신시켰다. 대만에 도착하는 1월 23일을 '자유의 날'(自由日)로 선포했다. 새벽 3시 반공의사 1만 4,000명을 태운 미군 수송선 16척이 지룽(基隆)항에 도착했다. 반공의사의 귀국과 영접을 책임졌던 국방부 제2청 청장 라이밍탕(賴名湯)이 구술을 남겼다.

"지룽항은 인산인해였다. 각계 대표와 모든 단체의 대표들로 발 디딜 틈이 없었다. 부두 양측에 시민과 학생들이 가득했다. 폭죽 소리가 그치지 않았다. 항일전쟁에 승리한 날보다 더했다."

환영은 잠시였다. 국민당정부는 반공의사를 군에 편입시켰다. 반공의사 가운데 중공이 침투시킨 간첩을 색출하기 위해 자수기간을 설정했다. 1,217명이 제 발로 자수했다. 반공의사들은 몸에 새긴 문신이 문제였다. 어딜 가도 티가 났다. 워낙 저학력이다 보니 퇴역 후에 변변한 일자리가 없었다. 결혼은 꿈도 못 꿨다. 노동판에서 번 푼돈을 들고 사창가를 기웃거리며 늙어갔다. 포주들에게 얻어맞는 일도 다반사였다.

인간이 벌이는 유희 중 제일 개떡 같고 생사람 잡기 쉬운 것이 전쟁과 재판이다.

귀래자들은 고향과 집안에서도 냉대를 받았다.
1982년 1월 명예를 회복해 영웅으로 부활한 우청더.

대만에서 가족과 재회한, 사연 많은 반공의사도 있었다.
그러나 곧 국민당정부도 반공의사를 간첩 취급했다.

지룽항에서 반공의사를 맞이하는 대만 주재 미군사령관.
왼쪽 첫째는 국방부 정치부 주임 장징궈.

지룽항에 도착한 반공의사와 환영객.
셀 수 없이 많은 인파가 몰렸다.

무너진 도시와 냉혹한 현실

"국제사회에 공짜는 없었다."

북한 재건을 위한 중국의 노력

10여 년 전만 해도, 휴전선 인근 마을에 가면 이런 말하는 촌로들을 만날 수 있었다.

"전쟁 때 중공군들이 제일 친절했다. 민심 얻는 법을 잘 아는 군대였다. 중공 오랑캐가 어쩌고저쩌고 폄하하는 노래가 한동안 유행했다. 전쟁 시절이다 보니 어쩔 수 없었다는 느낌이 든다. 차마 말을 못해서 그렇지, 양민과 부녀자들에게 정말 못되게 군 놈들은 따로 있었다."

1953년 7월 27일, 정전협상의 막이 내렸다. 2년 전 7월 10일, 피아가 마주한 지 748일 만이었다. 총성이 그쳐도 중국인민지원군은 북한을 떠나지 않았다. 완전히 철수하기까지 5년이 걸렸다. 정전 당시 북한에는 지원군 120만 명이 있었다. 총부가 전후 군대의 임무를 전군에 지시했나.

"계속 전쟁에 대비해야 한다. 강한 훈련으로 전력을 강화해라.

1953년 8월 11일, 정전협정문에 서명하고
베이징에 도착한 중국인민지원군 사령관
펑더화이(왼쪽 셋째).

조선 인민과의 단결을 증진시켜라. 경제 협력과 건설에 협조해라.
조국 건설의 열정을 조선 건설에 보태라."

총부 정치위원 왕핑(王平)의 회고록에 이런 대목이 있다.

"지원군은 전후 5년간 조선 건설에 힘을 보탰다. 881개의 공공
시설과 주택 4만 5,000가구, 교량 4,260개, 저수지 2,295개를 건
설하고 나무 3,600만 그루를 심었다. 물자 운송과 북한 주민 치
료도 게을리하지 않았다. 각종 물자 6만 3,000여 톤을 실어 나르
고 188만여 명을 치료했다. 조선 재건사업에 피와 땀을 흘렸다.
지원군은 거의가 농민 출신이었다. 농활(農活)이 낯설지 않았다.
주둔지에 한 치의 황무지도 허락할 수 없다는 구호를 내걸었다."

지원군 수뇌부와 북한 고위급의 관계도 원만했다. 주위들은 일
화 한 편을 소개한다.

"2년간 막후에서 정전협상을 지휘한 리커눙과 협상 대표 남일
은 친분이 두터웠다. 리커눙이 손자를 봤다는 소문이 돌자 남일
이 제일 먼저 축하인사를 했다. 리커눙이 손자 이름을 부탁하자
즉석에서 허락했다. '우리가 처음 만난 곳이 개성이다. 카이청
(開城)이 어떤가?' 리커눙은 흡족했다. 무릎을 치며 하오(好)를
연발했다. 전쟁이 끝난 후 발음이 같은 카이청(凱城)으로 바꿀
때도 남일에게 동의를 구했다."

펑더화이와 김일성은 충돌이 잦았지만, 주먹질까지는 가지 않았다. 1951년 10월 23일, 지원군 참전 1주년을 앞두고 북한 최고인민회의 상무위원회가 열렸다. 펑더화이에게 1급 국기훈장을 수여하기로 의결했다. 펑더화이는 한마디로 거절했다.

"훈장받을 만한 공을 세우지 않았다. 후방에서 잔소리나 했을 뿐이다. 훈장은 나보다 공이 많은 전쟁영웅들에게 줘라."

중공 중앙군사위원회의 전령을 받고 나서야 수락했다. 그래도 뭔가 찜찜했던지 김일성에게 한마디했다.

"영광이지만 불안하다. 내겐 적합하지 않은 훈장이다. 가오강과 훙쉐즈가 받아야 한다. 두 사람이 불철주야 탄약과 양식을 공급하지 않았다면 모든 작전이 불가능했다."

덤으로 농담도 잊지 않았다.

"초기에 미군과 연합군 덕도 봤다. 그 사람들, 남한과 북한도 구별 못 하는 것 같았다."

마오쩌둥이 김일성의 연안파 제거를 용인한 이유

1958년 말 북한에서 철수할 때까지 중국인민지원군은 4명의 총사령관이 있었다. 펑더화이는 1950년 10월부터 1954년 9월 중순까지 지원군을 지휘했다. 한반도에 있었던 기간은 2년 남짓, 나머지 기간은 부사령관 덩화가 총사령관직을 대신했다. 정전협정 체결 후에는 양더즈와 양융이 대를 이었다.

지원군이 주둔하는 동안, 중국은 북한의 심기를 건드리지 않았다. 1956년 8월, 이른 봄부터 꿈틀거리던 김일성 격하운동이 모습

양융(앞줄 왼쪽)은 지원군 마지막 사령관이었다.
1958년 10월 24일, 정치위원 왕핑(양융 뒤 첫째) 등 참모들과 함께
김일성(앞줄 오른쪽)이 주재한 지원군 환송식을 마친 양융.
10월 26일, 중국인민지원군 총부는 지원군이 북한에서 전원 철수했다고 발표했다.
양융과 왕핑은 3년 전 계급 수여식에서 우리의 중장 격인
상장(上將) 계급을 받았다. 김일성 뒤에 최용건의 모습도 보인다.

을 드러냈다. 친중파(연안파) 일부가 김일성을 비판했다. 김일성은 중국의 체면을 봐주지 않았다. 연안파를 쓸어버리고 소련에 기댔다. 헝가리 폭동을 진압하기 위해 소련이 출병하자 외무상 남일이 평양 주재 소련 대사에게 공언했다.

"금후 조선은 소련과의 우호를 공고히 할 모든 조치를 취하겠다."

빈말이 아니었다. 외무성은 소련이 알면 낯 찡그릴 중국 관련 소식과 자료를 계속 소련 대사관에 보냈다. 중국은 알고도 모른 체했다.

헝가리 사태 발생 후, 마오쩌둥은 소련이 계급투쟁을 포기하고 미국과 관계 개선을 도모한다고 의심했다. 소련이 사회주의 진영을 이끌 수 있을지, 능력과 자질에 회의를 품기 시작했다. 한편으로 자신의 역량과 영향력 강화를 위해, 북한의 연안파 제거를 용인하고 우호의 손길을 내밀었다. 당시 동북 지역에는 유랑민으로 전락한 북한의 연안파 간부가 많았다. 목숨을 부지하기 위해 중국으로 넘어온 연안파 간부들에게 확실한 조치를 취했다. 북한에 주둔 중인 지원군에게도 특별 지시를 내렸다.

"김일성을 받드는 조선 인민의 평가를 듣겠다"

정전 이후 마오쩌둥은 지원군을 철수시킬 생각이 없었다. 지원군 사령관 양용에게 전문을 보냈다.

"이제 너는 전쟁지휘관이 아니다. 평화장군이다. 조선의 일초일목(一草一木)을 사랑하고 보호해라. 앞으로 지원군의 업적은 네 보고를 받지 않겠다. 김일성을 받드는 조선 인민의 평가를 듣겠다."

양융의 회고록에 이런 구절이 있다.

"지원군 사단장들에게 주석의 지시를 전달했다. 김일성이 나를 찾으면 나는 너희들을 찾겠다고 하자 다들 알아듣는 눈치였다. 평양은 성한 곳이 없었다. 비행기에서 보면 포탄 투하로 생긴 구덩이가 물고기 비늘 같았다. 지원군은 평양 재건(重建)을 구호로 내걸었다. 전쟁 흔적 지우기에 진력했다. 널려 있는 불발탄을 수거해서 폭파시켰다. 구덩이를 메우고 파괴된 가옥은 새로 지었다. 자재는 국내에서 실어 날랐다. 조선의 일초일목도 건드리지 않았다."

양융은 가는 곳마다 병사들을 모아놓고 열변을 토했다.

"시멘트를 아끼지 마라. 건물에 균열이나 분말이 발생하면 우리 책임이다."

꼼수와 지혜를 분별할 줄 아는 일류 주택업자가 현장 책임자에게 하는 지시 같았다.

평양 중건은 1956년 봄까지 3년이 걸렸다. 북한의 국방부 건물도 그때 지었다. 그해 여름, 연안파가 주도한 '8월 종파 사건'이 터지자 김일성은 중국을 불신했다. 비망록을 중국 측에 전달했다.

"조선 문제 해결을 위해 유엔에 협조를 요청하자."

마오쩌둥은 김일성이 사회주의 진영에서 탈퇴할 생각이 있다고 판단했다. 소련 대사에게 우려를 쏟아냈다. "김일성은 지원군이 철

1953년 봄, 지원군에게 위문공연을 하는
유명 경극배우 메이란팡(梅蘭芳).

중국 위문단은 지원군 몇 명만 놓고도
공연을 했다.

수하기를 바란다. 티토의 길을 걸을 가능성이 있다. 나치의 길을 걸을지도 모른다"며 소련의 의견을 구했다.

저우언라이에게도 지시했다.

"김일성에게 정부 명의로 답전을 보내라."

12월 18일, 중국정부가 북한에 전문을 보냈다.

"유엔은 조선전쟁의 한쪽을 담당했다. 사실이 그렇고 법률적으로도 그렇다. 유엔은 남한정부만 승인했다. 조선 문제 해결에 협조할 자격이 없다. 조선반도 통일은 조건이 성숙되지 않았다. 많은 시간이 필요하다."

지원군 전면 철수도 거론했다.

"지원군 간부 중에 조선의 법률과 풍속을 위반한 사례가 있었다. 주민들에게 오만하고 내정에 간섭한 일은 개별 사건이지만, 지원군을 점령군으로 오해하는 결과를 초래했다. 계속 주둔할 경우 환영받지 못한다. 1954년 9월과 1955년 3월, 두 차례에 걸쳐 13개 사단이 조선에서 철수했다. 현재 44만 명이 조선에 주둔 중이다."

연안파보다 김일성을 택한 마오쩌둥

위험을 느낀 연안파 간부들은 중국으로 건너갔다. 평양의 동향을 주시하며 중국 측에 망명 가능성을 타진했다. 최근 발견된 자료 한 편을 소개한다. 1957년 3월 4일, 창춘(長春)에 와 있던 전 조선노동당 평양시 선전부장 김충식(金忠植)이 지린(吉林)성 제1서기 우더(吳德)에게 편지를 보냈다. 묘한 요구를 했다.

"소련공산당 중앙과 중공 중앙에 본인과 조선노동당에 관한 자료를 전달하려 한다. 베이징에 가서 직접 전하고 싶다."

몇 개월 전이라면 중공이 마다할 리 없는 요구였다.

우더는 톈진(天津)대학 교장으로 내정된 상태였다. 제대로 된 답변을 못 주고 창춘을 떠났다. 우더의 후임 푸전성(富振聲)은 동북항일연군 출신이었다. 북한에 남다른 애정이 있었다. 친중파의 일원이었던 김충식의 처지를 동정했다. 직접 찾아가 어렵게 입을 열었다.

"귀하는 조선노동당 간부였다. 허락 없이 우리나라에 온 것은 합법적이고 정상적인 행위가 아니다. 귀국하기를 바라지만, 정 원하지 않으면 체류를 허락하겠다."

경고도 잊지 않았다.

"중·조 양국은 우호관계를 유지해왔다. 형제 당과 형제 국가의 내부문제에 간섭하기를 원치 않는다. 저우언라이 총리도 중·조 양국은 해결 못 할 일이 없다는 말을 자주 한다."

당 중앙의 당부도 전달했다.

"중국에 있는 동안 가고 싶은 곳이 있으면 맘대로 다녀라. 어디든 상관없다. 단, 조선인과 중국 조선족과의 접촉과 통신은 피해라. 조선에 관한 문제는 입에도 올리지 마라."

6월 28일, 모스크바 주재 북한 대사관에 근무하던 외교관 이희상(李熙相)과 김준근(金俊根)도 중공 중앙에 서신을 보냈다.

"중국에서 일정한 조직생활에 참가하기를 희망한다."

10일 후 중공 중앙연락부가 지린성 당위원회에 통보했다.

"두 사람에게 잘 설명해라. 우리에게는 두 사람이 참가하기에 적합한 조직이 없다. 스스로 뭔가 배우고 싶어 하면 거절하지 마라. 적당한 사람을 붙여줘라."

'8월 종파사건' 전후 북·중 관계는 삐거덕거렸다. 북한이 소련에 기울자 중국은 북한의 무상원조 요청을 거절했다. 북한의 반응은 야멸찼다. 부수상 김일(金一)이 이끄는 경제 대표단의 중국 방문 계획을 취소해버렸다. 1957년은 소련 '10월 혁명' 40주년이 되는 해였다. 붉은광장에서 열릴 열병식에 마오쩌둥과 김일성의 참석은 기정사실이었다. 두 사람은 뒤에서 온갖 험담을 하다가도 얼굴 마주하면 앙금이 풀리는 사이였다. 북한이 중국에 선수를 쳤다. 9월 중순 김일이 노동당 경제 대표단과 함께 베이징을 찾았다. 중국 측과 제1차 5개년계획 원조 문제를 토의했다. 중국은 주도면밀했다. 김일과 대표단을 만족시키고도 남을 답변을 준비하고 있었다.

1957년 10월 25일, 중국인민지원군 참전 7주년 기념식이 열렸다. 평양과 북한 전역이 떠들썩했다. 지원군에게 위문품과 위문편지가 쇄도했다. 마오쩌둥과 김일성도 축하전문을 주고받았다. 중국도 요란했다. 지원군의 거리 청소와 북한 부녀자들의 마오쩌둥 아들 마오안잉 묘지 참배 모습이 연일 『인민일보』를 장식했다. 연안파 제거로 침체됐던 북·중 관계가 훈풍을 되찾을 징조였다.

평안북도 회창군에 있는 마오의 장남
마오안잉의 묘소에는 부녀자들의
발길이 그치지 않았다.

1954년 10월 베이징에서 열린 중화인민공화국 선포 5주년
기념식에 참석한 북한 수상 김일성(앞줄 왼쪽 다섯째).
오른쪽 여섯째부터 마오쩌둥·흐루쇼프·류사오치.
김일성과 저우언라이(앞줄 왼쪽 넷째) 사이가 펑더화이(뒷줄).

마오쩌둥의 첫 번째 소련 방문

마오쩌둥은 평생 두 차례 출국했다. 두 번 모두 소련이고, 장소도 모스크바였다. 1949년 12월, 첫 번째 소련 방문 목적은 스탈린 60세 생일 축하연 참석이었다. 속내는 따로 있었다. 1945년 스탈린과 장제스가 맺은 조약을 폐기시키고, 신중국과 새로운 우호조약을 체결하기 위한 것이었다. 목적은 달성했지만, 스탈린의 눈치를 보느라 심기가 편치 않았다.

1953년 3월, 스탈린이 세상을 떠났다. 소련공산당 정치국은 정책 조정에 착수했다. 대내적으로 스탈린이 주재(主宰)했던 폐단들을 공개하고, 억울하게 당한 사람들을 복권시켰다. 대외적으로는 중공과 조선 노동당을 재촉했다.

"조선전쟁을 빨리 끝내라."

스탈린 사망 4개월 후 6·25전쟁은 흐지부지됐다.

흐루쇼프가 스탈린 사후 권력투쟁에서 우위를 점했다. 중공은 공산당이 지배하는 국가 중 최대 규모의 집권당이었다. 흐루쇼프는 중공의 지지 확보에 목을 맸다. 1954년 10월, 신중국 선포 5주년 기념식에 직접 대표단을 이끌고 참석했다. 스탈린이 마오쩌둥에게 강요하다시피 했던 불평등협정을 취소시켰다. 당내의 반대 의견을 묵살하고 통 큰 지원도 약속했다. 마오는 흡족했다. 어색했던 중·소 관계에 훈풍이 불었다. 중국은 인도차이나 문제에 소련과 발을 맞췄다. 월맹 측에 자유월남과 정전을 권하고, 캄보디아와 라오스를 비롯한 동남아 각국의 공산당원들에게 무장투쟁 포기를 촉구했다.

중·소 관계 완화는 북한에도 영향을 미쳤다. 중·소 양국이 밀접해지자 친중파와 친소파가 기지개를 폈다. 친중파로 분류되는 연안파는 일면식도 없는 여자 치마폭 건드리는 봄바람 같았다. 김일성의 눈살을 찌푸리게 할 때가 많았다. 정전협정에 서명은 했지만, 중국인민지원군 수십만이 주둔하고 있다 보니, 연안파 수뇌들의 발언권은 김일성 중심의 빨치산파 못지않았다.

중국과 소련의 밀월은 오래가지 않았다. 계기는 1956년 2월에 열린 소련공산당 제20차 대회였다. 대회 첫날 흐루쇼프의 보고를 듣던 주더와 덩샤오핑 등 중국 대표단 일행은 깜짝 놀랐다. 어안이 벙벙할 정도였다. 스탈린을 거론하지는 않았지만 시종일관 스탈린이 소비에트의 민주와 법제를 파괴했다는 것을 암시하는 내용이었다. 무슨 행사든 스탈린 찬양으로 시작하던 중공 당원이 보기에는 심상치 않은 일이었다. 이튿날 대회에서 주더가 사고를 쳤다. 마오쩌둥의 치사를 대독한 후 평소 하던 대로 스탈린을 찬양했다.

"스탈린 동지야말로 우리의 영원한 길잡이며 스승이다."

사실 여부를 확인할 방법은 없지만, 당시 참석자의 일기에 이런 대목이 있다는 말을 중국 친구에게 들은 적이 있다.

"주더가 갑자기 스탈린을 거론하자 회의장에 박수가 터졌다. 스탈린 사후 국제 혁명운동의 영수는 마오쩌둥이라는 생각이 들었다."

그간 소련에 주눅 들어 있던 중국은 스탈린에 대한 모든 것이 폭로되자 우월감을 갖기 시작했다.

"이론과 지도체제, 당과 군중의 관계, 정책 등 모든 것이 우리가 소련보다 낫다. 여인도 나이 들수록 중국 여인이 더 예쁘다.”

마오쩌둥도 소련 1세대 지도자들의 정치력을 의심하기 시작했다. 저우언라이에게 미코얀을 예로 들었다.

“우리 제8차 대회 때 와서 치사를 했다. 우리의 독특한 경험과 이론 수립에 대한 공헌을 한마디도 언급하지 않았다. 정치력은 고사하고 외교력도 형편없는 사람이다. 소련 사람들 하는 짓이 다들 그렇다.”

헝가리 사태와 대만 문제도 언급했다.

“소련은 미국과 다를 게 없다. 툭하면 남의 나라 일에 간섭한다. 고유의 풍속과 생활습관을 존중할 줄 모른다. 헝가리 사태는 헝가리인들이 해결하게 해야 한다. 소련은 탱크만 몇천 대를 동원했다. 아직도 헝가리에 주둔 중이다. 미국도 마찬가지다. 7함대가 대만해협을 봉쇄하고, 남조선에서 떠날 생각을 안 한다. 모스크바에 가면 김일성과 할 얘기가 많다.”

저우언라이는 마오쩌둥이 북한에 주둔 중인 지원군 철수를 작심했다고 확신했다.

마오의 두 번째 소련 방문

마오쩌둥의 두 번째 소련 방문은 1957년 11월, 출국에 앞서 흐루쇼프의 권력 장악 과정이 궁금했다. 소련전문가들의 보고 내용을 소개한다.

“3단계를 거쳤다. 스탈린 사후 베리야, 말렌코프, 흐루쇼프가 권력을 3분했다. 베리야 제거 후 흐루쇼프는 말렌코프를 내세웠다. 1955년 1월까지 형식상 최고 지도자는 말렌코프였다. 현재 소련은 흐루쇼프 1인 통치의 절정기다. 젊은 층과 반대파들이 조직을 갖추려면 7년은 걸린다."

마오쩌둥은 옆에 있던 당 총서기 덩샤오핑에게 김일성의 나이를 물었다. 45세라고 하자 소련에 체류 중인 중국 유학생과 실습생 숫자를 파악하라고 지시했다.

"모스크바 간 김에 한번 만나보고 싶다."

장제스의 아들 장징궈에 관한 얘기도 빠뜨리지 않았다.

"1945년 8월 충칭에서 만난 적 있다. 장제스는 아들을 잘 뒀다."

한국에서 사망한 자신의 아들 얘기는 입에 올리지 않았다.

1949년 말, 마오쩌둥의 첫 번째 모스크바 방문은 단출했다. 수행원, 비서, 통역, 소수의 경호원이 다였다. 음식은 거칠고 숙소도 신통치 않았다. 마오는 스탈린이 장제스에게 집착한다는 것을 잘 알았다. 둘 사이를 떼어놓기 위해 억지를 부렸다. 뜻을 이룬 것은 미국의 정책 변화 때문이었다. 6·25전쟁 참전 덕에 스탈린의 인정을 받기는 했지만, 소련은 군수물자 지원에 인색했다. 철석같이 믿었던 공군 지원도 말뿐이었다. 얄타협정 핑계 대며 하는 시늉만 했다. 제1차 경제개발 5개년 계획 지원도 기대에 미치지 못했다. 속이 끓어도 상대가 스탈린이다 보니 어쩔 수 없었다.

1957년 11월, 두 번째 방문은 소련 혁명 제40주년 경축연과 세계 각국 64개 사회주의 정당 대표 220명이 참석하는 회의 참가였다. 그중 12명은 당과 정부의 최고 지도자들이었다. 국제주의자라는 공통점이 있었지만 개성은 제각각이었다.

흐루쇼프에게 마오쩌둥은 최고의 귀빈이었다. 격에 맞는 예우를 했다. 마오의 숙소만 크렘린으로 안배했다. 침실도 러시아 여황(女皇) 예카테리나가 자던 방이었다. 다른 나라 지도자들은 크렘린 주변 호텔에서 묵었다. 발언할 때도 인쇄한 원고를 회의 주석단에 제출하고 연단에 서서 했다. 마오는 예외였다. 원고 없이 자리에 앉아서 즉석으로 발언했다.

회의장은 소련 칭송 일색이었다. 뒤로는 달랐다. 모였다 하면 헝가리 사태를 무자비하게 진압한 소련의 출병에 입을 모았다. 남의 나라 일에 간섭이 심하고 특성을 인정하지 않는다는 이유였다. 마오쩌둥은 공감했다. 2년 전 북한에서 발생한 8월 종파사건 이후 소련에 기대 있던 김일성에게 먼저 손을 내밀었다.

지원군 철수와 김일성의 반대파 숙청

모스크바 회의 기간 마오쩌둥은 김일성과 두 번 만났다. 북한에 주둔 중인 중국인민지원군을 전원 귀국시키겠다며 이유를 설명했다.

"레닌은 무슨 일이건 현실에서 출발해야 한다는 명언을 남겼다. 지금은 동풍(東風)이 서풍을 압도할 적기(適期)다. 미국도 함부로 날뛰지 못하게 해야 한다. 우리 사이는 좋은 일이 더 많았다."

한동안 어색했던 일들은 시시콜콜 따지지 말자는 의미였다. 김일성은 마오의 생각이 변했다고 직감했다. 10개월 전 저우언라이

흐루쇼프가 보낸 자동 담배갑을 보고 신기해하는 마오쩌둥
(오른쪽 첫째) 일행. 마오 왼쪽부터 쑹칭링, 덩샤오핑, 리셴녠, 양상쿤.
1957년 11월 4일, 모스크바.

가 소련을 방문했을 때만 해도 지원군 주둔에 관한 중국과 소련의 입장은 차이가 없었다.

김일성은 의아했지만 잠시였다. 즉석에서 동의하고 감사를 표했다. 귀국과 동시에 회의를 열었다. 마오쩌둥에게 전문도 보냈다. "노동당 중앙도 지원군 철수에 찬성했다"며 실시 방안을 제시했다.

"조선정부가 한반도에 주둔하는 지원군과 미군의 철수를 요구하는 성명을 발표하면 중국은 조선의 의견을 지지하고 1958년 말까지 철수를 완료하면 된다. 소련에는 중국 측에서 통보해라."

1958년 1월 8일 저우언라이가 베이징 주재 소련 대사에게 지원군 철수를 통보했다. 1주일 후 소련 외교부로부터 "영명(英明)한 결정"이라는 답신을 받았다. 2월 5일 북한이 성명을 발표했다.

"모든 외국 군대가 동시에 북조선과 남조선에서 철수할 것을 요구한다. 전 조선이 자유로운 선거를 통해 평화통일이 실현되기를 갈망한다."

이튿날 중공 중앙은 전국의 성, 시, 자치구, 각 부처, 국가기관, 인민단체, 각 군구, 지원군 당 위원회에 지시했다.

"지난해 소련을 방문했던 마오 주석이 김일성에게 미 제국주의를 타격하고 국제정세를 완화시키기 위해 지원군 철수를 준비하겠다고 천명했다. 국내외의 거대한 반응이 예상된다. 각 지역 당 위원회는 이미 발표했고 앞으로 발표될 문건들의 정신을 숙지해서 선전에 힘써라."

중국정부의 성명은 당보다 하루 늦었다. 우리가 보기엔 좀 민망

1958년 10월, 철수를 앞두고 최대의 격전지였던
상감령에 집결한 중국인민지원군과 북한인민군.

한 내용이라 소개는 생략한다.

중국과의 관계 개선으로 김일성은 자신이 넘쳤다. 2년 전 가볍게 손봤던 연안파 간부와 친소 세력에 마음 놓고 철퇴를 가했다. 구금 중인 김두봉을 순안 농장으로 쫓아버렸다. 최창익, 박창옥, 윤공흠 등은 흔적도 없이 자취를 감췄다. 내친김에 김일성에 불만이 많던 김원봉과 조소앙도 제거해버렸다.

마오쩌둥은 김일성의 행동을 칭찬했다.

"1956년 중국과 소련은 조선의 내부문제를 해결하기 위해 사람까지 파견한 적이 있었다. 뜻은 좋았으나 결과가 안 좋았다. 방법이 틀렸기 때문이다."

1958년 2월, 지원군 철수를 구체적으로 협의하기 위해 북한 방문을 마치고 돌아온 저우언라이는 마오보다 더 김일성을 감쌌다. 이름까지 거론하며 최창익과 박창옥을 비판했다.

지원군 철수가 시작되자 마오쩌둥은 대만해협에 눈길을 줬다. 푸젠(福建)군구에 지시했다.

"유보 중인 진먼다오(金門島) 포격을 재개해라."

6·25를 둘러싼 각국의 이해득실

어떤 전쟁이든 득실(得失)은 있기 마련이다. 개인도 그렇고 국가도 마찬가지다. 6·25전쟁처럼 참전국의 득실을 헤아리기 힘든 전쟁도 드물다. 중국·미국·영국·소련 4개국 가운데 영국은 득실이 비슷했다. 많은 병력을 파견하지는 않았지만 사상자가 적지 않았다. 미국의 참전에 동조했다는 소리를 듣기엔 충분했다. 미국이 보

지원군 철수 6주일 후, 남일(오른쪽 첫째)과 박정애를 대동하고
중국을 방문해 지방에 체류 중인 마오쩌둥과 회합한 김일성.
1958년 12월 6일, 후베이(湖北)성 우한(武漢).

기에 영국은 이랬다저랬다 할 때가 많았지만, 기본은 미국 편이었다. 중국과도 크게 척질 행동은 안 했다. 국군과 미군의 38선 돌파를 적극 찬성하면서도 전쟁을 한반도에 국한하자는 주장은 바꾸지 않았다.

38선을 넘은 후엔 38선 이북을 비군사구역(非軍事區域)으로 설정하자는 묘한 주장도 했다. 유엔에서 중국의 지위 회복과 안전보장이사회에서 열린 토론회에 중국 대표를 초청하자고 목청을 높인 것도 영국이었다. 미국의 함대 파견도 찬성하지 않았다. 베이징 측 관방 대표들과의 관계도 단절된 적이 없었다. 얄밉고 현명한 처신 덕에 정전 후 홍콩 문제로 중국과 마찰을 빚지 않았다. 무역량도 늘어났다.

미국은 한동안 득보다 실이 컸다. 우방인 한국을 포기하지 않는 바람에 북대서양조약기구(NATO) 조직과 나토군 사령부 설립이 순조로웠다. 새로 탄생한 중화인민공화국을 적대시한 것은 전략상 착오였다. 미·소 냉전 시절 미국은 적이 적을수록 유리했다. 북의 남침과 거의 동시에 대만해협을 봉쇄하고, 인천상륙작전 성공에 도취한 나머지 38선을 넘은 것은 그렇다 치더라도, 적당한 선에서 그치는 것이 현명했다. 압록강까지 진출하지 않았더라면 중국도 참전을 쉽게 결정할 이유가 없었다.

당시 신중국은 토지개혁과 대만 해방, 국민당 잔존세력 처리 등 해결해야 할 일이 많았다. 북한이 동북 해방에 도움 준 혈맹이라 하더라도 전쟁에 끼어들 형편은 아니었다. 미국도 함부로 대할 나라가 아니었다. 미국은 중국이 국·공합작으로 8년간 항일전쟁을 펼

때 중공에 신경을 많이 썼다. 중공의 항일 근거지 옌안(延安)에 미군이 상주하고 로스앤젤레스 탁아소도 세웠다. 중국을 방문한 미국 기자의 보도나 정보원들의 보고도 국민당보다는 중공에 호의적인 내용이 많았다. 정전협정에 조인한 미군 사령관조차 얄궂은 말을 남길 정도였다.

한반도 분단은 1945년 초 얄타에서 루스벨트와 스탈린이 주고받은 밀약 때문이었다. 북한이 38선을 깨는 바람에 국제전으로 비화하는 것은 당연했지만, 소련이 뒤로 숨어버리자 미국도 전면에 나서지는 못했다. 국무부의 '국'(局) 정도로 취급하던 유엔 깃발을 내걸고 유엔군 명의로 참전하는 것 외에는 대안이 없었다. 38선을 휴전선으로 대치해서 전쟁 전으로 되돌려놓기는 했지만 유엔에서 체면이 깎였다.

두 차례의 세계대전과 6·25라는 국제전을 치른 후에도 인간은 전쟁 동물의 속성을 버리지 못했다. 지구상에 크고 작은 전쟁이 계속돼도 미국은 40년간 유엔군 명의로 작전을 펼 수 없었다. 20년간 중국과 등진 것도 미국에는 큰 손실이었다.

중국은 항미원조에서 승리했다며 자화자찬이 굉장했다. 신중국 선포 1년 후, 압록강까지 도달한 세계 최강의 미군과 유엔군을 38선까지 밀어붙였으니 그럴 만도 했다. 대만 해방의 기회를 놓쳤다는 것은 핑계에 불과하다. "천이(陳毅)가 지휘하는 화동야전군(華東野戰軍) 30여만 명의 대만 출병을 앞두고 한반도에 전쟁이 벌어지고 미국이 대만해협을 봉쇄했다"며 애석해하지만 당시 중국은 대륙에서 철수하며 이전시킨 대만의 해군과 공군을 감당할 능

항일전쟁 시절 미국 화교들이 미국인들에게
모금한 돈으로 중공 근거지 옌안에 세운
뤄싼지(로스앤젤레스의 음역) 탁아소는
중공과 미국 우호의 상징이었다.

력이 없었다. 인명 손실도 엄청났다. 고구려 원정에서 떼죽음 당한 수양제(隋煬帝) 때를 능가했다.

정식으로 참전도 안 하고 최대의 이익을 본 나라는 소련이었다. 소련은 중국의 항미원조 초기인 1950년 가을부터 겨울까지 공군 13개 사단을 중국에 파견했다. 주 임무는 방공이었다. 1년 후 미그 15 전투기 372대와 장비를 중국 공군에게 무상으로 넘기고 철수했다. 중국은 "역시 큰형님은 다르다"며 입이 벌어졌다. 소련은 60여 개 육군사단과 공군 22개 사단의 장비도 중국인민지원군에게 제공했다. 이번엔 무상이 아니었다. 소련이 등 떠미는 바람에 지원군 명목으로 참전한 중국은 인명 손실에 빚쟁이까지 됐다. 소련이 청구한 13억 달러를 갚기 위해 1965년까지 허리띠를 졸라맸다.

영화 구경이라면 몰라도, 국제사회에 공짜는 없었다. 정전 후 서구에 떠돈 일화가 있었다.

"트루먼의 측근이 신기 내린 집시 무당을 찾아갔다. 이 여인은 1952년에 소련과 전쟁이 벌어진다고 예언했다. 한국 덕에 미·소 전쟁이 무산됐다."

무당의 예언이 아니더라도 제3차 세계대전이 일어나지 않은 것은 6·25전쟁 덕분이었다.

한국의 가장 큰 소득은 따로 있었다. 미·중 관계 단절로 중·소 분쟁 시절 중국을 의식할 필요가 없었다.

가천대 라종일 석좌교수님의 탁견도 빠뜨릴 수 없다.

"6·25전쟁을 계기로 한국의 안보와 군사력은 강화됐다. 전쟁

6·25전쟁 정전협정 체결 4개월 후 대만을 방문,
기독교에서 세운 둥하이(東海)대학 건설
파토(破土) 의식에서 첫 삽을 뜨는
미국 부통령 닉슨. 1953년 11월 중순, 타이중(臺中).

초기 한국군은 10만 내외였다. 정변을 일으키기엔 어림도 없는 규모였다. 군사력 보강은 전쟁 발발 10년 후 군사정변을 가능하게 했다. 미국은 민족통일 전쟁은 침략 전쟁이 아니라는 스탈린의 말을 흘려듣지 않았다. 서독은 재무장을 추진했다. 당시 서독은 경찰서가 보유한 권총 몇십 정이 다였다. 동독의 인민경찰군은 한반도의 상황을 재현할 수 있는 공격 능력을 갖추고 있었다. 서독은 나토군의 일부라는 명분으로 모병을 할 수 있게 됐다. 일본 못지않은 전쟁특수도 누렸다. 급증하는 전쟁물자 수요를 감당할 시설과 기술을 갖추고 있었다. 서독 초대 연방경제장관 에르하르트도 한국에서 일어난 전쟁 덕분에 독일 경제가 크게 발전했다는 사실을 인정했다."

이승만과 장제스는 득을 봤다. 전쟁 발발 직전 이승만의 대통령직은 풍전등화였다. 주먹 불끈 쥐고 북진통일 외치며 독재의 길로 들어섰다. 반대하는 사람은 빨갱이로 몰아버렸다. 장제스의 처지도 비슷했다. 역사는 냉혹하다. 일전을 불사하겠다며 국민을 흥분시키는 지도자보다 전쟁을 막기 위해 모욕을 감수하고 굴욕을 삼킨 지도자에게 후한 점수를 준다.

중국의 날개 4

"미군이 우리를 강보에서 나오라고
재촉한다. 인간은 싸울수록 강해진다.
세계 최강의 조종사들과
싸우면서 배워라. 조선의 아름다운
창공이 우리의 대학이다."

파란 하늘, 빨간 마후라

"땅에서 하는 전쟁은 중요하지 않다.
하늘에서 승패가 결정난다."

미 전투기 조종사 출신 천나더, 중국 공군의 날개를 활짝 펴다

1931년 9월, 동북(만주)을 점령한 일본 관동군은 소련을 건드리기 시작했다. 소·만 국경에서 소련 극동변방군과 충돌이 그치지 않았다. 1935년은 100여 차례, 이듬해는 새해 벽두부터 3개월간 22차례 서로 총질을 했다.

1937년 7월, 중국국민당 군사위원회 위원장 장제스가 항일전쟁을 선포했다. 스탈린은 국·공합작으로 일본과 전쟁 중인 중국을 지지했다. 1937년부터 1938년까지 1,000여 대의 항공기와 조종사들을 중국에 파견했다. 1939년 10월, 모스크바를 방문한 일본 외무상이 스탈린과 5년간 시한부로 정전협정을 체결하자 소련은 중국에 나가 있던 공군 병력을 귀국시켰다.

소련 공군이 자취를 감추자 일본 공군은 전시수도 충칭과 구이린(桂林) 같은 도시를 연일 맹폭했다. 당시 중국 전투기 조종사들은 용감한 것 외에는 내세울 것이 없었다. 떴다 하면 불기둥과 검은 연기를 뿜으며 강이나 산에 추락하기 일쑤였다.

장제스는 제대로 된 공군 건설이 시급했다. 소련 공군보다 한발 앞서 중국에 온 미국인이 있었다. 중국인들에겐 천나더(陳納德)라는 중국 이름이 더 익숙한 미 공군 퇴역 장교 시놀트였다. 천나더는 자신의 전술에 자부심이 강한 전투기 조종사였다. 상관에게 대드는 바람에 군직을 박탈당한 강골이었다. 중국과의 인연은 이탈리아 여행 중 중국 중앙항공학교 부교장 마오방추(毛邦初)를 만나면서 시작됐다.

마오방추는 장징궈의 생모 마오푸메이(毛福梅)의 친정 조카였다. 황푸군관학교 생도 시절, 교장 장제스의 총애를 받으며 훗날 6·25전쟁 중국인민지원군 부사령관을 역임하는 동기생 천경과 함께 여러 번 전공을 세웠다.

모스크바 유학을 마친 후 중앙군관학교 항공반 비행 조장을 맡았다. 중앙항공학교 부교장까지 승진했지만 공군에 대해서는 문외한이었다. 천나더를 보자 머리에 전깃불이 번쩍했다. 명승지 항저우(杭州) 여행을 권했다. 천나더는 구미가 당겼다. 보직도 없는 군복을 벗어 던졌다. 마오방추가 보낸 초청장을 들고 미국을 떠났다.

마오방추는 천나더에게 중앙항공학교 비행 교관직을 권했다. 당시 중국 공군사령관은 퍼스트레이디 쑹메이링(宋美齡)이었다. 하루는 가슴에 공군 휘장 달고 항공학교 시찰을 나온 쑹을 천나더가 안내했다. 쑹은 천나더의 설명에 입이 벌어졌다. 며칠 후 천나더에게 '중화민국 공군 고문' 임명장을 줬다. 중국 공군 창설이 임무였다.

대만으로 철수하며 공군부터 챙긴 장제스

천나더는 중국 공군부대를 샅샅이 훑었다. 국민당 최고국방회의에 참석하고, 공군 작전계획 제정에도 참여했다. 모든 활동은 하나부터 열까지 비공개로 진행됐다. 소련이 중국에 주둔하던 공군을 귀국시키자 천나더는 모습을 드러냈다. 광시(廣西)성 류저우(柳州)에 항공훈련학교를 세우고 조종사를 양성했다.

여성 전투기 조종사도 모집했다. 일본 침략자를 박살내겠다며 지원하는 한국 여성들도 있었다. 1987년 여름, 중국의 항일전쟁과 한국의 6·25전쟁을 종군했다는 중국 언론인이 사석에서 이런 말을 했다.

"천나더에게 교육받은 한국의 꽃다운 젊은 여인들이, 남의 나라 하늘에서 전투기 조종간 잡았던 모습을 상상하면 지금도 눈물이 난다. 한국인들은 식민지 백성을 운명으로 치부하거나 동족상잔에 열 올릴 사람들이 아니다."

장제스는 소련 공군이 철수하자 미국에 희망을 걸었다. 대통령 루스벨트는 일본의 동북 점령 2년 후인 1933년에 취임했다. 일본의 영토 확장이 못마땅했지만 막을 방법이 없었다. 1940년 겨울, 중국 주재 미국 대사가 본국에 중국 지원을 건의했다.

"중국인들이 어쩔 수 없이 일본과 공산주의 중 하나를 선택하게 해서는 안 된다. 출병을 제외한 모든 수단을 동원해야 한다."

구체적인 내용까지는 제시하지 않았다.

1943년 10월 29일, 중국 항공위원들과
중국 공군기지를 시찰하는 천나더.
앞줄 오른쪽 첫째는 국민당군 총참모장
바이충시(白崇禧). 뒷줄 왼쪽 첫째가 천청(陳誠).
대만 천도 후 국민당 부총재와
부총통을 역임했다.

장제스는 천나더와 마오방추를 미국에 보냈다.

"작전용 항공기와 비행에 필요한 인원을 모집해라."

루스벨트에게 중국·미국·영국의 3국 합작을 호소하는 서신도 보냈다. 루스벨트는 3국 합작은 거절했지만, 전투기 100대와 공군 지원병 모집은 동의했다. 장제스의 요구는 계속됐다.

"미국 지원군으로 조성된 중국 공군 특별비행단을 만들고 싶다. 폭격기 200대와 수송기 300대를 파견해주기 바란다."

미국은 공군 장성 두 명을 정부 대표 자격으로 중국에 보냈다. 귀국한 장군들이 루스벨트에게 건의했다.

"필리핀에 중국 공군 훈련기관을 만들 필요가 있다. 미국 폭격기와 전투기 운용에 편리하다."

미국이 지원한 전투기 100대와 천나더가 모집한 조종사와 정비사들은 미얀마를 거쳐 중국에 도착했다. 중국은 '중국 공군 미국지원대'를 편성하고 천나더에게 지휘를 맡겼다. 루스벨트는 경험이 풍부한 정치가였다. 국민당과 내전을 끝낸 중공의 동향도 좌시하지 않았다. 자신의 경호원이었던 해병대 대위 칼슨을 중공의 무장부대 팔로군에 파견했다.

칼슨과 팔로군 지휘부는 서로를 구워삶았다. 결국은 칼슨이 넘어갔다. "훗날 행세하려면 하늘을 장악해야 한다"며 국민당의 공군 양성을 흘렸다.

항일전쟁이 끝날 무렵 중국의 공군력은 막강했다. 장제스는 대만으로 천도할 때 공군부터 챙겼다. 항일전쟁 승리 후 중공이 조종사 교육에 열중하고, 6·25전쟁 지원군에 공군 투입이 가능했던 이유는 칼슨의 조언을 흘려듣지 않았기 때문이다.

차가운 통화 벌판에 세운 동북민주연군항공학교

6·25전쟁 정전협정 체결 31년이 지난 1984년 7월, 중국 국방부장 장아이핑(張愛萍)이 인솔하는 군사대표단이 미국에 첫발을 디뎠다. 미군 수뇌부와의 회담 첫날 장아이핑이 왕하이(王海)를 소개했다.

"우리의 공군 부사령관이다."

육군참모총장 위컴과 나란히 앉아 있던 공군참모총장 가브리엘이 놀란 표정을 짓더니 황급히 일어났다. 경이로움에 흥분을 감추기 힘든 모습이었다. 왕하이 앞으로 다가와 입을 열었다.

"한국전쟁 때 바로 그 왕하이냐? 당시 나는 한국 창공에서 너의 부대원들에게 호되게 당했다."

두 사람은 감격을 주체하기 힘들었다. 양손을 맞잡고 한동안 바라보기만 했다.

얘기는 몇십 년 전으로 거슬러 올라간다. 중공은 원래 공군이 없었다. 장정 시절, 국민당 공군이 하늘에서 쏟아붓는 포탄과 총격은 공포도 그런 공포가 없었다. 국·공합작으로 일본군과 싸울 때도 중공 주력부대인 팔로군과 신사군은 국민당군의 공군력을 지원받지 못했다.

1945년 8월, 일본의 패망이 확실해지자 중공은 동북에 항공학교 설립을 구상했다. 맑은 하늘을 바라보며 백일몽을 꾸던 당원들을 동북에 잠입시켰다. 동북 각지에 굴러다니던 파괴된 일본 비행

1946년 가을, 동북 항공학교 창설 초기 일본 관동군이
폐기한 전투기를 운반하는 모습.

중공은 전투기 5대 이상을 격추한 조종사에게
1급 전투영웅 칭호를 줬다. 왕하이(왼쪽)는 미군 전투기
5대를 격추하고, 4대를 폐물로 만들었다. 특급영웅이었다.
오른쪽은 2급 전투영웅 자오징원(焦景文)이다.

기와 유류, 항공부품 등을 닥치는 대로 긁어모았다. 말과 소를 동원해 지린(吉林)성 통화(通化)로 운반했다. 중공은 비행 지식이 있는 사람은 적과 아군을 따지지 않고 우대한다는 소문을 퍼뜨렸다. 효과가 있었다. 중국어가 가능한 일본군 조종사와 정비사 300명이 통째로 투항했다. 노련한 항공술과 교육방법이 탁월한 전문가들이었다.

1946년 3월 1일, 중국인민해방군 역사상 최초의 항공 교육기관인 동북민주연군항공학교(東北民主聯軍航空學校)가 통화 벌판에 정식으로 간판을 내걸었다. 3개월 후, 비행기는 본 적도 없는 초등교육만 마친 학생 631명과 항공기 100여 대를 놓고 조촐한 입학식을 열었다. 말이 좋아 100여 대지 수리해서 쓸 수 있는 전투기는 30여 대에 불과했다.

왕하이의 회고 일부를 소개한다.

"1946년 6월, 20세 때 동북민주연군항공학교에 입학했다. 모든 조건이 열악한 시절이었다. 매일 기름 한 방울 들어가지 않은 탕과 야채에 죽과 옥수수만 먹었다. 일주일에 한 번, 애들 주먹만한 찐빵이 한 개씩 나왔다. 겨울에는 영하 40도가 기본이었다. 자고 일어나면 입 언저리에 얼음이 달려 있었다. 그래도 동사한 사람은 없었다. 여름에는 아끼느라 신발을 신지 않았다. 맨발로 비행기에 올랐다. 항공유가 절대 부족했다.

즐거운 일도 있었다. 하일빈에서 생산하던 고순도(高純度)의 주정(酒精)을 항공유로 대체할 수 있다는 말에 귀가 솔깃했다.

큰 통으로 잔뜩 구입했다. 비행기에 주유한 기억은 없지만 물을 적당히 섞으면 향이 기가 막혔다. 몇 모금 마시면 천국을 헤매는 기분이었다. 다들 즐겨 마셨다. 특히 일본 교관들이 좋아했다. 일본 교관들은 한때 우리의 적이었지만 정말 우수한 사람들이었다."

"우리 공군은 어떤 난관과 위험도 삼킬 수 있다"

1949년 8월, 항공학교는 전투기 조종사 126명과 기술 간부 434명, 총 560명의 졸업생을 배출했다. 왕하이는 우수한 성적으로 항공학교를 졸업했다.

2개월 후, 베이징 천안문 광장에서 중화인민공화국 선포식이 열렸다. 열병 막바지에 전투기 17대가 베이징 하늘을 수놓았다. 참석자들은 왕하이를 비롯한 신중국 조종사들의 위용에 혀를 내둘렀다. 생각지도 않았던 광경에 어찌나 놀랐던지 눈을 의심할 정도였다.

신중국 선포 3주 후, 중공 중앙군사위원회는 린뱌오가 지휘하는 제4야전군 참모장 류야러우(劉亞樓)를 공군사령관에 임명했다. 류야러우는 소련과 인연이 깊었다. 부인도 모두가 부러워하는 미모의 소련 여인이었다. 소련과 담판했다. 전투기 437대의 외상구매와 항공전문가 878명의 파견을 요구했다. 소련은 류의 요청을 거부하지 않았다. 덤으로 항공학교 6개 설립 지원까지 받아냈다. 류는 알아주는 협상가였다.

공군 설립 과정을 보면, 중국인들은 동작이 느리다는 말은 모르고 하는 소리다. 1949년 11월 11일, 공군사령부가 설립되자 중앙 군사위원회는 첫 번째 임무를 부여했다.

"실전에 투입이 가능한 전투기 조종사 300명 이상을 1년 안에 양성하라."

공군 혼성여단 중대장 왕하이는 대원 훈련에 몰입했다. 훈련이 한창일 무렵 북한군이 탱크를 몰고 38선을 깨버렸다.

신중국은 당황했다. 참전 결정이 내려지자 군사회의를 열었다. 회의 분위기를 기록으로 남겼다.

"참석자들은 입을 열지 않았다. 회의장에 침묵이 계속됐다. 성질 급한 펑더화이가 자리에서 몸을 일으켰다."

류야러우를 지목하며 입을 열었다.

"지금은 우리가 장정할 때와는 다른 세상이다. 땅에서 하는 전쟁은 중요하지 않다. 하늘에서 승패가 결정난다. 스탈린은 마오 주석에게 공군 지원을 약속했지만 파견은 주저할 것이 분명하다. 조종사가 포로가 될 경우 소련의 참전이 드러나고 세계대전으로 비화할 것을 우려하기 때문이다. 나는 하늘을 바라보며 공군 오기만 기다려야 한다. 공군사령관의 의지가 궁금하다."

류야러우는 배에 힘을 주고 펑더화이에게 대답했다.

회의를 마친 공군사령관 류야러우(앞줄 왼쪽 둘째)와
중국인민지원군 공군사령관 류전(앞줄 오른쪽 첫째).
앞줄 오른쪽 둘째는 공군사령관 우파셴(吳法憲).

"안심하기 바란다. 소련 공군의 출동 여부에 매달리지 않겠다. 우리 공군은 어떤 난관과 위험도 삼킬 수 있다. 즉각 출격할 준비가 되어 있다."

1950년 10월 19일, 중국인민지원군이 압록강을 도하했다. 류야러우는 저우언라이와 함께 지원군 공군사령관감을 찾았다. 난징(南京)군구 공군사령관 류전(劉震)을 베이징으로 불러올렸다.

지원군 공군사령관 류전

류전은 후베이성 벽촌의 빈농 가정에서 태어났다. 굶기를 밥 먹듯 하며 소년 시절을 보냈다. 1930년 봄, 열다섯 살 때, 마을에 낯선 사람들이 나타났다. 가난에서 탈피하려면 혁명을 해야 한다며 청년들을 부추겼다. 혁명이 뭐냐고 물으면 명쾌한 답변을 해줬다.

"간단하다. 없는 사람들을 위해 원래 있었던 것들을 뒤집어엎어 버리는 거다."

붉은 완장을 차고 몰려다니는 젊은이들이 늘어났다. 밭에서 땀 흘리던 류전도 호미를 집어던졌다. 적위대에 가입했다. 이듬해 가을, 홍군 모자를 쓰고 유격대원이 됐다. 류전은 뜀박질을 잘하고 사격술이 뛰어났다. 전쟁터에서 지휘관들 눈에 잘 띄었다. 귀에 못이 박이도록 용감하다는 소리를 들으며 전장을 누볐다. 용감한 사람일수록 일찍 전사하는 법이지만 류전은 달랐다. 일본이 패망하는 날까지 화약 냄새와 함께했다.

4년간 계속된 국·공내전에서도 류전은 돋보였다. 동북(東北)

에서 광시(廣西)에 이르기까지 발길 미치지 않은 곳이 없었다. 1949년 10월 1일, 마오쩌둥이 천안문 성루에서 중화인민공화국을 선포할 때도 전쟁터에 있었다. 열흘 후 광시성에서 국민당군 3만 2,000명을 궤멸시켜 신중국에 첫 번째 승리를 안겼다.

1950년 10월 19일, 중국인민지원군이 6·25전쟁에 참전했을 때 류전의 직함은 '난징(南京)군구 공군사령관'이었다. 당시 류전은 병마에 시달렸다. 비행기 한 대도 없는 허직(虛職)으로 보낸 이유는 치료와 요양 외엔 없었다. 1개월 남짓 병마와 씨름하던 류전은 공군사령관 류야러우가 보낸 긴급전문에 정신이 번쩍 들었다.

"즉시 상경해라. 내일 새벽 2시에 내 집무실에서 만나자. 급히 의논할 일이 있다."

류야러우는 동북 시절 류전의 전우였다. 잠시 수다를 떨더니 먼 산을 바라보며 입을 열었다.

"10월 초, 김일성이 마오 주석에게 사람을 파견했다. 적들이 온갖 기종의 비행기 1,000여 대를 동원해 매일 지원군을 주야로 괴롭힌다며 우리 공군의 지원이 절실함을 호소했다. 중앙군사위원회가 동북군구 공군 업무를 네게 맡기기로 결정했다. 임무는 조선에 참전할 지원군 공군 편성이다. 지원군 공군사령관직도 네가 맡아야 한다.

우리는 동북 야전군(린뱌오가 지휘하는 제4야전군의 전신) 출신이다. 지상에서 싸우던 사람에게 공군을 맡으라니 너나 나나 어렵기는 마찬가지다. 나는 네 지휘 능력을 누구보다 잘 안다. 너는

6·25전쟁 시절 중국인민지원군 공군은
단둥에서 출격했다. 1950년 12월 21일,
단둥의 랑더우(浪斗) 공군기지.

보병과 포병, 탱크부대까지 지휘한 경험이 있다. 총 한 자루를 전투기 한 대로 생각해라. 지원군 사령관 펑더화이와 동북 군구사령관 가오강 동지가 너를 지목했다. 마오 주석도 네가 적격이라며 비준했다. 우리가 동북 민주연군 시절 통화에 설립한 항공학교 출신 전투기 조종사들을 실전에 투입해라."

류전은 군말이 없었다. "명령에 복종한다. 곤란한 일이 발생하면 현지에서 방법을 찾겠다"며 동북으로 떠났다. 단둥에 지원군 사령부를 차렸다.

미국의 공중영웅 데이비스를 쓰러뜨리다

상대는 제2차 세계대전을 경험한 세계 최강의 공군이었다. 조종사들의 비행시간도 평균 1,000시간 이상이었다. 지원군 조종사들의 미그기 비행시간은 30시간 미만이었다. 류전은 동북 항공학교 출신 조종사들의 비행술에 감탄했다. 회고록에 이런 말을 남겼다.

"관동군에서 투항한 일본 전투기 조종사들은 최일류 교관들이었다. 노련하기가 뭐라 표현하기 힘들 정도였다. 폐물이나 다름없는 비행기에서 떼어낸 부품을 조립해서 만든 전투기로 훈련한 우리 조종사들의 비행 실력도 볼만했다. 구름과 일광을 이용해 은폐하는 기술이 뛰어났다. 공군은 수학이 중요하다는 것을 알고 당황했다. 나는 계산에 서툴렀다. 일본인 교관에게 수학을 배우느라 머리를 싸맸다."

사령관 류전의 훈시는 조종사들의 주목을 끌기에 충분했다.

"나는 학교 문턱에도 가보지 못했다. 너희들은 학교에서 초등 교육 정도는 받은 사람들이다. 나보다 좋은 학벌에 우수한 조종술까지 터득했다.

미군이 우리를 강보에서 나오라고 재촉한다. 인간은 싸울수록 강해진다. 세계 최강의 조종사들과 싸우면서 배워라. 조선의 아름다운 창공이 우리의 대학이다. 평소 복장을 단정히 하고 세수도 매일 해라. 취침 전에 손발 깨끗이 씻고 속옷도 자주 갈아입어라. 나도 그렇게 하겠다."

어떤 전쟁이든 전과는 과장되고 손실은 축소시키기 마련이다. 중국인민지원군 공군의 전과도 믿을 건 못 되지만 공인된 것만 소개한다.

1952년 2월 10일, 지원군 12전투비행단 3대대장 장지후이(張積慧)가 평안북도 박천군 삼광리 상공에서 미군 전투기 3대를 관으로 만들어버렸다. 잔해를 수습하던 지상의 지원군 부대가 조지 앤드류 데이비스라는 인식표를 발견했다. 계급은 소령이었다. 장지후이는 자신이 저승으로 보낸 사람이 누군지 알 턱이 없었다.

데이비스는 제2차 세계대전에서 266차례 출격한, 비행시간 3,000시간을 자랑하는 미국의 공중영웅이었다. 충격을 받은 미 공군사령관이 성명을 낼 정도로 최고의 전투기 조종사였다.

출격 전 대원들과 함께 선서하는 12전투 비행단
대대장 장지후이. 장지후이는 평안북도 박천에서
미군 전투기 3대를 무참히 박살냈다.
1952년 가을, 랴오닝성 단둥.

"데이비스의 전사는 극동 공군에게 엄청난 타격을 안겼다. 우리 조종사들이 거대한 충격을 받았다."

『뉴욕타임스』는 "진주만사건 이후 가장 어두운 날"이라며 데이비스를 추모했다.

자오징원은 유명한 왕하이 대대 일원이었다. 전투기 5대 이상을 격추한 에이스는 아니었지만 에이스에게 승리한 전투기 조종사로 미 공군에 명성이 자자했다. 독일·일본·소련의 정상급 조종사들을 격추한 라비라이즈너와 벌인 공중전을 미군이 미 공군 사상 최고의 공중전으로 평가했기 때문이다.

중국민항기 납치사건

"일본과 미국이 끼어들 여지가 있다.
우리가 직접 한국과 담판에 나서야 한다."

중국을 떠나는 자동차 대왕 줘창런

1983월 5월 5일, 납치당한 중국민항 296호가 춘천 미군공항에 불시착했다. 이 사건은 여러 의미가 있었다. 한·중 수교의 밑거름이었을 뿐만 아니라 중국의 치안을 바로잡는 옌다(嚴打, 범죄에 대한 엄중 단속)의 계기를 제공했기 때문이다.

주범 줘창런(卓長仁)은 랴오닝(遼寧)성 선양(瀋陽)의 평범한 집안에서 태어났다. 18세에 문혁이 발발하자 홍위병 완장을 찼다. 글과 말을 앞세운 '홍위병 운동'은 오래가지 않았다. 상하이에서 무투(武鬪, 무장투쟁)가 시작되자 온 나라가 따라했다. 몽둥이가 춤을 추더니 총과 수류탄이 등장하고, 심한 곳은 장갑차까지 동원했다.

공장 노동자 줘창런은 무투가 체질에 맞았다. 타고난 조직력과 물불을 가리지 않는 성격이다 보니 공은 컸지만, 머리에 든 게 없었다. 지식인들에게 시키던 교육을 받고 사무직으로 전직했다. 랴오닝성 기전설비공사(機電設備公司) 기획원 자리를 꿰찼다. 얼핏 보기엔 유배지나 다름없었지만, 랴오닝성의 차량 구매와 분배의 대권을 장악한 요직이었다. 어떤 조직이든 차량을 배당받으려면 '자동차 대왕' 쥐창런의 도움이 필요했다. 광저우에서는 바다를 통해 몰래 들어온 차량들을 헐값에 구입할 수 있었다. 쥐창런은 선양과 광저우를 오가면서 인맥을 쌓았다. 지방 관리들은 푼돈에 약했다.

1982년 3월, 성 정부가 경제사범 단속에 나섰다. 정직 처분을 받은 쥐창런은 랴오닝성 정부(情婦)인 선양군구 부참모장의 딸 가오둥핑(高東萍)에게 불만을 털어놨다.

"그간 내 돈 먹은 놈들이 더 난리를 부린다. 비행기를 납치해서 대만으로 튀자."

가오둥핑이 응하자 패거리 규합에 나섰다. 평소 형이라 부르며 따르던 4명이 동조했다. 선양체육학원 보위과에 근무하는, 행실에 문제가 많은 사람들이었다. 화류계 여성들과 한방에서 혼숙하다 들키는 바람에 공안국이 언제 잡으러 올지 모르는 상황이었다. 집안들은 번듯했다.

6명은 준비를 철저히 했다. 1년간 대만 방송을 열심히 듣고 항공 노선을 세밀히 연구했다. 항공기에 관한 지식 습득도 게을리하지 않았다. 선양 경비사령부 관리원이 준 실탄 400발로 6차례 사격 연습도 했다. 체육학원에는 보위용 권총이 4정 있었다. 아무나 들어와서 돈만 내면 총 쏘는 연습을 할 수 있던 시절이다 보니 관리가 소홀했다. 1983년 5월 4일 밤, 쥐창런 일행은 권총 4정을 확보했다. 2정을 가오둥핑의 화장품 상자에 숨겼다.

5일 새벽 6시 30분, 잠에서 깨어난 선양체육학원 조직부장 안궈루이(安國瑞)는 평소대로 라디오부터 켰다. 뉴스를 듣던 중 책상 위에 있는 밀봉된 편지 봉투를 발견하자 저절로 손이 갔다. 아들이 부모 앞으로 남긴 내용은 간단했다.

"저는 생업을 위해 먼 곳으로 떠납니다. 저를 영원히 망각하시기 바랍니다."

옌다의 시작

안궈루이는 대경실색했다. 짚이는 바가 있었다. 원장에게 보고했다. 놀라기는 원장도 마찬가지였다. 학원으로 달려갔다. 보위과 간사에게 안궈루이의 아들이 권총을 빌려갔다는 말을 듣자 기겁했다. 허겁지겁 금고를 열었다. 권총이 한 정도 없었다. 안궈루이와 함께 기차역으로 차를 몰았다. 베이징발 열차가 떠난 직후였다.

10시 49분, 상하이행 중국민항 296호 항공기가 선양공항을 이륙했다. 기장 왕이쉬안(王儀軒)의 구술을 소개한다.

"항공기에는 승객 96명과 승무원 6명, 총 105명이 타고 있었다. 승객 중 3명은 일본인이었다. 비행은 순조로웠다. 좌석을 둘러본 승무원이 뒷자리에 낌새가 이상한 승객들이 있다고 보고했다. 눈치를 힐끔 보며 수근거리는 모습이 무슨 음모를 꾸미는 사람 같다는 내용이었다. 시계를 보니 11시 22분이었다. 만일의 사태에 대비해 감시를 철저히 하고, 내 명령 없이는 조종석 문을 열지 말라고 지시했다. 잠시 후 총성이 울렸다. 밖에서 조종석 문을 때려 부수는 소리가 요란했다. 주범 줘창런은 자신이 항공학교 출신이라며 내 머리에 총구를 들이댔다. 남조선으로 향하라고 소리를 꽥 질렀다. 나는 다롄(大連) 쪽으로 방향을 바꿨다. 줘창 런은 항공 지식이 풍부했다. 준비했던 항공지도를 꺼내 유심히 보더니 90도 방향으로 향하라며 내게 욕설을 퍼부었다. 나는 시키는 대로 했다. 단둥에 착륙하려 하자 내 목에 총구를 댔다. 비행기가 국경을 넘었다. 오후 1시 30분 북조선 영공에 진입했다. 평양 상공에서 하강준비를 하자 어디냐고 물었다. 한청(漢城, 서울)이라고 하자 나를 죽일 기세였다. 승객의 안전이 최우선이었다. 오후 2시 군사분계선을 넘었다."

선양 공안국은 느려 터졌다. 항공기 안에서 납치극이 한창인 11시 40분에 공항과 기차역을 봉쇄했다. 공안특경대는 296호 이륙 50분이 지나서야 선양공항에 도착했다.

류푸즈(劉復之)는 평소 중국 역사상 최고의 사법부장으로 손색이 없었다. 항공기 납치사건에 분노했다. 공안부장으로 자리를 옮기자 덩샤오핑에게 면담을 요청했다.

7월 19일, 베이다이허에서 휴가 중인 덩샤오핑에게 역설했다.

"부녀자들은 밤에 문밖을 나가지 못하고, 부모는 날뛰는 자식들을 통제 못 한 지 오래다. 공직자들은 재물에 눈이 멀고, 돈 쥔 자들은 못 하는 짓이 없다. 가짜 물건을 시장에 풀고, 새로 지은 집이 무너지는 경우가 허다하다. 풍기도 엉망이다. 이런 것들을 제거하는 것이 인도주의다."

듣기만 하던 덩샤오핑이 이를 악물었다. 엔다를 지시했다.

중국민항기 납치 사건을 계기로 벌어진 옌다는
3년간 계속됐다. 177만 2,000여 명을 체포하고 2만 4,000명을
사형에 처했다. 집행도 공개했다.

춘천에 불시착하다

1983년 5월 5일, 다롄 상공에서 납치당한 중국민항기의 춘천 불시착은 한·중 관계가 미묘할 때 발생했다.

신중국은 1949년 10월 1일, 중화인민공화국을 선포하기 전부터 북한과 밀접한 관계를 유지했다. 충돌이 있어도 오래가지 않았다. 한국과는 선을 그었다. "해외에서 한국 외교관과 사귀지 말라"는 명확한 규정이 있었다. 내용도 구체적이었다.

"대화는 물론이고 눈인사나 악수도 나누지 마라."

한국도 큰 차이 없었다.

1970년 봄, 한국 해역에서 이상한 일이 벌어졌다. 조업 중인 중국 어선 1척을 한국 해경이 풀어줬다. 평소 대만으로 보내던 것과는 다른 조치였다. 보고를 받은 총리 저우언라이는 한국의 중국에 대한 태도가 변할 징조라고 판단했다. 재외 공관에 "한국 외교관들의 눈길에 조심스럽게 대응하라"는 지시를 내렸다.

1978년 겨울, '중국공산당 11차 중앙위원회 3번째 회의'(三中全會)를 계기로 덩샤오핑의 개혁개방 이론이 중국의 현대화를 주도하기 시작했다. 중국 전직 외교관의 구술을 소개한다.

"1979년 9월 21일, 한국의 박정희 대통령이 올림픽 유치 계획안에 서명했다는 정보를 접하고 놀랐다. 3주 후 세상을 떠나자 흐지부지될 줄 알았다. 1981년 9월 30일, 바덴바덴에서 열린

IOC 총회에서 서울이 1988년 하계올림픽 개최지로 선정됐다. 대기업인의 공로가 컸다는 정보에 경악했다. 일은 기업인들이 하고 공치사는 정부가 하는 나라가 한국이라는 생각이 들었다. 춘천에 불시착한 중국민항기 납치사건도 한국의 항공사 대표가 적극적으로 나서는 바람에 원만히 해결됐다. 명칭만 보면 국영 항공사 같았지만 민간 항공사였다."

외교부의 동아시아 문제 실무자들은 한국의 발전 속도가 빠른 것에 주목했다. 한국과 관계를 느슨히 할 필요가 있다고 중앙에 건의했다. 대만이 끼어들 틈이 많다 보니 구체적인 방안까지 제시할 형편은 못 됐다. 해외 공관원들에게 간단한 전문만 발송했다.

"공개된 장소에서 한국 외교관을 만나면 악수도 하고 대화 몇 마디 주고받아도 무방하다. 명함 교환과 사적인 만남은 신중할 필요가 있다."

한국 외교관들이 접촉하기를 희망한다는 보고가 줄을 이었다. 신화통신(新華通新) 홍콩분사(香港分社) 사장 쉬자툰(許家屯)의 회고록에 당시 중국의 방침을 확인할 수 있는 구절이 있다.

"파티에서 홍콩 주재 한국 총영사가 다가왔다. 악수를 청하며 명함을 내밀었다. 내가 누군지 아는 기색이었다. 나는 받기만 했다. 명함이 떨어져 미안하다고 얼버무렸다. 당황하는 기색이 역력했다."

쉬자툰은 난징군구(南京軍區) 서기와 장쑤(江蘇)성 서기를 역임
한 중국공산당 중앙위원이었다. 다들 홍콩의 지하총독이라 불렀
다. 당내 직함이 홍콩·마카오 서기다 보니 그럴 만도 했다.

중국민항 296호기 납치 확인 3분 후, 중국정부는 긴급대책반을
가동시켰다. 조장이 개혁개방의 야전사령관격인 국무원 부총리 구
무(谷牧)였다. 구무가 민항국장 선투(沈圖)에게 지시했다.

"너는 항일군정대학 시절부터 연(鳶) 날리기에 능했다. 대회에
서 일등만 했다. 도둑맞은 연 찾아오는 기분으로 온갖 지혜를 짜내
서 대책을 강구해라. 승객과 승무원의 안전이 제일 중요하다. 의견
이 있으면 말해라."

선투가 입을 열었다.

"현장에 가는 것이 상책이다. 그간 우리는 북한만 인정했다. 남
한과는 관계를 맺지 않았다. 항미원조 이후 형성된 적대관계가 아
직도 지속 중이다. 납치된 항공기에는 일본인 탑승객이 3명 있다.
춘천공항은 미군공항이다. 외신 보도를 분석해보면 일본과 미국이
끼어들 여지가 있다. 우리가 직접 한국과 담판에 나서야 한다. 한국
도 그러기를 바라는 눈치다. 한국 측에 우리 의견을 전달할 방법을
찾아보겠다."

선투는 간부들을 소집했다.

"국제회의에서 한국인에게 받은 명함 가운데 항공 관련자가 있
는지 찾아봐라."

중국 민항 창립 35주년 기념식을 주관하는
선투(왼쪽 둘째). 왼쪽 첫째가
민항기 사건을 총지휘한 구무,
오른쪽 둘째는 총리 리펑(李鵬).

총리 저우언라이(앞줄 중앙)는 선투를
'중국의 날개'라 부르며 신임했다.

간부 한 명이 대한민국 교통부 항공국장의 명함을 제출했다. 하단에 팩스 번호가 있었다. 중국민항 도쿄 지사를 경유해 팩스를 보냈다.

"금일 오후 폭도들에게 납치당한 중국 민항 항공기가 귀국 춘천공항에 착륙했다. 원만한 처리 방안을 논의하기 위해 서울에 협상단을 파견하겠다. 협조를 청한다."

– 중국민항총국 국장 선투

재빠르게 끼어드는 대만과 일본

대만도 가만있지 않았다. 행정원이 성명을 발표했다.

"반공의사(義士) 6명이 자유를 찾아 대만으로 향하던 중, 한국 춘천의 미군공항에 착륙했다. 우리 측과 면담을 요구했지만, 한국과 미군의 거절로 뜻을 이루지 못했다. 자유세계로 오기를 갈망하는 반공 의사와 승객들을 보호하기 위해 외교부와 국방부가 특사를 파견할 예정이다."

일본도 끼어들었다.

"피랍 항공기에 일본 국민 세 사람이 있는 것으로 확인됐다. 한국과 중국은 서로를 승인한 적이 없다. 양국이 원하면 일본이 주선에 나설 용의가 있다."

5월 6일 오전, 구무가 당 중앙 대표 자격으로 회의를 소집했다. 정황 보고를 받은 후 입을 열었다.

"서울에 협상단을 파견하면 사태 수습이 가능할지, 여러 각도로

납치범들을 대만으로 보내라고
시위하는 화교와 반공인사.
1983년 8월, 서울.

분석했다. 현재 남조선 당국은 주변국과의 관계 개선을 모색 중이다. 우리가 손을 내밀면 뿌리칠 리가 없다. 서울에 협상단을 파견하겠다. 준비에 만전을 기해라."

회의 도중 도쿄의 중국민항지사가 한국 소식을 전했다.

"남조선 당국이 긴급 각료회의를 열었다. 정오에 중대 성명을 발표할 예정이다. 탑승객들은 오전 8시에 춘천을 떠나 서울로 향했다. 부상 입은 승무원 2명도 서울의 국군통합병원으로 이송했다."

회의 참석자들은 방송을 기다렸다. 정오 직전 대한민국 교통부 항공국장의 답전이 도착했다.

"중화인민공화국 민항국장 선투 선생, 전문 받았다. 의견을 수용한다. 기상 조건이 열악하고, 항공편이 번잡하다. 준비할 시간이 필요하다. 5월 7일(토요일), 한국 시간 12시 30분 김포공항에 도착할 것을 건의한다. 우리 측에서는 외무부가 안건을 처리한다. 귀국 외교부 고위급이 함께 오기를 강력히 건의한다."

국무원이 회의를 소집했다. 대표 선정을 놓고 한차례 토론이 벌어졌다. 듣기만 하던 구무가 슬그머니 자리를 떴다. 돌아와서 결론을 내렸다.

"당 중앙과 국무원은 선투에게 전권을 위임한다. 중국민항 공작조를 조직해라. 외교부와 공안부, 신화사 등 관계기관에서 한 명씩 차출하되 서로 친분이 있는 사람은 배제시켜라."

북한도 의식했다.

"협의서를 주고받을 때 국호 사용은 신중을 기해라. 부득이한 경우 비망록으로 대체하되 중국민항을 명기하고 중화인민공화국 도장을 찍어라."

"한국 측의 배려가 기대 이상이다"

1983년 5월 5일, 어린이날 오후에 발생한 중국민항기의 춘천 불시착은 적당한 시기에 날아온 복덩어리였다. 최초의 공중납치 사건이다 보니 급한 쪽은 중국이었다. 밤 9시 10분, 도쿄의 중국민항 총경리가 베이징에 전문을 보냈다.

"승객과 승무원이 비행기에서 내렸다. 서울로 갈 예정이었으나 시간 관계상 춘천 시내의 소양(昭陽)관광호텔과 세가(世家)여관에 수용했다. 무장 경찰이 겹겹이 배치되는 등 경비가 삼엄하다. 기자 출입도 불허한 상태다. 일본인 탑승객 3명은 일본 대사관에서 신병을 인수했다."

그간 있었던 상황도 적혀 있었다.

"한미연합사령부 작전참모와 주한대만 대사관 무관이 폭도들과 담판했다. 결과는 확인 중이다. 탑승객인 동북공정학원 교수

266

대만행을 요구하는 쥐창런 일행의 쾌거(?)로
타이베이에 뿌려진 호외.

와 항공공업부 간부가 유엔 사무총장에게 보낼 서신을 작성했다. 중화인민공화국으로 갈 것을 분명히 하고 납치범들의 징벌과 승객의 안전을 바라는 내용에 승객 전원이 서명했다. 납치범 6명은 한국 관원들이 데리고 갔다. 저녁은 화교가 운영하는 중국 음식점에서 만든 군만두 200인분으로 해결했다. 한국 측의 배려가 기대 이상이다."

민항총국은 항공기 기장과 연락을 시도했다. 국장 선투가 산만한 회고를 남겼다.

"도쿄·뉴욕·런던·홍콩의 중국 대사관과 중국민항 지사에서 춘천의 호텔로 전화를 걸었다. 받건 안 받건 계속 걸어댔다. 도쿄에서 걸려온 전화에 여관 주인이 인심을 썼다. 중국 여행객과 비행기 승무원 모두 안전하고 건강하다는 말만 하고 툭 끊었다. 우리를 안심시키기에 충분했다."

기장 왕이촨은 침착하고 냉정한 성격이었다. 승객들에게 당부했다.

"우리는 구름 위에서 납치당해 남조선까지 왔다. 행동통일이 시급하다. 신분이 특수하거나 국가기밀에 접근했던 사람은 신분증을 폐기해라. 중요 문건이 있으면 지금 제출하기 바란다. 화물칸에 따로 보관하겠다. 서로 관심 갖고 돕기를 당부한다. 여자 승객 5명은 항상 같이 행동해라."

5월 6일 새벽 3시, 신화사 총편집이 국제부 당직실에 전화를 걸었다.

"중앙에서 민항국장 선투가 인솔하는 담판단의 서울 파견을 결정했다. 외교부와 공안부, 신화사 등 관계기관이 참여한 중국 민항 공작조를 꾸렸다. 남조선에 가서 국내 연락과 취재를 겸해라. 보고문은 도쿄 신화사를 거쳐 중난하이(中南海)와 신화사 본사에 영문으로 작성해서 보내라."

날이 밝자 공작조 9명과 항공 기술자 24명은 출국 준비에 분주했다.

6일 오후, 1950년대 중반부터 외교부에서 북한 문제를 담당하던 아주사(亞洲司) 차오밍추(朝蒙處) 부처장도 공작조에 합류했다. 한·중 수교 후 부산 총영사를 역임한 부처장은 훗날 생생한 구술을 남겼다.

"공작조는 회의를 거치지 않았다. 조원들도 비행장에서 대면했다. 나는 조선어 공부는 했지만 엄밀히 말하면 조선학이었다. 조선어는 한국어와 달랐다. 한국에 관한 지식도 일본에서 발간되는 『통일신문』에서 본 것이 다였다. 한국이 어떤 곳인지, 개념조차 없을 때였다. 내 임무는 승객과 비행기를 무사히 중국으로 데려오는 것이었다. 상대가 어느 부서인지도 몰랐다. 공식 직함은 중국민항 통역이었다."

김포공항에 마중 나온 최고 관원은 한국 외무부 차관보였다. 선투는 차관보가 어느 정도 직급인지 물었다. 차오밍추 부처장도 몰랐다. 뒷머리만 긁어댔다. 중국도 준비를 하기는 했다. 국장의 비서가 큰 상자를 끼고 다녔다. 승객들의 식사와 숙박, 환자 치료, 항공기 수리에 쓸 미화 20만 달러가 들어 있었다.

차오밍추 부처장은 한국 측의 의전에 혀를 내둘렀다.

"남조선 영공에 들어서자 전투기 2대가 우리 전용기를 호위했다. 선투 국장은 붉은 카펫을 통해 귀빈실로 들어갔다. 닉슨이 처음 중국에 왔을 때 중·미 양국은 미수교 상태였다. 미국 대통령이라도 붉은 카펫을 깔지 않았다. 호텔로 가는 승용차에 외무부 아주국장이 내 옆에 동승했다. 운전석 옆에 앉은 사람이 중국과 과장이라며 자신을 소개했다. 국장은 통역인 내게 외교 문제를 거론했다. 내 신분을 안다는 생각이 들었다."

아주국장은 계속 말을 걸었다.

"우리 두 나라가 얼마나 가까운 곳에 있는지 오면서 느꼈을 줄 안다. 역사를 보면 왕래가 그친 적이 없다. 현재의 상황이 정상이라고 생각하느냐?"

통역이 답할 질문이 아니었다. 계속 묻자 예의가 아니라는 생각

서명 후 선투와 악수하는 한국 측 대표단
단장 공로명 외무부 차관보.
1983년 5월 10일 오전, 서울.

한국에서 재판받고 대만으로 추방된
비행기 탈취범 6명은 반공의사 대접을 받았다.
쌍십절 행사 귀빈석에 자리한 줘창런(왼쪽 셋째) 일행.
왼쪽 첫째가 가오둥핑.

이 들어서 입을 열었다고 한다.

"나도 같은 생각이다. 이번 일로 물이 생겼다. 저수지를 이뤄야 한다. 익은 과일은 저절로 떨어진다. 자연의 법칙에 맡기자."

긴장감이 감도는 협상테이블

협상은 납치범 인도와 국호 사용 외에는 순조로웠다. 한국 측은 '헤이그협약'을 거론했다. "비행기는 착륙한 국가에 형사 관할권이 있다"며 납치 주범 쥐창런 등 6명의 인도를 거부했다. 선투는 노련한 협상가였다. 승객과 항공기의 무사귀환이 우선이었다. 한국과 대만 관계도 고려했다. "일단 유보시키자"며 얼버무렸다.

5월 8일 밤, 한국 측이 협상 결과 초안을 중국 측에 전달했다. 신화사와 외교부 관원이 선투에게 훈수를 뒀다.

"두 가지 문제점이 있다. '협의'(agreement)라는 명칭은 곤란하다. 대한민국이라는 국호가 아홉 번 등장하고 서명란에 중화인민공화국을 명기했다. 우리는 남조선을 정식으로 승인하지 않았다. 받아들일 수 없다."

5월 9일, 격론이 벌어졌다. 결론이 나지 않았다. 한국 대표단 단장의 한마디가 분위기를 바꿨다.

"중국 대표단은 우리 정부의 동의를 받아 서울에 온 손님이다. 주인의 국호를 승인하지 않는 것은 손님이 주인에게 따귀를 갈기는 것과 같다. 내 성이 공(孔)가다. 예절과 겸양(禮讓)을 강조한 공자의 후예다."

중국민항 공작조가 절충안을 짜냈다. 협의를 각서 내지는 비망록으로 바꿨다. 초고에 사용한 대한민국도 '남조선 당국'이나 '서울'(漢城)로 수정했다. 서명란에만 대한민국과 중화인민공화국을 명기했다. 선투는 국호 옆에 중국민항총국 도장을 찍었다.

5월 10일 오전 10시, 서명식이 열렸다. 양측은 국기를 내걸지 않았다. 대신 테이블 사이에 공간을 두지 않았다. 오후 3시 45분, 중국 승객과 승무원을 태운 전용기가 김포공항을 이륙했다. 9년 후, 한·중 양국은 정식으로 수교했다. 중국은 남조선 대신 한국이라는 명칭을 쓰기 시작했다.

탈취범 6명은 한국에서 재판을 받고 대만으로 추방됐다. 대만은 6인의 반공투사가 자유를 찾아왔다며 들썩거렸다. 총통 장징궈 접견은 물론 정착금도 300만 달러씩 받았다.

한동안 대만은 항공기 납치범들의 천국이었다. 1993년까지 10여 대가 날아왔다. 대만은 정책을 바꿨다. 승객과 비행기를 대륙으로 보내고, 탈취범들은 엄하게 다뤘다. 실형을 선고하고, 복역을 마치면 대륙으로 추방했다.

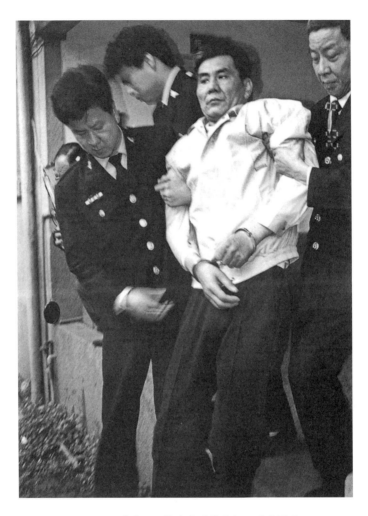

대만으로 추방된 쥐창런은 도박과 투기로
보상금을 탕진하자 병원 부원장 아들을 유괴, 살해했다.
1997년 사형선고를 받았다.
집행은 민진당 집권 초기인 2000년에 했다.

복잡한 나라, 복잡한 시대 5

"미국 군인에게 중국인의 생명은
일고의 가치도 없는 미물이란 말인가.
저 흉악한 것들은 억울하게
죽은 남편의 명예를 난도질했다.
우리는 더 이상 생명과 인권을
보장받을 곳이 없다.
나는 사회를 향해 통곡한다."

대만과 미국의 동상이몽

"나는 중국인을 위해 항의한다. 미국인이 만족할 만한
답을 주지 않으면 이 자리를 떠날 수 없다."

평화적인 방법을 원한다는 저우언라이

국민당은 대만에 딴살림 차린 직후부터 대륙과 접촉을 시도했다. 첫 번째는 1950년 5월, 중국인민해방군의 대만 진공이 임박했을 때였다. 목적은 시간 끌기였다. 몇 주일 후 한반도에 전쟁이 터졌다. 참전을 결정한 미군이 대만해협을 봉쇄했다. 중공의 대만 해방은 수포가 되었다. 밀사는 무용지물로 전락했다.

1954년 9월, 샤먼(廈門)의 해방군 포대가 진먼다오(金門島)를 포격했다. 이듬해 1월, 중국인민해방군 화동군구가 저장성 연해의 장산다오(江山島)를 점령했다. 장산다오는 국민당군이 주둔 중인 다천다오(大陳島)의 병풍 격이었다. 미 7함대가 대만의 국민당군과 합동작전을 폈다. 항공모함 6척을 포함, 159척을 동원해 연합함대를 꾸렸다. 숨넘어가기 직전인 노인 1명을 제외한 국민당 정규군 1만 명과 유격대 4,000명, 주민 1만 7,000여 명이 대만으로 철수했다. 4만 톤에 달하는 군용물자와 마을마다 있던 신상(神像), 부두에 있던 어선들은 쓰레기로 만들어버렸다.

중공 총리 저우언라이는 공산당 특유의 전술을 폈다.

"미국이 대만해협에 긴장을 조성했다. 양안 간의 모순은 국내 문제다. 우리는 국·공관계가 평화적인 방법으로 해결되기를 원한다."

4월에 인도네시아 반둥에 아시아·아프리카 27개국 정부수반들이 모였다. 중국 대표 저우언라이가 묘한 발언을 했다.

"대만해협의 위기는 미국 때문이다. 문제 해결을 위해 미국과 담판할 용의가 있다."

긴장을 완화하자는 의미였다. 미국도 거절할 이유가 없었다. 4개월 후, 제네바에서 미·중 대사급 회담을 열기로 합의했다. 바르샤바로 자리를 옮긴 대사급 회담은 1970년 2월 20일까지 136차례 열렸다.

베이징과 워싱턴 간의 긴장이 느슨해지자 대만해협의 군사적 대립도 완화됐다. 대륙 작가와 대만 기자가 비슷한 구술을 남겼다.

"1956년 봄, 대만 총통 장제스는 베이징의 중공 최고위층이 보낸 서신을 받았다. 국·공 양당이 제3차 합작을 통해 통일 대업을 완성하자는 내용이었다. 말미에 첨가한 '평화(奉化)의 선영은 여전하고, 시커우(溪口)의 화초도 무양(無恙)하다'는 구절이 장제스의 심금을 울렸다."

평화와 시커우는 장제스가 태어나고 자란 곳이었다. 시커우의 개울은 열일곱 살 때 혁명하겠다며 가출할 때까지 장제스의 놀이터였다.

"대륙에 밀사 보내 마오쩌둥의 패를 파악하라"

장제스는 냉철했다. 8월 21일 일기에 이렇게 적었다.

"공산 비적들의 최고 투쟁 원칙은 음성적이고 탄력이 있다. 고정된 원칙이 없고 흔적도 남기지 않는다. 뻔뻔함은 기본이다. 곰팡이처럼 파고 들어가지 않은 곳이 없다. 철저히 단절하고 봉쇄하지 않으면 우롱당한다."

장징궈는 부친과 달랐다. 대륙에 밀사를 보내자고 건의했다. 홍콩의 저명한 언론인 차오쥐런(曹聚仁)을 권했다. 장제스는 아들의 권고를 수락했지만 차오쥐런을 믿지는 않았다. 5월 6일 일기를 소개한다.

"홍콩은 떠돌이 중립분자들의 소굴이다. 조직도 한두 개가 아니다. 대륙의 정보원도 많고, 대륙에 잠복 중인 정보원도 많다. 아들에게 일러주고 싶은 말이 많았지만 참았다. 홍콩의 국민당 지부에 차오쥐런을 우리의 통전(統一戰線) 공작에 참여시키라고 지시했다."

차오쥐런은 2개월간 대륙에 체류했다. 저우언라이와 중공 통전부장에게 대륙의 대만 정책을 듣고 장제스의 고향도 찾아갔다. 장제스의 선영과 장징궈의 생모 묘소에 참배하고 사진도 찍었다. 차오쥐런은 본업이 기자였다. 전쟁 시절 종군기자로 명성을 떨쳤다.

항일전쟁 종군기자 시절의 차오쥐런.
장제스는 차오쥐런을 밀사로
파견했지만 신뢰하지는 않았다.

취재라면 몰라도 밀사로는 문제가 많았다. 홍콩에 돌아오자 대륙에서 있었던 일을 신문에 연재했다. 장징궈는 부친을 대할 면목이 없었다. 장제스의 반응은 의외였다.

"차오쥐런은 쓸모가 있다. 앞으로 무슨 일 있을 때마다 대륙에 파견해라. 대륙에서 맺은 인연을 꼭 쥐고 있으라고 전해라."

장제스는 직접 밀사감을 물색했다. 『홍콩시보』(香港時報) 사장 쉬샤오옌(許孝炎)을 타이베이로 호출했다. 쉬샤오옌은 국민당 중앙위원을 겸한 홍콩의 국민당 지하조직 총책이었다. 장제스가 입을 열었다.

"공비들의 평화통일 공세가 발동했다. 내게 편지를 보냈다. 평화를 외치며 뒤로는 딴 수작 부리는 것이 저들의 수법이다. 무작정 대꾸 안 하면 나를 평화통일에 역행하는 민족반역자로 몰아붙일 판이다. 밀사를 파견해서 공산 비적들의 의도가 뭔지, 마오쩌둥이 무슨 패를 만지작거리는지 파악하고 싶다. 대만에 있는 사람은 비밀 유지가 안 된다. 홍콩과 동남아 거주자 가운데 세 명을 추천해라. 지금 대륙 사정은 청쓰위안(程思遠)이 잘 안다. 함께 의논해라."

뜬금없는 말도 했다.

"꿈에 쑹시롄(宋希濂)이 내 앞에 나타났다. 초라한 복장에 고개를 숙이고 울기만 했다. 지금 궁더린(功德林) 전범수용소에 있다. 50세 생일이 멀지 않았다. 면회 갈 사람이라도 있었으면 좋겠다."

쉬샤오옌은 누구를 추천할지 고심할 필요가 없었다. 홍콩으로 이주한 입법원장과 입법원 비서장을 역임한 입법위원 쑹이산(宋宜山)을 추천했다. 쑹이산은 쑹시롄의 형이었다.

밀사 파견의 배경

1956년 10월 대만의 대표 월간지 『자유중국』(自由中國)에 장제스의 퇴진을 요구하는 글이 실렸다. 이어서 일본에 체류 중인 대만 독립운동 지지자들이 '대만공화국 임시정부' 수립을 선포했다. 정국이 얼어붙었다. 대륙도 '사유제 전면 취소'로 천지가 들썩거릴 때였다.

『자유중국』은 총통부 국책고문 레이전(雷震)이 교육부의 지원금으로 간행했다. 편집위원 17명은 국민당과 함께 대만으로 온 교육자나 중견 지식인이었다. 정부간행물 취급을 받았지만, 민주와 자유·반공을 표방하다 보니 창간 초기부터 인기가 있었다.

10월 31일, 장제스 탄생 70주년 특집의 권두언과 15편의 문장이 대만을 들끓게 했다. 발행인과 주간을 겸한 레이전의 권두언은 대만을 들었다 놓을 정도였다.

"우리는 내각책임제 확립을 요구한다. 더는 장제스의 총통 연임을 바라지 않는다. 모든 결정을 무지(無智), 무능(無能), 무위(無爲)의 3무(無) 원수가 하는 것을 원치 않는다. 언론의 자유와 민주헌정의 실행, 대만 경제와 국방제도의 개혁을 강력하게 요구한다."

대만이 난리가 났다. 『자유중국』은 13쇄를 찍었다.
미국이 장제스의 퇴진을 사주했다는 소문이 고개를 들기 시작했다.

"장제스는 마오쩌둥보다 미국을 더 증오한다. 미국은 전 주미대사 후스(胡適)나 전 총통대리 리쭝런(李宗仁), 일본에 망명 중인 랴오원이(廖文毅) 중 한 사람으로 말을 바꿔 탈 생각이다."

장제스가 발끈했다.

레이전은 당적을 박탈당하고 감옥으로 직행했다. 후스는 장제스의 하야를 바라지 않았다. 미국에 있던 리쭝런은 대륙으로 돌아가기 위해 중공과 협상 중이었다. 도쿄에 있는 '대만공화국 임시정부' 대통령 랴오원이는 후스나 리쭝런과 달랐다.

랴오원이는 토종 대만인이었다. 그것도 내로라하는 대만 명문의 후예였다. 이재에 밝은 할아버지 덕에 좋은 교육을 받았다. 중학교 1학년 때 일본 유학을 떠났다. 훗날 작가가 꿈이었다. 일본 문학에 심취했다. 정치학을 전공하던 형이 대륙행을 권했다. 랴오는 형 말이라면 무조건 따랐다. 국민정부 수도 난징의 진링(金陵)대학 기계과를 졸업하고 미국으로 건너갔다. 미시간대학과 오하이오주립대학에서 화학과 공정학을 전공하고 예쁜 미국 출신 중국 여인과 결혼도 했다.

랴오원이의 부인은 어릴 때부터 저장성 항저우(杭州)를 동경했다. 천하의 명승지 항저우에 살고 싶다며 남편을 졸라댔다. "거울을 봐라. 항저우보다 네가 더 절경"이라고 달래도 듣지 않았다. 부인은 머리가 잘 돌아갔다. 저장대학 교장 앞으로 남편의 이력서와 학위논문을 보냈다.

저장대학은 인재를 발굴했다며 좋아했다. 공학원 교수 임명장을 미국으로 보냈다. 랴오는 항저우에서 연구에 몰두했다. 일본 제당

『자유중국』으로 장제스를 곤란하게 한 레이전은
간첩 은닉죄로 타이베이 검사국에 출두했다.

업에 관한 연구로 일본 군부의 극찬을 받았다. 당시 항저우는 일본 군 점령 지역이었다. 부친의 병세가 심각하다는 전보를 받은 랴오원이는 부인과 함께 대만으로 돌아왔다. 부친상을 치르고 형들과 함께 사업에 뛰어들었다.

형들은 경영수완이 남달랐다. 일본의 대만총독부는 미국과 대륙 경험이 풍부한 랴오를 경계했다. 일본 연합함대가 진주만을 공습한 후부터 랴오는 고등계 형사들의 1급 요시찰 대상이었다. 가는 곳마다 미행이 붙었다. 일본이 패망하고 국민당이 대만을 접수했다.

대만성 행정장관으로 부임한 천이(陳儀)는 랴오의 경력을 높이 샀다. 공무국장에 임명했다. 중국어와 일본어·영어에 능통한 랴오는 대만 지식인 사회에 명망이 있었다. 공직도 원만히 수행했다. 자비로 '대만민족정신진흥회'를 설립했다. 대만 청년들이 줄을 이었다. '대만헌정회'를 조직하고 『선봉』(先鋒)이라는 잡지도 창간했다.

대만의 정치·경제·사회·문화를 다루는 종합 잡지였다. 젊은 식자층에게 인기가 굉장했다. 선거 운은 없었다. 나가기만 하면 낙선했다. 1949년 12월, 장제스가 대만에 정착하자 일본으로 밀항했다. 교토에서 「대만독립선언문」을 발표하고, 1956년 2월 말 대통령에 취임했다. 태양과 초승달이 들어간 국기도 선을 보였다.

마오쩌둥의 세3차 국·공합작 제안

장제스나 마오쩌둥은 골수 중국인이었다. 서로 으르렁거렸지만,

랴오원이(오른쪽)는 1963년 대만으로
돌아왔다. 장징궈(왼쪽)의 배려로
처벌은 받지 않았다.

하나의 중국과 대만이 중국의 영토라는 점에는 이견이 없었다. 마오는 대만 출신 망명객의 '대만공화국 임시정부' 수립과 『자유중국』의 장제스 퇴진 요구를 용납하지 않았다. "대등한 입장에서 제3차 국·공합작을 논의하자"며 장제스에게 손을 내밀었다. 장제스가 대륙에 밀사를 파견한 이유는 이런 배경이 있었기 때문이다.

중공 총리 저우언라이는 장제스의 밀사 쑹이산을 환대했다. 오찬을 함께하며 기억력을 뽐냈다.

"북벌과 항일전쟁으로 우리는 두 차례 합작한 경험이 있다. 서로 무기와 식량을 주고받으며 한솥밥을 먹었다. 온 김에 동생 쑹시롄을 만나라. 내가 황푸군관학교 교육장 시절, 시롄은 내 제자였다. 천경과 함께 땀 흘리던 모습이 지금도 눈에 선하다. 며칠 있으면 50세 생일이다. 외부에선 대륙이 칠흑 같은 곳이라고 말한다. 여러 곳을 다니며 우리의 현실을 직접 둘러보기 바란다. 홍콩에 내 옛 친구들이 많다. 언제 와도 환영한다고 전해라. 국·공양당의 대표들이 머리를 맞댈 수 있다면 장소는 홍콩이든 어디든 상관없다. 미국은 대만을 하와이처럼 만들 생각이다. 대만은 중국 땅이다. 외국의 중국 내정간섭과 대만독립을 용납 못 하는 것은 양당이 다를 바 없다."

쑹이산은 통일전선부장과도 두 번 만났다. 제3차 국·공합작 이후 상제스의 예우 등을 논의했다. 2주간 제철공장과 농업합작소 등을 참관하고 홍콩으로 돌아왔다. 홍콩의 국민당 책임자 쉬샤오옌

쑹시롄(왼쪽)은 전선에서 사진 찍기를 싫어했다.
1944년 미얀마에서 사진을 남겼다.

은 장제스에게 직접 보고하겠다는 쑹이산을 만류했다.

"총통의 명령이다. 보고서부터 작성해라."

미군의 횡포로 커지는 반미감정

1957년 대륙이 제3차 국·공합작을 제안하자 대만은 밀사를 파견했다. 배경에는 대만의 반미 풍조도 있었다. 1954년 12월 2일, 자유중국 외교부장 예궁차오(葉公超)와 미 국무장관 덜레스가 중·미 공동방어조약에 서명했다. 양국은 맹방(盟邦)이라 불러도 좋을 사이가 됐다. 조약에 의해 미국은 대만에 주둔군 파견이 가능했다. 대만 주재 미국 대사 란킨(Rankin)은 대륙이 홍색으로 변하기 전, 상하이와 홍콩 총영사를 역임한 중국통이었다. 중국인이라면 남다른 애정이 있었다. 본국에 건의했다.

"파견할 군인과 군속은 적을수록 좋다. 많을 경우 타이베이가 식민지 도시처럼 보일까 우려된다."

미국정부는 란킨의 건의를 채택하지 않았다.

1950년 6·25전쟁으로 미 7함대가 대만해협을 봉쇄했을 때 대만 거주 미국인은 수십 명에 불과했다. 3년 후 정전 무렵엔 1,000명으로 늘어났다. 외교·경제·군사업무 종사자가 대부분이었다. 냉전이 본격화되자 미국인이 눈에 띄게 증가했다. 1957년 1월, 1만 명을 초과했다. 미국의 필리핀 통치 시절보다 많은 숫자였다.

타이베이는 미군의 천국이었다. 유원지, 찻집, 이발소, 온천장 할 것 없이 미군들이 득실거렸다. 젊은 여인들은 극단의 선택을 주저하지 않았다. 해 질 무렵, 예쁜 여인을 태운 인력거들이 타이베이

거리에 줄을 이었다. 온갖 꼴불견이 벌어졌다. 미련해 보이는 미군 병사가 두 명의 중국 여인과 온천 욕조에 퍼져 앉은 사진이 잡지에 실려도 전혀 이상하지 않았다. 장제스는 울화통이 터졌다. 미군과 산책하는 중국 여인을 볼 때마다 가슴을 쳤다. 미국의 원조에 의지하다 보니 속수무책이었다. 원래 콜라를 좋아했지만 열 받으면 숨도 안 쉬고 들이키던 습관이 도졌다. 장징궈는 아버지보다 더했다. 미국 군사고문단과 회의를 마치고 돌아온 날은 이를 악물었다. 헤겔의 말을 자주 인용했다.

"역사를 통해 얻을 수 있는 교훈이 없다는 것이 인류가 역사에서 얻는 유일한 교훈이다."

다들 무슨 말인지 잘 몰랐다.

대만인들의 불평이 이만저만 아니었다.

"미군의 횡포가 도를 넘어섰다. 불한당이 따로 없다. 길가에서 여인을 희롱하고, 툭하면 술주정에 주먹질이다. 정부는 치외법권인지 뭔지 때문에 손도 못 댄다. 차라리 일본 통치 시절이 좋았다. 일본 패망 후 국민당에 접수당하지 않았으면 대만은 독립국으로 자립할 수 있었다."

장기간에 걸친 일본 통치는 대만과 대륙을 분리하기에 충분한 기간이었다.

"나는 중국인을 위해 항의한다"

1957년 3월 20일, 미군 부사관 레이놀드의 총기 살인사건이 발생했다. 2개월 후, 타이베이의 미국 군사법정도 사고를 쳤다. 중국

1950년대 타이베이 거리에서
흔히 볼 수 있던 광경.
온갖 꼴불견이 벌어졌다.

반세기에 걸친 일본의 황민화 정책은
대만 독립의 싹을 키우는 기간이기도 했다.
태평양전쟁 초기 '미국과 영국 박멸'
깃발을 든 대만의 중학생.

인 류쯔란(劉自然)을 살해한 레이놀드에게 무죄를 선고했다. 대만이 들썩거렸다. 이튿날 오전 10시 15분, 류쯔란의 부인 아오터화(奧特華)가 중학생* 몇 명과 타이베이의 미국 대사관 앞에 나타났다. 영어와 중국어로 "살인자 무죄? 나는 항소한다! 나는 항의한다!"라고 쓴 팻말을 대사관 담에 붙여놓고 말없이 서 있었다. 행인들이 걸음을 멈췄다. 대사관 직원이 "안에 들어가서 얘기하자"며 면담을 요청했다. 부인은 입을 다물었다. 앞만 응시했다. 당시 대만은 계엄시대였다. 항의나 시위를 허락하지 않았다.

타이베이시 경찰국장이 부하들과 현장에 나타났다. 묘한 질문을 던졌다.

"사건을 만들 생각인가?"

부인이 입을 열었다.

"남편이 미군 손에 죽었다. 자국 영토에서 무언의 항의가 불법인가?"

"대사관에 들어가서 저들과 대화를 나누도록 해라."

부인은 고개를 저었다.

"나는 절대 안 들어간다. 문밖이 중국 영토다. 나는 여기 서 있을 권리가 있다. 저들의 영역에 발을 디디지 않겠다."

"항의의 뜻을 우리 외교부에 전하면 외교부가 대신 처리해줄 수 있다."

"외교부는 국가를 대표한다. 나서는 것이 당연하다. 내 행동은

---

* 우리의 고등학생. 당시 대만의 중학생은 자동으로 장징궈가 단장인 구국단 단원이었다.

미국 대사관 앞에서 침묵시위를 하는
류쯔란의 부인 아오터화.
아오터화의 분노는 곧 대만을 대표했다.

개인의 항의일 뿐이다. 외교부를 통하고 싶지 않다."

"부인의 비애를 우리는 이해하고 동정한다."

"내 개인의 비애일 뿐 아니라 전 중국인의 비애다."

국장은 고개를 끄덕이며 자리를 떴다. 측은한 마음이 들었던지, 내버려두라는 상부의 지시가 있었는지는 60여 년이 지난 지금도 알 길이 없다.

11시 45분, 취재차 나와 있던 『연합보』(聯合報) 기자가 본사에 전화를 걸었다.

"200여 명이 류쯔란의 부인 주변에 몰려 있다. 미 대사관은 정문을 닫아걸었다."

정오에 중국방송공사(CTV) 기자 두 명이 부인에게 다가갔다.

"전국의 동포에게 하고 싶은 말이 있으면 해라."

부인은 마이크에 대고 대성통곡했다. 또박또박 말을 이었다.

"내가 오늘 여기 온 것은 남편의 죽음에 항의하기 위해서가 아니다. 나는 중국인을 위해 항의한다. 미국인이 만족할 만한 답을 주지 않으면 이 자리를 떠날 수 없다."

10분 후 녹음이 방송을 탔다. 군중들 속에서 여인들의 통곡이 터졌다. 한 사람이 두 팔을 휘두르며 외쳤다.

"레이놀드가 비행기를 타고 대만을 떠났다."

이 한마디에 잠복해 있던 대만인들의 불만에 불이 붙었다. 순식간에 1,000여 명이 운집했다. 폭죽이 터지고 몽둥이가 난무했다. 동작 빠른 청년이 대사관 담을 훌쩍 넘었다. 안에서 문을 열자 인파가 밀물처럼 빨려 들어갔다. 마당에 있던 승용차부터 뒤집어엎었

1957년 5월 24일 오후,
미 대사관 승용차를 뒤집어엎는 시위자들.

다. 유리창으로 돌덩어리가 날아갔다. 5·24사건의 막이 올랐다.

미국은 장제스를 제거하려 했다

1948년 중반부터 중국국민당은 전쟁과 선전에서 공산당에게 밀렸다. 국민당을 지지하던 미국의 태도도 변했다. 국민당의 비효율적인 국정운영을 공개적으로 거론하기 시작했다. 1949년 4월 말, 중공의 중국인민해방군이 양쯔강을 도하하자 국민당은 수도 난징을 떠났다. 광둥성 광저우에 옹색한 살림을 차렸다.

중국 주재 외교사절들은 국민당과 행보를 함께했다. 미국 대사 스튜어드는 다른 외교사절들과 달랐다. 난징을 떠나지 않았다. 미국이 국민당을 버릴 수 있다는 신호를 중공에 보냈다. 스튜어드는 겉모습만 미국인이었다. 선교사의 아들로 항저우에서 태어나 초등교육도 중국 학교에서 받았다. 우유보다 콩국이 입에 맞는, 반(半)중국인이나 다름없었다. 현재의 베이징대학 자리에 옌징(燕京)대학을 설립한 교육자이기도 했다. 중공 지휘부에 제자들이 널려 있었다.

마오쩌둥은 스튜어드의 손길을 뿌리쳤다. 중공과의 관계 개선에 실패한 미국은 대만으로 천도한 국민당에게도 희망을 걸지 않았다. 1950년 초, 미 국무부의 대만 문제 해결안을 소개한다.

"반공, 대만 보호, 미국과의 연합을 공약으로 내건 군사정변(政變)을 획책해볼 만하다. 지휘관으로는 대만방위사령관 쑨리런(孫立人)이 적합하다. 장제스는 연금이나 해외 방축(放逐) 등 여러 방법이 있다."

미 중앙정보국(CIA)도 기밀보고서를 제출했다.

"장제스를 유명무실한 영수로 만들고 측근들을 제거하려 한다는 소문이 이미 널리 퍼졌다. 미국에서 교육받고 현재 대만 방위를 책임진 쑨리런은 정치 경험이 전무하고 군 지휘관들에게 영향력도 약하다. 미국이 확실한 지지를 표명하지 않으면 정변을 일으키지 못한다."

미 중앙정보국은 국방부 총정치부 주임 장징궈도 주목했다. 청년 시절 12년을 소련에서 보낸 장징궈는 부친 장제스와 스탈린, 트로츠키의 혼합체였다. 당시 대만의 정보기관을 한 손에 장악하고 있었다. 철혈의 장징궈가 웅크리고 있는 한 군사정변은 불가능했다.

미국에게 대만은 애지중지하는 애물단지였다. 입안에 꽉 찬 눈깔사탕처럼 씹기 힘들었다. 국무부는 유엔의 신탁통치안을 구상했다.

"고문 덜레스가 대만에 가서 장제스의 하야를 건의하고, 대만은 유엔의 신탁통치를 수용한다. 유엔이 정식으로 대만을 관리하기 전까지 미국 해군이 대만을 보호한다."

6월에 접어들자 국무부는 계획을 더욱 구체화했다. 요점만 소개한다.

"미국의 대만 방위를 위해 장제스와 국민당 고위층은 대만을 떠나야 한다. 대만의 민정과 군사 문제는 미국이 지정하는 대륙 출신과 대만인이 담당토록 한다. 상술한 두 가지가 해결되면, 미국 해군은 중공의 대만 공격을 저지하고 대만의 반공대륙(反攻大陸)을 위해 대만해협을 봉쇄한다. 장제스가 끝까지 거부하면 미국은 밀사를 파견해 극비리에 쑨리런과 접촉한다. 미국의 지지를 확신한 쑨이 군사정변으로 대만 전역을 장악하면 중단됐던 경제와 군사원조를 재개한다."

한마디로 대만에 친미정권을 세워 대륙과 분리하겠다는 의도였다.

장제스의 구세주 김일성

장제스의 구세주는 생각지도 않던 북한의 젊은 지도자 김일성이었다. 한국전쟁이 발발하자 미국의 정책은 뒤집혔다. 미 7함대의 대만해협 봉쇄로 중공의 대만 공격은 물 건너갔다. 미국도 한반도 출병으로 장제스 제거 계획을 백지화시켰다. 군사고문단을 대만에 상주시키고 전략물자를 쏟아부었다. 워싱턴은 자선단체가 아니었다. 대만을 서태평양의 중요 군사기지로 만들고 대륙과 철저히 분리하는 것이 목적이었다. 해외에 있는 대만 독립 단체를 지원하고, 대륙 인근 도서에 있던 국민당 유격대를 대만으로 완전히 철수시켰다.

장제스 부자는 미국의 군사원조로 대륙을 수복하겠다는 꿈에 들

6·25전쟁이 발발하자 대만해협을 봉쇄한 미 7함대.
이로써 중국공산당은 대만 공격을 멈추고
장제스도 자리를 보전할 수 있었다.

떴다. 미국의 지원을 더 짜내기 위해 친미파 쑨리런을 육군 총사령관에 임명했다. 장징궈의 정보기관은 쑨과 그의 부하들을 철저히 감시했다. 미국과 대만은 동상이몽도 이런 동상이몽이 없었다. 양측의 모순이 그치지 않았다.

1950년대 대만은 언론의 자유가 없었다. 큰일을 작게 만들고 작은 사건을 크게 키우는 것이 가능한 시대였다. 사소한 일은 아예 없던 일로 만들어버리는 경우도 허다했다. 1957년 3월에 발생한 미군 상사 레이놀드의 류쯔란 살해도 미군 주둔국에서 흔히 일어나는 일이었다. 보도 통제와 미군과 합의, 유족에게 충분한 보상 등으로 적당히 넘어갈 수 있었지만 그러지 않았다.

사건 발생에서 재판이 열리기까지 2개월간 대만 언론은 자유를 만끽했다. 온갖 보도를 다 내보냈다. 중국인이라면 모르는 사람이 없을 정도였다. 재판정은 레이놀드 찬양 일색이었다. 변호인은 물론이고 검찰관까지 살인범을 끼고 돌았다.

"레이놀드는 정직하고 용감한 군인이었다. 한국전쟁에도 참전했다. 부산에서 압록강까지 발길이 미치지 않은 곳이 없었다."

무죄를 선고하자 방청석의 미국인들은 만세를 불렀다. 수천 년간 중국인들에겐 불변의 철칙이 있었다. 살인자는 무조건 사형이었다. 정당방위는 주장해봤자 통하지 않았다. 대만이 조용할 리 없었다. 난동이 벌어졌다. 미국은 장징궈에게 책임을 돌렸다. 그만한 이유가 있었다.

6·25전쟁 휴전협정 4개월 후, 미국의 전략기지 대만을 방문한
미국 부통령 닉슨과 공항을 떠나는 대만 총통 장제스.
1년 후 미국과 대만은 공동방위조약을 체결했다.
1953년 11월 11일 오후, 타이베이 쑹산(松山)공항.

일기장에 미국 욕 쓰는 장제스

국부(國府, 국민당정부)의 대만 천도 반년 후, 한반도가 전쟁터로 변했다. 총통 장제스는 한국전쟁이 제3차 세계대전으로 번지기를 바랐다. 유엔군이 결성되자 참전을 희망했다. 미국이 불허하자 차선책을 강구했다. 반공을 전제로 미국과 함께 대륙 수복을 꿈꿨다. 워싱턴의 집권자들은 현실주의자였다. 국무장관 덜레스는 '벼랑 끝 전술'과 '봉쇄 정책'을 폈다. 장제스가 갈망하던 대륙 수복은 입에도 담지 않았다. 국민당의 반공을 지지하며 대만 보위에만 신경 썼다.

장제스는 국부의 존망이 미국의 손에 달린 것을 의심치 않았다. 미국에 불만이 많아도 내색은 안 했다. 일기에만 미국 욕을 써댔다. 아들 장징궈에게 감정을 잘 조절하라는 충고를 자주 했다. 정보기관을 장악하고 있던 장징궈는 대만에 미칠 미국의 영향력을 두려워했다. 군 간부들에게 경고했다. 애국주의를 내세웠다.

"미군의 문란한 사생활이 중국인의 정신건강을 오염시킨다. 미군사고문들과 사적인 접촉을 엄금한다."

1957년 3월 류쯔란 사건이 발생하자 미국에 보복했다. 대만 원로 언론인이 구술을 남겼다.

"장징궈가 5·24 반미운동을 부추겼다는 구체적인 증거는 없다. 영원히 밝혀지지 않을지도 모른다. 합리적인 가정은 가능하다. 사건의 전개과정을 보면 장징궈는 혐의를 벗어날 방법이 없다."

1957년 3월 20일 자정 무렵 미 군사고문단 상사 레이놀드가 양 밍산(陽明山)의 미군 군속 숙소 인근에서 국민당 혁명실천연구원 타자수 류쯔란을 살해했다. 양밍산 경찰 분국은 외사 담당자를 현장에 파견했다.

레이놀드가 사건 내용을 설명했다.

"취침 중 아내가 욕실에서 비명을 지르며 뛰쳐나왔다. 창밖에서 누가 훔쳐본다며 공포에 질린 표정이었다. 나는 총을 들고 후원으로 나갔다. 한 남자가 허리를 구부리고 욕실을 들여다보고 있었다. 내가 누구냐고 고함을 지르자 벌떡 몸을 일으켜 내게 달려들었다. 손에 각목을 들고 있었다. 나는 얼떨결에 방아쇠를 당겼다. 괴한은 잠시 비틀거리더니 가슴을 움켜쥐고 공원 쪽으로 뛰어갔다. 다시 한 발을 발사했다."

외사 담당 경찰관도 보고서를 남겼다.

"현장에서 각목을 발견하지 못했다. 욕실도 가봤다. 건조하고 사용한 흔적이 없었다. 정당방위라는 레이놀드의 주장에 웃음이 나왔다. 수갑을 채워 연행하려는 순간, 미군 헌병이 들이닥쳤다. 치외법권을 주장했다. 나는 맥이 빠졌다."

양밍산 경찰 분국의 보고를 받은 대만 외교부는 미국 대사관과 교섭했다. 방침이 정해지자 외교부장 예궁차오가 미국 대사 옐친을 외교부로 초치했다.

"사건이 해결되기 전까지 레이놀드는 대만을 떠날 수 없다. 재판은 대만에서 열려야 한다. 재판은 공정하고 신속하게 끝내기 바란다."

옐친도 동의했다.

레이놀드와 류쯔란

가해자와 피해자가 어떤 사이였는지는 아직도 미궁이다. 사건 직후부터 온갖 추측이 난무했다. 대만과 홍콩의 언론들이 연일 대서특필했다. 대표적인 것 몇 가지만 소개한다.

"두 사람은 아는 사이였다. 레이놀드는 미군고문단에서 약품 공급을 담당했다. 마약을 몰래 빼내 류쯔란을 통해 암시장에 팔았다. 나쁜 놈이 나쁜 놈을 죽인 사건이다."

이런 내용도 있었다.

"레이놀드가 군사고문단 PX에서 구입한 물건을 류가 시장에 처분했다. 서로 계산이 맞지 않아 충돌이 발생했다."

여자 문제도 빠질 리 없었다.

"레이놀드는 중국 여자를 유난히 밝혔다. 류쯔란과 그렇고 그런 사이인 중국 업소 여인을 레이놀드가 건드렸다. 화가 난 류가 레이놀드를 패 죽이겠다며 갔다가 총을 맞았다."

홍콩의 『신문천지』(新聞天地)가 류쯔란의 친구를 인터뷰했다.

"둘은 친구 사이였다. 류쯔란은 레이놀드가 미군 장비와 PX에서 구입한 물건을 시장에 파는 사실을 알고 있었다. 미군 군율에 따르면 본국 송환감이었다. 류는 툭하면 레이놀드에게 군율을 들먹이며 협박했다. 가끔 주먹질도 오갔다. 류는 무술에도 능했다. 레이놀드에겐 버거운 상대였다."

5월 20일 첫 재판이 열렸다. 법정은 미국인과 외국 기자들 천지였다. 중국인 배심원은 단 한 명도 없었다. 미군은 대만 기자 3명만 취재를 허용했다. 검찰과 변호인도 모두 미국인이었다. 대만 언론은 선고를 앞두고 류쯔란의 부인 아오터화가 중국인들에게 보낸 공개편지로 도배했다.

"군사 법정은 공정과 성실을 찾아볼 수 없었다. 미국 군인에게 중국인의 생명은 일고의 가치도 없는 미물이란 말인가. 저 흉악한 것들은 억울하게 죽은 남편의 명예를 난도질했다. 경찰 조사에 따르면 피고의 욕실은 수도꼭지를 튼 흔적도 없었다. 피고인에게 무죄를 선고하면 앞으로 얼마나 많은 류쯔란이 줄을 이을지 모른다. 우리는 더 이상 생명과 인권을 보장받을 곳이 없다.

나는 사회를 향해 통곡한다."

'침략군'이란 말만 사용하지 않았을 뿐, 대만 주둔 미국인의 성격을 근본적으로 문제 삼은, 간단하지만 힘 있는 내용이었다.

미군 군사 법정은 3일 만에 레이놀드의 무죄 선고로 막을 내렸다. 이튿날 미국 대사관 앞에서 벌어진 아오터화의 무성시위로 새로운 막이 올랐다. 타이베이 청궁(成功)고중 재학 중이던 천융셴(필명 천잉전 陳映眞)은 30여 년 후 당시를 회상했다.

"5월 24일 오후 집에서 점심을 먹고 학교에 놀러 갔다. 교정에 사람이 보이지 않았다. 군사훈련 교관이 학생들을 인솔해 미국 대사관에 시위하러 갔다는 말을 듣고 겁이 났다. 누가 만들었는지 모르는 팻말이 있기에 자전거 뒤에 싣고 대사관 쪽으로 페달을 밟았다. 교관은 늦게 왔다고 야단치지 않았다. '미군의 인권 경시에 항의한다'고 적힌 팻말을 보고 내 등을 두드려줬다. 나는 정치의식이 전혀 없었다. 키가 크다 보니 별생각 없이 들고 있었다."

냉전 시절 미군 주둔국의 반미운동은 공통점이 있었다. 반정부 운동으로 비화하곤 했다. 장징궈는 이 점을 간과했다. 해 질 무렵 예상치 못했던 일이 벌어졌다.

1957년 5월 24일 오후, "미군의 인권 경시에 항의한다"는
팻말을 들고 미 대사관 앞에서 시위하는
청궁고중 학생들. 청궁고중은 장징궈가 설립한
청년구국단의 중심 기지였다.
오른쪽 첫째가 훗날 대작가로 명성을 떨친 천잉전.

폭도로 변한 시위대

5·24 반미운동은 하루를 넘기지 못하고 막을 내렸다. 원인은 시위대의 성조기 모욕과 미 대사관원 구타, 기밀문건 탈취, 타이베이 시 경찰국 청사 진입, 반정부 구호 등 다양했다. 미 대사관 측은 군중이 난입하자 외교부에 전화로 사정했다.

"상황이 험악하다. 대사관원 17명은 지하실로 피했다."

외교부장 예궁차오는 치안기관에 협조를 구했다. 헌병사령부와 경비총국은 기다려보자는 말만 되풀이했다. 예궁차오는 긴급회의를 열었다. 걱정만 하다 산회했다.

외교부에서 회의가 진행되는 동안 미 대사관은 가관이었다. 난입한 군중이 집기와 타자기, 의자들을 창밖으로 집어던지고 난장판을 만들어버렸다. 성조기도 끌어내렸다. 군중들은 속이 시원했던지 박수를 보냈다. 지하실에서 발견된 미 대사관 1등서기관 면상에 주먹을 날리자 구경만 하던 경찰관이 황급히 나섰다. "외교관 구타는 큰일 난다"며 뜯어말렸다. 취재 중이던 미국 기자도 멱살을 잡혔지만 옆에 있던 대만 기자 덕에 대사관을 빠져나왔다.

5시 정각, 대만 위수사령부가 미 대사관 지역에 계엄을 선포했다. 경찰 대신 군인들이 대사관 문전에 포진하자 잠시 가라앉았던 군중들이 다시 술렁거렸다. 1시간 후 방어선이 무너졌다. 군인들은 치외법권 지역인 미 대사관에 들어갈 엄두를 못 냈다. 폭도로 변한 시위대는 내실에 있던 무전 시설과 암호 해독기를 파괴해버렸다. 가는 쇠꼬챙이를 든 사람이 커다란 금고 앞으로 다가왔다. 순식간에 잠금을 해제했다. 기밀문건들을 포대에 쏟아붓고 귀신같이 사

5 · 24 반미운동이 반정부 운동으로
변질 기미를 보이자 정부는 군인을 동원해
진압했다. 1957년 5월 24일 오후,
타이베이 미국 대사관.

라졌다. 대담함과 날렵함이 일반인은 상상도 못 할 정도였다.

대사관 주변에 있던 군중 일부가 미 공보관 쪽으로 몰려갔다. 공보관은 미국인 전용 도서관 뒤에 있었다. 시위대는 도서관 서가에 있는 책들을 밖으로 집어던졌다. 게양된 성조기도 온전치 못했다. 공보관은 국부 쑨원을 기리는 중산당(中山堂)과 마주하고, 사이에 3,000-4,000명을 수용할 수 있는 광장이 있었다. 인근에 신문사와 경찰국, 미군 협방사령부(協防司), 미군 고문단 등 중요기관이 많았다. 현장에 있던 홍콩 『신문천지』 기자 웨이다강(魏大剛)이 구술을 남겼다.

"오후 7시 정각, 무장부대가 협방사령부와 미 공보관 문전에 진을 쳤다. 정체를 알 수 없는 사람이 고함을 질렀다. '경찰국이 시위군중을 체포했다. 무능한 경찰국으로 돌격하자.' 이 한마디에 공보관을 때려 부수던 시위대는 방향을 틀었다. 경찰국을 포위했다. 경찰 측은 좋은 말로 시위대를 달랬다. 대표 몇 명이 직접 들어와서 체포된 사람이 있는지 확인하라며 문까지 열어줬다. 군중은 완강했다. 반정부 구호를 외치며 해산을 거부했다. 갑자기 경찰국 차고에서 불길이 솟았다. 동시에 광장에 있던 학생들이 경찰국 2층으로 내달았다. 총성이 울리고 난동분자 1명이 사망했다. 사망자는 타이베이 기상국에 근무하는 39세의 평범한 말단 공무원이었다. 시위의 성격이 변하자 국민당은 긴장했다. 통치 기반의 동요를 용납하지 않았다. 류쯔란 사건에 관한 동정적 보도나 방송을 중지시켰다."

대만에 반미운동이 벌어지자 대륙은
외세의 간섭이 없는 중국의 평화로움을 알리는 이런 선전
사진을 『인민화보』에 게재했다.

하루 만에 끝난 5·24사건

보고를 받은 장제스는 진노했다. 무장 병력을 타이베이 전역에 배치하고 통금 실시를 지시했다. 자정이 되기도 전에 거리가 조용해졌다. 날이 밝기가 무섭게 사건을 처음 보도한 기자는 중범 수용소로 끌려갔다. 위수사령관과 헌병사령관, 경무처장은 옷을 벗었다. 대사관 앞에서 현장을 지휘했던 헌병 상교(우리의 대령) 류궈셴(劉國憲)도 날벼락을 맞았다. 현재 대만의 유명 출판인인 아들의 회고를 소개한다.

"아버지가 나와 엄마에게 하소연했다. 상부에 진압 여부를 물어도 확답을 주지 않았다며 분통을 터뜨렸다. 며칠 후 아버지는 장제스 총통에게 불려가 온갖 꾸지람을 듣고 군에서 쫓겨났다. 집에 돌아와 말 한마디 없이 앉아 있더니 평소 신줏단지처럼 여기던 훈장들을 들고 거리에 나가 패대기쳤다. 부엌에 있던 엄마가 황급히 뛰어나갔다. 남이 볼세라 수습해 들어오며 저 인간이 드디어 미쳤다고 했다. 우리 가족은 아버지의 친구가 운영하는 공장 창고로 이사했다. 불쌍한 아버지는 매일 붓글씨만 썼다. 1년 후 장징궈가 아버지를 불렀다. 밤늦게 말끔한 군복에 중장(소장 해당) 계급장을 달고 싱글벙글하며 들어와 깜짝 놀랐다."

류궈셴만이 아니었다. 군문을 떠난 일선 지휘관들은 1년 후 2계급 승진과 함께 복직했다. 대사관 금고에서 기밀문건을 탈취한 특무요원도 처벌을 받지 않았다. 논공행상이 있을 때마다 수상자 명단에서 빠지는 법이 없었다.

하루 만에 끝난 5·24 반미운동은 류훙쥔(劉鴻鈞) 내각의 총사퇴로 일단락됐다. 미국 언론은 장제스와 장징궈 부자에게 맹폭을 가했다.

"대만은 유일한 지원국인 미국의 국기를 모욕하고 우리의 외교관을 폭행했다. 총통 장제스는 레이놀드의 무죄 판결에 미 방청객들이 환호하는 바람에 대만 민중의 자존심이 상했다며 책임을 회피했다. 장징궈는 민주헌정 국가에서 공산주의를 실현하려는 골수 사회주의자다. 판결에 불만을 품은 소수의 중국인이 일으킨 회오리바람이라며 책임을 재판부에 돌렸다. 중국은 인명을 소중히 여기지 않는 전통이 있다. 중국인들은 뒤에서 조종하는 사람이 없으면, 한 사람 죽었다고 해서 난동을 일으키는 성격이 아니다."

5·24사건을 계기로 미국과 대만은 새로운 협정에 서명했다. 미군 사병이 범죄를 저지를 경우 대만이 재판권을 행사하도록 양보했다. 1981년 4월 대만의 미군 병영에서 성조기가 완전히 내려지는 날까지 변하지 않았다. 1957년 5월 24일 오후, 가볍게 노니는 기분으로, 아무 생각 없이 미 대사관 앞에 팻말을 들고 서 있었던 천용셴은 10년 후 본격적으로 놀기 시작했다. 친구 10여 명과 함께 체포돼 외딴섬에 있는 정치범 수용소에서 7년간 먹고 잤다. 출옥 후 미국 문화가 넘치는 것을 보고 충격을 받았다. 주옥같은 대만 향

1958년 봄, 미국 군사고문단을 방문한
대만 총통 장제스(앞줄 오른쪽 세 번째).
장제스도 미국도 서로가 마뜩잖았지만
손잡을 수밖에 없었다.

토문학을 쏟아내 중화권을 진동시켰다.

군대를 동원하고 언론을 제물로 삼은 장제스

장징궈는 5·24 반미운동이 당일로 그친 것이 애석했다. 훗날 지인에게 토로했다.

"내가 뒤처리를 할 수 있었다면 군부대를 동원해 군중을 진압하는 일은 일어나지 않았다."

당시 부대 이동은 장징궈의 동의가 없으면 어림도 없었다. 장징궈를 거치지 않고 군대를 동원할 수 있는 사람은 장제스가 유일했다.

장제스도 미국과 미군의 횡포에 불만이 많았다. 류쯔란 사망을 핑계로 미국 대사관을 공격했다. 예상치 않았던 기밀문건 탈취와 외교관 구타가 장제스를 압박했다. 직접 군대 동원령을 내리고 언론을 제물로 삼았다. 장징궈의 묵인 하에 사건을 최초로 보도한 기자는 공산당으로 몰렸다. 5년간 옥살이를 했다.

『뉴욕타임스』가 장징궈의 사주를 암시했다.

"대만은 처음에 공산당이 선동한 결과라며 증거를 찾는 중이라고 발표했다. 하루 만에 말을 바꿨다. 자연적으로 일어난 불행한 사건이라며 유감을 표명했다. 이런 조직적인 폭력 사태를 일으킬 사람은 대만에 한 사람뿐이다. 소련에서 장기간 특수 훈련을 받은, 머리 구조가 세밀하고 복잡한 공산주의자가 국민당 고위직에 있다."

홍콩 언론은 장징궈를 엄호했다. 『신보』(新報) 6월 22일자에 실린 부사오푸(卜少夫)의 아부가 눈길을 끌었다.

"장징궈의 처지가 대륙 철수 전야보다 더 안타깝다. 미국인들의 어린애 같은 오해가 하루빨리 풀리기 바란다. 장징궈는 최근 6년간 두드러진 행동을 하지 않았다. 잊힌 사람이나 다름없다. 행적도 잡지 정도에 가끔 나왔다 사라지곤 했다. 기자의 방문도 거절하고, 여간해선 공개된 장소에 나타나는 법이 없다. 직함도 '퇴역군인 보도(輔導)위원회 주임위원'일 뿐이다. 현재 퇴역군인들을 이끌고 동서 횡단도로를 건설 중이다. 우방의 오해에 침묵으로 답하는 지혜에 찬탄을 금하기 힘들다. 미국은 건망증 환자들이 만든 나라다. 아이젠하워 정부도 막을 내릴 날이 머지않았다. 시간은 장징궈 편이다. 참고 기다리면 구름이 열리고 태양이 빛난다. 승리의 날이 오기를 고대한다."

대륙 시절 국민당 기관지의 총편집을 역임한 아첨 문학의 대표 주자다운 시론(時論)이었다.

사상 탄압의 광풍이 불다

5·24 반미운동 이후 대만과 미국의 군사동맹은 공고해졌다. 모순이었지만 어쩔 수 없었다. 미국의 군사력과 물질문명은 누가 뭐래도 세계 최고였다. 불만과 동시에 흠모의 대상이었다. 중심가 중산베이로(中山北路)는 타이베이 5번가였다. 상점 진열대에 미국 물

건이 넘쳤다. 미군 전용 향락업소가 난립했다. 해만 지면 미군들은 주지육림에 빠졌다.

양밍산(陽明山)도 미군 영외거주자와 군속들의 거주지로 변했다. 지식인들은 조계(租界)나 다름없다며 분노했지만, 간단한 문제가 아니었다. 적당한 크기의 우아한 주택과 건축물, 깨끗한 도로와 교통질서는 부러움을 사기에 충분했다. 대학생들은 영어와 토플시험 준비에 머리를 싸맸다. 미국 유학은 이민과 동의어였다.

장징궈도 전략을 바꿨다. 새로 부임한 미 중앙정보국 지부장과 가깝게 지냈다. 부부동반으로 여행 다니고 식사 약속도 자주 했다. 지부장 부인에게 매주 두 번씩 영어도 배웠다. 지부장은 장징궈 사후 함께했던 시절을 회상하는 책까지 냈다.

정부는 반정부와 반미주의자를 공산당과 동일시했다. 중국이 아닌 대만 의식을 강조하거나 국민당을 비아냥거리면 어느 귀신에게 물려갈지 몰랐다. 만화 같은 일이 많이 벌어졌다. 퉁쉬안쑨(童軒蓀)은 대만의 유명 화학공장 경영주였다. 사업수완이 뛰어나고 인심이 후했다.

집 안에 항상 친구들이 들끓었다. 하루는 손님이 한 명밖에 없다 보니 의심을 샀다. 새벽 3시에 정보기관원들이 들이닥쳤다. 호구조사 나왔다며 집 안을 뒤졌다. 번역소설『톰 소여의 모험』을 증거로 퉁쉬안쑨을 연행했다. 퉁쉬안쑨은 이 소설이 나와 무슨 상관이냐고 따졌다. 심문관의 대답이 엄청났다.

"표지를 똑바로 봐라. 저자가 마크 트웨인(馬克吐溫)이다. 마르크스(馬克思)의 친척이다. 너는 사상에 문제가 많은 사람이다."

1978년 12월 27일, 대륙과 수교 5일을 앞두고 대만과
단교 선후책을 협의하기 위해 방문한 미 국무부 부장관의
차량을 둘러싸고 계란을 던지며 시위하는 대만의
대학생과 군중들. 약 3만 명이 청천백일기와
영문 피켓을 들고 거리로 나왔다.

천융셴은 천잉전이라는 필명으로 양안의 문단에 큰 족적을 남겼다.
1968년 루쉰과 마크 트웨인의 책을 소지했다는 이유로
7년간 감옥 밥을 먹었다. 1985년 11월 '잊힌 약자'를 주제로 창간한
『인간잡지』는 대만 반체제 지식인의 보루였다.
창간 당일 동인과 함께한 천잉전.

퉁은 13개월 만에 풀려났다.

작가 천잉전은 문호 루쉰 숭배자였다. 소설 한 편에 덜미를 잡혔다. 구술을 소개한다.

"보안국에 잡혀갔다. 예쁜 여자 심문관이 그간 읽은 책의 저자를 적으라며 차까지 권했다. 나는 여자 말은 잘 듣는 편이었다. 루쉰부터 적어 내려갔다. '쭤라'(左拉)를 적는 순간 심문관이 벌떡 일어섰다. 누구냐고 다그쳤다. 나는 이유를 알 것 같았다. 웃으며 쭤라는 프랑스 작가 '졸라'의 음역이다. 좌파가 아니라고 아무리 얘기해도 듣지 않았다. 중공이 신줏단지처럼 떠받들던 루쉰은 그냥 넘어갔다."

좌파로 몰린 대만사범대학 교수 한 사람은 존경하는 인물이 누구냐는 질문을 받았다. 량치차오(梁啓超)라고 하자 전화통 들고 수배령을 내렸다. 량치차오가 세상을 떠난 지 30년 후였다. 냉전 시대 대만에는 이런 일이 하루에도 몇 건씩 벌어졌다.

통일전선의 중심 신화통신

"함께 어울리기를 추구하면
큰 이견도 어쩔 수 없다."

쉬자툰, 덩샤오핑의 마음을 사로잡다

덩샤오핑은 상하이에서 춘제(春節)를 보내곤 했다. 1983년도 마찬가지였다. 상하이에서 푹 쉬고 춘제 기간이 끝나자 가족들과 쑤저우(蘇州)로 이동했다. 장제스의 두 번째 부인 천제루(陳潔如)의 사저를 개조한 초대소에 머무르며 유유자적했다. 업무는 거의 보지 않았다. 당시 쉬자툰은 장쑤성(江蘇省) 제1서기였다. 덩샤오핑에게 현자 상황을 설명하고 싶었다. 덩샤오핑 판공실 주임에게 시간을 안배해달라고 요청했다. 주임은 20분을 초과하지 말라고 당부했다.

쉬자툰은 27년간 장쑤성 서기와 성장, 난징군구(南京軍區) 정치위원을 역임한 전형적인 지방 관리였다. 막상 면담이 잡히자 당황했다. 무슨 말을 하면 좋겠느냐고 판공실 주임에게 물었다. "진부한 내용은 싫어한다. 노인은 처음 들어보는 얘기를 좋아한다"는 대답에 안심했다.

덩샤오핑은 듣기만 했다. 가끔 하는 질문도 쉬자툰이 하고 싶은 말들이었다. 장쑤성이 다른 곳에 비해 성장 속도가 빠른 이유를 물었다. 쉬자툰은 주변 상황을 설명하며 자신의 경험을 곁들였다.

"문혁 시절 4년간 추방당했다. 무슨 과오가 있었는지 진지하게 분석했다. 간부들에게 법과 원칙을 지키라고 강조하면서 내가 어긴 적이 많았다. 오만 때문이었다. 그런 범죄를 다시는 저지르지 않겠다고 새기고 또 새겼다. 그간 시장(市場)이 얼마나 중요한지를 몰랐다. 시장은 서로 경쟁하며 규정과 원칙을 만들어내는 곳이다. 성 정부가 지역별로 통제와 자율을 실시했다. 알아서 하게 내버려둔 곳이 효과가 있었다. 다른 간부들도 나와 비슷한 경험을 했지만 복권되자 금세 까먹었다. 나는 그런 사람들에 비해 반성기간이 긴 편이다. 시간이 지나면 과오를 반복하지 않을 자신이 없다. 은퇴가 임박한 것이 다행이다."

덩샤오핑이 고개를 끄덕였다. "네 말이 맞다. 시장이 중요하다"며 씩 웃었다.
얘기가 끝날 무렵 덩샤오핑이 생각지도 않았던 질문을 던졌다.
"상하이와 저장(浙江)에 대해 생각해본 적이 있느냐?"
쉬자툰은 덩샤오핑이 자신의 관점에 수긍한다는 생각이 들자 대담해졌다.
"상하이는 기초가 단단하다. 사고만 해방시키면 어떤 일이든 해낼 수 있는 곳이다. 저장과 산둥(山東)은 우리를 눈여겨보지 않았다. 최근에 와서야 우리를 따라 하기 시작했다. 산둥은 우리보다 조건이 좋다. 천연자원도 풍부하다. 우리 장쑤성을 능가할 날이 멀지

1964년 만추(晚秋), 난징군구 사령관
쉬스유(許世友, 오른쪽)와 함께 마오쩌둥을
맞이하는 정치위원 쉬자툰(왼쪽).

않았다."

판공실 주임이 저녁 먹을 시간이 됐다며 덩샤오핑을 재촉했다. 그날 밤 쉬자툰의 전화통은 사방에서 걸려온 전화로 불이 날 정도였다. 노인과 2시간 넘게 무슨 얘기를 나눴는지 다들 궁금해하는 눈치였다.

신화통신 홍콩분사 사장 쉬자툰

1개월 후, 당 중앙 총서기 후야오방(胡耀邦)이 쉬자툰을 베이징으로 불렀다.

"덩샤오핑 동지가 중앙상무위원회에서 네 얘기를 많이 했다. 장쑤성의 발전이 괄목할 만하다며 칭찬이 그치지 않았다. 은퇴를 유보시키자는 의견에 상무위원 전원이 동의했다."

장쑤성에는 쉬자툰의 유임을 반대하는 사람이 많았다. 일찍 입당했지만 직급은 아래였던 사람들이 백방으로 쉬자툰을 걸고 넘어졌다. 베이징까지 달려가 원로들에게 쉬자툰의 은퇴를 요구했다. 이유도 다양했다.

후야오방의 제의로 중앙상무위원들이 쉬자툰의 거취를 토론했다. 총리 자오쯔양(趙紫陽)이 경제협작구(經濟協作區) 주임을 맡기자고 주장했다. 장쑤·저장·안후이 3개 성과 상하이의 경제를 전담하는 국무원 직속 신설기구였다. 후야오방이 이의를 제기했다. "쉬자툰은 박력 하나로 30년 가까이 장쑤성을 이끌다 보니 적이 많다. 장쑤성에서 들고일어나면 무슨 일이 벌어질지 모른다"며 홍콩을 거론했다.

"아직도 홍콩에는 국민당 지지자가 많다. 100만 명을 웃돈다. 영국이 홍콩을 떠날 날도 14년밖에 남지 않았다. 홍콩의 주권은 중국에 귀속시키고 관리는 계속하겠다는 영국의 주장에 동조하는 홍콩인들이 많다. 쉬자툰은 당성(黨性)이 강하고, 사상이 개방적인 공산주의자다. 당원이 아닌 사람을 우리 편으로 만드는 통전 능력이 남다르다. 지금 홍콩에는 이런 사람이 필요하다. 현재 신화통신 홍콩분사(分社) 사장이 공석이다."

홍콩과 마카오 업무를 총괄하는 랴오청즈(廖承志)도 "쉬자툰이라면 환영한다"며 좋아했다. 덩샤오핑에게는 서면으로 보고했다. 당일로 '찬동'(贊同) 두 글자를 보내왔다. 후야오방이 쉬자툰에게 통보했다.

"장쑤성에는 더 이상 있지 마라. 신화통신 홍콩분사 사장으로 나가라."

평소 쉬자툰은 홍콩에 관심이 없었다. 가본 적도 없고, 광둥어도 할 줄 몰랐다. 그래도 배우겠다며 이의를 제기하지 않았다.

1947년 3월, 홍콩에 간판을 내건 신화통신 홍콩분사는 베이징의 신화사와는 상관이 없는 별개기구였다. 분사 사장의 국내 직함도 '중국공산당 홍콩·마카오 서기'였다. 역대 사장들도 6·25전쟁 휴전담판 중국 측 고문과 외교부장을 역임한 차오관화, 1967년 홍콩 좌파폭동을 기획한 량웨이린(梁威林) 등 전설적인 인물이 많았다. 부사장과 부장들 거의가 항일전쟁 시절, 홍콩 외곽의 빨치산 지휘관이 대부분이었다.

1983년 5월 19일, 신화통신이 쉬자툰의 홍콩분사 사장 임명을 전 세계에 타전했다. 6월 30일, 특수한 지역에 특수 임무를 띤 특수 인물이 홍콩에 첫발을 디뎠다. 보안요원들에게 둘러싸인 쉬자툰에게 여기자가 마이크를 들이댔다. 홍콩에 온 목적과 함께 홍콩총독을 언제 만날 건지 물었다. 쉬자툰의 대답은 명쾌했다.

"조국의 통일을 위해서 왔다. 총독은 중국인 거주지부터 둘러본 후에 만나겠다."

홍콩이 발칵 뒤집혔다.

화교들의 지원금 관리처 웨화궁쓰

중국국민당과 중국공산당은 북벌과 항일전쟁을 위해 두 차례 합작했다. 제1차 국·공합작 시절(1924-27) 국·공 양당은 소련의 지원을 받았다. 이때부터 중공은 홍콩에 지하조직을 구축하기 시작했다. 일본과의 전쟁을 위해 제2차 국·공합작이 성사됐다. 항일전쟁(1937-45) 시절에도 홍콩의 중공지하조직은 활동을 그치지 않았다.

전쟁 초기, 중공의 주력부대였던 팔로군과 신사군은 자금과 물자 결핍에 시달렸다. 해외 교포와 홍콩인들의 지원이 시급했다. 중공 측 대표 자격으로 수도 난징에 와 있던 저우언라이가 영국 대사를 찾아갔다.

"팔로군과 신사군의 영웅적인 항일을 흠모하는 해외 화교들이 홍콩을 통해 의연금과 물자, 약품을 보내겠다는 뜻을 전해왔다. 인수를 위해 홍콩에 사무실(辦事處)를 개설코자 한다. 우리의 뜻을 홍

1983년 6월 30일 오후, 홍콩에 도착한 쉬자툰.
진한 색안경과 허름한 복장이
눈길을 끌었다.

콩 총독에게 전해주기 바란다."

영국의 홍콩총독부는 찬성도 안 하고 반대도 안 했다.

1938년 1월, 중공 중앙은 랴오청즈를 홍콩에 파견했다. 랴오청즈는 국민당 원로 랴오중카이(廖仲愷)와 홍콩의 부잣집 딸 허샹닝(何香凝)의 아들이었다. 국부 쑨원의 무릎에서 어린 시절을 보낸 중국 혁명의 귀공자였다. 홍콩, 동남아, 미국 등 해외에 친가와 외가 친척들이 널려 있었다. 랴오청즈가 홍콩에 동년배들만 모아놓고 저녁을 먹은 적이 있었다. 각 분야에서 한몫하는 미남 미녀들로 10명이 앉는 식탁 10개가 부족했다.

랴오청즈는 중심가에서 약간 비켜난 곳에 대형 사무실을 열었다. 허락이 아닌 묵인된 기관이다 보니 남중국 광둥(廣東)을 의미하는 웨화궁쓰(粵華公司)라는 간판을 내걸고 차(茶) 도매상으로 위장했다. 공식 명칭은 홍콩주재팔로군판사처(香港駐在八路軍辦事處)였다. 웨화궁쓰 초기 요원인, 전 신화통신 홍콩분사 부사장 량상위안(梁上苑)의 구술을 소개한다.

"웨화궁쓰는 광둥의 중공 조직과 중앙에서 나온 사람들이 섞여 있었다. 정보 수집과 역(逆)정보 생산, 화교 업무와 선전에 주력했다. 구성원들은 서로 어디서 무슨 일을 하다 왔는지 알려고 하지 않았다. 해외 화교나 홍콩의 저명인사들은 공개된 장소에서 우리를 만나기 싫어했다. 홍콩총독부와 국민당 특무의 감시가 심했던 랴오청즈는 외부에서 사람들과 접촉했다. 우리는 얼굴 보기가 힘들었다."

판사처의 중요 임무는 세계 각지에 있는 화교들이 보낸 성금과 물자 관리였다. 화교들은 홍콩에 있는 은행으로 돈을 송금했다. 당시 홍콩은 반공 정서가 강했다. 공산당이라는 말만 나와도 무섭다며 두려워하는 사람 천지였다. 팔로군판사처나 웨화궁쓰 이름으로 구좌를 개설해주는 은행이 없었다. 화교와 기업인들이 보낸 돈은 랴오청즈의 외사촌인 은행 간부 통장을 거쳐 판사처로 들어갔다. 신화통신 홍콩분사의 할아버지 격인 웨화궁쓰는 4년간 존속했다. 1942년 1월, 일본이 홍콩을 점령하자 간판을 불사르고 홍콩을 떠났다.

랴오청즈가 이끄는 중공 최대의 지하조직

일본이 패망하자 선전 일대에서 활약하던 중공 유격대가 홍콩에 진입했다. 한발 늦은 영국군과 함께 일본군을 무장해제시켰다. 집권 국민당은 영국 측에 홍콩 반환을 요구하지 않았다. 제2차 세계대전 승리 후 영국의 위상이 하늘을 찌를 때였다. 영국은 홍콩에 영사관을 개설하라고 장제스에게 제의했다. 장제스는 한마디로 거절했다.

"홍콩은 중국 땅이다. 자국 영토에 영사관 개설은 말도 안 된다."

대신 관방기구로 중화여행사를 설립했다. 총경리는 국민당 중앙위원 중 홍콩 전문가를 파견했다.

신화통신 홍콩분사는 1947년에 설립됐다. 거의 동시에 중공 남방국도 홍콩·마카오 공작위원회(工委)를 출범시켰다. 분사 초대 사장 차오관화는 공작위원회 위원이었다. 중화인민공화국 성립 후

랴오청즈(앞줄 오른쪽 셋째)는 한반도와도
인연이 많았다. 1951년 1월, 중국인민지원군 위문단을
이끌고 한국을 방문했다.

에도 영국은 홍콩에 영사관 설립을 건의했다. 신중국 외교를 전담하던 저우언라이는 몇 년 전 장제스가 했던 것과 같은 이유를 대며 거절했다. 랴오청즈에게 홍콩의 조직을 정비하라고 지시했다.

중공 중앙은 남방국 산하 홍콩·마카오 공작위원회가 하던 일을 중공 광둥성 위원회에 위임했다. 문혁 발발 전까지 홍콩·마카오 관련 업무는 '국무원 외사판공실 홍콩·마카오 공작소조'가 전담했다. 소조 조장은 랴오청즈였다. 당 업무는 광둥성 위원회가 했다. 문혁이 끝나자 국무원 외사판공실은 홍콩에서 손을 뗐다. 홍콩·마카오판공실을 발족시켰다. 주임은 역시 랴오청즈였다. 홍콩·마카오공작위원회도 당 중앙이 직접 관리하자 랴오청즈는 당과 국무원의 홍콩·마카오 업무를 독점했다. 이런 상황은 1983년 6월, 랴오청즈가 사망하고, 쉬자툰이 신화통신 홍콩분사 사장으로 부임할 때까지 변치 않았다.

홍콩은 장기간 중공 활동의 중요 거점이었다. 영국 통치를 받는 곳이다 보니 중공의 활동은 비밀투성이였다. 신중국 성립 후 상황이 변했다. 중국공산당이 집권당이 되자 중·영 양국은 정식으로 외교관계를 맺었다. 6·25전쟁에 중국이 참전하고, 영국도 군대를 파견했지만, 영국군은 중국인민지원군과의 전투에 적극적이지 않았다. 홍콩의 중공지하당을 엄격히 단속하던 영국의 태도도 변하기 시작했다. 중국에서 홍콩에 파견하는 기구가 늘어나자 파견 인원이 늘어났다. 당원 수도 증가했다.

중·영 양국 산에 홍콩 반환담판이 진행되는 동안에도 홍콩 공산당의 기층조직은 신중했다. 숨을 죽이고 공개 활동을 하지 않았다.

1953년 1월, 한국전쟁 중 세균전 조사를 위해
북한을 방문한 랴오청즈.
중국 혁명의 귀공자 랴오청즈는
신화통신의 모체 웨화궁쓰를 이끌었다.

개방적 공산주의자 쉬자툰은
"조국 통일"이라는 말로 홍콩을 발칵 뒤집었다.
홍콩 부임 3개월 후, 보고차 베이징을 찾은 쉬자툰(왼쪽 둘째).
1983년 11월, 베이징.

홍콩·마카오 공작위원회를 이끌던 신화통신 홍콩분사가 베일을 벗기 시작했을 때도 여전했다. 쉬자툰의 구술을 소개한다.

"랴오청즈가 홍콩의 당 조직을 관장하던 시절, 홍콩의 비밀 지하조직은 지하당과 흡사했다. 두 사람 이상 모이는 법이 없었다. 단선 지도체제로 랴오청즈에게 직접 보고했다. 내가 분사 사장으로 부임했을 때 당원 수는 6,000명 정도였다. 3,000명 정도가 파견나온 당원이고 나머지는 지하당원이었다. 홍콩·마카오 서기였던 나도 지하당원의 최고 책임자가 누구인지 짐작만 할 뿐 정확히는 몰랐다. 파견나온 당원들의 소속기관도 인민해방군 총참모부, 국무원 공안부, 외교부, 국가안전부, 화교위원회 등 다양했다."

쉬자툰은 홍콩분사를 뜯어 고치기로 작심했다.

공산당에 대한 공포와 혐오감만 남긴 '주룽 폭동'

개혁처럼 듣기 좋은 말도 없다. 대단한 것 같지만 별것도 아니다. 개방만 하면 개혁은 저절로 된다. 문 닫아 걸고, 하루아침에 세상을 바꾸겠다고 나대는 것은 위험하다. 신화통신 홍콩분사도 1983년 6월 30일, 신임사장 쉬자툰이 부임하기 전까지는 비밀 덩어리였다. 문은 있어도 항상 닫혀 있었다. "깊은 바닷속처럼 뭘 하는지 알 수 없는 곳"이라는 말이 나돌 정도였다. 사장은 두문불출, 분사 밖을 나오지 않았다. 가끔 외출해도 만나는 사람이 한정되다 보니 시행

착오가 많았다. 대륙이 소용돌이에 휩싸였던 문혁 시절엔 가관이었다. 사탕이나 빨면 어울릴 애들까지 마오쩌둥 숭배에 동원했다.

1967년 5월 6일 홍콩에서 벌어진 '주룽(九龍) 폭동'은 아직도 통일된 명칭이 없다. 좌파들에겐 영국의 통치에 저항한 '반영항폭'(反英抗暴)이었지만, 일반 홍콩인들 눈엔 '좌파 난동'이었다. 대륙에서 문혁이 한참이다 보니 '홍콩식 문화대혁명'이라는 꼬리표도 붙어 다녔다. 3개월간 계속된 폭동의 배후는 당시 신화통신 홍콩분사 사장 량웨이린이었다.

량웨이린은 학생 시절 도쿄유학생회 회장을 지낸 극좌 활동가였다. 항일 빨치산과 광둥성 교육청장, 부성장을 지낸 원로 혁명가였다. 1958년부터 20년간 신화통신 홍콩분사 사장을 역임하며 량웨이린 시대를 선보였지만 대중 앞에 나선 적이 단 한 번도 없었다. 홍콩에 대한 애착은 남달랐다.

"홍콩은 광둥의 일부다. 광둥 출신이 관리해야 한다."

주룽 폭동은 실패한 공작이었다. 홍콩인들에게 공산당에 대한 공포와 혐오감만 남겼다. 총리 저우언라이가 마오쩌둥에게 량웨이린의 소환을 건의했다.

"량웨이린은 대사를 그르칠 극좌분자다. 고질적인 조급증 환자다. 불필요한 난동으로 홍콩총독부의 탄압만 자초했다. 많은 당원이 등을 돌리고 지하조직만 노출시켰다. 비축해둔 당의 기력이 손상되고 홍콩에서 우리의 입지가 좁아졌다. 회복에 많은 시간이 필요하다."

량웨이린은 모든 책임을 4인방에게 뒤집어씌웠다. 홍콩을 떠날

문혁 시절 홍콩 좌파는 지금의 신계(新界)지역에서
조직적인 활동을 했다. 일반 홍콩인들 눈엔 그저 좌파들의
'난동'으로 보였다. 마오쩌둥 어록을
낭송하는 아동들. 1969년, 홍콩 신계.

량웨이린(왼쪽)은 국가주석 양상쿤(楊尚昆)과
친분이 두터웠다. 두 사람은 뒷마무리가
신통치 않다는 공통점이 있었다.
량웨이린이 이끈 주룽 폭동은 실패한 공작이었다.

때까지 자신의 독특한 방법을 바꾸지 않았다. 후임 왕쾅(王匡)은 유명 기자 출신이었다. 전국의 교과서에 실릴 정도로 글솜씨가 빼어났다. 방문 닫아걸고 고전에만 몰두했다. 본의 아니게 량웨이린과 똑같다는 소리를 들었다.

닫혀 있던 대문을 활짝 열다

쉬자툰의 첫인상도 전임자들과 다를 바 없었다. 신문, 잡지 할 것 없이 비슷한 보도를 했다.

"헝클어진 머리, 싸구려 셔츠와 꾸겨진 바지, 짙은 색안경을 낀 행색이 영락없는 토종 공산당 간부 모습이었다. 농촌 전문가로 알려진 사람이 국제 금융중심지에서 무슨 괴상한 일을 벌일지 우려된다. 홍콩에서 색안경은 범죄자들의 애용물이다. 쉬자툰은 공산당 간부의 이미지를 훼손시켰다."

쉬자툰의 회고도 소개한다.

"그간 양복 입을 일이 없었다. 몇 차례 출국할 때도 중산복(中山服)이면 충분했다. 1983년 춘제(春節)를 앞두고 혈압이 올랐다. 의사가 중산복은 답답하니 양복을 입으라고 권했다. 난징에서 난생처음 양복 한 벌을 샀다. 모셔만 두고 입지는 않았다. 홍콩 부임 전날 광저우에서 처음 입어봤다. 옆에 있던 부사장이 기겁을 했다. 동복이라며 당장 벗으라고 재촉했다. 거울을 보니 내

342

가 봐도 흉했다. 동복은 그렇다 치더라도 맞지가 않았다. 통은 넓고 단이 짧았다. 여름에 색안경 끼는 습관이 있었다. 광저우 역전에 노점이 즐비했다. 안경이 신기할 정도로 저렴하고 써보니 시원했다. 홍콩 도착 무렵 머리가 띵했다. 맥주병 깎아 만든 안경알이라 어쩔 수 없었다."

쉬자툰은 역대 사장들과 딴판이었다. 노출을 꺼리지 않았다. 홍콩 도착 첫날 좌파 언론기구를 시찰했다. 둘째 날은 교육·무역·금융기관을 둘러보고 각계 인사들을 찾아갔다. 이런 일을 하루도 거르지 않고 계속했다. 기자들의 질문도 피하지 않았다. 백화점에 가서 양복과 넥타이도 샀다. 여직원들과 차 마시며 담소도 잊지 않았다. 유명 기업인의 병문안이나 영결식장에도 모습을 드러냈다. 색안경 끼고 홍콩총독도 예방했다.

활동 영역이 점점 확대됐다. 변두리 노동조합과 어촌마을에 가서 밥 얻어먹고 노파들과 노래 부르며 춤도 췄다. 닫혀만 있던 분사 대문도 활짝 열었다. "홍콩의 민생과 민주에 관한 의견을 듣고 싶다"며 홍콩대학 학생회 대표들을 초청했다.

"신화통신 홍콩분사는 홍콩의 앞날에 관한 의견을 공개적으로 수집할 의무가 있다. 나는 우파의 활동을 보장하고, 언론과 출판의 자유를 희망하는 사람이다. 정견이 다른 것은 물론, 중국공산당에 대한 비판도 수용할 준비가 되어 있다. 1개월간 학생들의 의견을 서면으로 보내주면 당 중앙에 전달하겠다."

학생 대표들은 환호했다.

부임 2개월 후 쉬자툰은 당 중앙에 보고서를 보냈다. 홍콩의 특성을 몇 마디로 정리했다.

"기업인은 돈벌이에 골몰하고, 지식인은 자유와 민주를 중요시하고, 하층민들은 생활이 개선되기를 희망하는 곳이 홍콩이다."

홍콩의 대표적인 우파 신문이 쉬자툰을 극찬했다.

"그간 쉬자툰의 행적을 지켜보며 여론을 청취했다. 민의를 존중하는 개방된 사람이라는 평가가 제일 많았다."

맞는 말이다. 쉬자툰 개혁의 출발점은 개방이었다.

홍콩 내 골수 반공인사를 회유하는 쉬자툰

신화통신 홍콩분사에는 통일전선(통전)의 고수들이 즐비했다. 사장 쉬자툰의 회고를 소개한다.

"홍콩은 특수 지역이었다. 통전 공작도 내지(內地)와 달랐다. 누구를 만나든 체제선전은 하지 않았다. 관점과 의식의 차이를 존중하며 거리를 좁혀갔다. 반대파와 대화를 나눌 때도 애국과 중화민족, 조국통일을 화제로 삼으면 얼굴 붉힐 일이 없었다. 잔

홍콩총독 에드워드 유드(Edward Youde)를 예방한 쉬자툰.
1983년 7월 8일 오후, 총독부 문전.

재주나 건성으로 사람을 대하지 않았다. 한 번 한 말은 꼭 지키고, 상대가 누구든 똑같이 대했다. 용인과 인내는 기본이었다. 제대로 알지도 못하면서 아는 척하지 않았다. 그러다 보니 친구가 되고 우리 의견에 동조했다. 없는 재주에 통전공작 하느라 정말 힘들었다."

예외도 있었다. 위자오치(余兆麒)에게는 통하지 않았다.

홍콩연합은행 이사회 의장 위자오치는 골수 반공주의자였다. 미시간대학을 마치고 황푸군관학교 교관과 국민당 군사위원회 위원을 역임한 예비역 육군 중장이었다. 이런 말을 자주 했다.

"나는 먼지와 가래침을 싫어한다. 공산당은 더 싫다."

대놓고 말만 안 했을 뿐, 대만 총통 장징궈의 사상도 의심한 적이 있었다. 대만에 있는 국민당 원로 구정강(谷正綱)이 회장인 국제반공연맹 부회장직을 자청할 정도였다.

쉬자툰이 홍콩에 부임했을 때 위자오치는 83세 노인이었다. 중간에 사람을 넣어 신임 신화통신 분사 사장을 만나자고 했다. 거절당할 리가 없었다. 쉬자툰은 양복에 넥타이까지 매고 노인을 찾아갔다. 장제스의 대형 초상화와 청천백일기가 걸린 방에서 쉬자툰을 만난 노인은 연하의 공산당원을 감상하는 눈치였다.

"대륙의 정책을 눈여겨보고 있다. 덩샤오핑은 옛날에 비해 많이 변했다. 공산당도 변했다. 좋은 쪽으로 변해서 다행이다. 공산주의를 포기했으면 당 명칭도 바꿔야 한다. '민주', 두 자가 들어간 당명이 적합하다. 그럴 용의가 있는지 궁금해서 보자고 했다. 그렇게만 되면 대륙에 투자하고 싶다. 나는 수십 년간 공산당과 싸웠다. 대륙에서 철수할 때를 생각하면 치가 떨린다. 공산당은 홍콩에서도 폭동을 일으킨 적이 있다. 문혁 시절 홍콩 좌파들의 극성은 꼴불견이었다. 대륙보다 더 심했다. 아름다운 위안랑(元朗)을 흉하게 만들어버렸다. 복구하기까지 오랜 시간이 걸렸다. 내 친구 샤오이푸(邵逸夫)의 생각도 나와 별 차이 없다. 한번 만나봐라."

쉬자툰은 노인의 말에 개의치 않았다. 하고 싶은 말을 했다.

"국·공 양당의 모순은 이미 지나간 일입니다. 우리는 같은 민족입니다. 과거는 더 이상 회상하지 마십시오. 현재가 중요합니다. 번영과 통일을 위해 다시 친구가 되고 싶습니다. 대륙은 개혁과 개방이 진행 중입니다. 공산당은 공산주의를 포기할 수 없습니다. 어른의 생각은 존중합니다만 실현은 불가능합니다. 불러주셔서 감사합니다."

위자오치는 대인이었다. 쉬자툰을 다시 만나지는 않았지만 해마다 명절이 되면 편지와 선물을 한 해도 거르지 않았다.

방송·영화계의 거물 샤오이푸를 초대하다

중공 통전의 기본방침은 총리 저우언라이가 제시한 '구대동 존소이'(求大同 存小異), "함께 어울리기를 추구하려면, 작은 이견은 어쩔 수 없다"였다. 위자오치를 만난 쉬자툰은 그간 홍콩분사가 취해온 대대만(對臺灣) 통전 방침에 회의를 느꼈다. 홍콩의 친대만 인사는 빈부를 막론하고 '반공' 두 글자가 머리에 박혀 있었다. 공산당을 두려워하고, '공산주의'라는 용어 자체를 싫어했다. 1984년

문혁 시절 홍콩 좌파들은 해만 지면
집회를 열고 마오쩌둥 사상 강의를 경청했다.
1967년, 위안랑 인근.

중추절 연회 자리에서 쉬자툰은 '구대동 존대이'(求大同 存大異)를 선언해버렸다. 친대만 인사들은 무슨 의미인지 금방 알아들었다. 박수가 그치지 않았다.

신화통신 홍콩분사는 친대만 인사 가운데 통전 대상을 물색했다. 첫 번째 대상으로 위자오치가 말한 샤오이푸를 선정했다. 샤오이푸는 홍콩TV와 영화사 쇼브라더스를 소유한 방송과 영화계의 거목이었다. 접촉을 위해 온갖 지혜를 짜냈다. 무슨 재주를 부렸는지, 홍콩TV 부총경리가 홍콩분사 선전부장 앞으로 사장의 참관을 간청하는 서신을 보냈다. 참관 당일 쉬자툰은 극진한 대접을 받았다. 문 앞에서 홍콩의 남녀 연예인 두 명과 기다리던 샤오이푸가 쉬자툰 일행을 끝까지 수행했다. 쉬자툰은 감격했다. 기록을 남겼다.

"샤오이푸는 그간 중공과 일정한 거리를 유지해왔다. 공공장소에서 신화통신 홍콩분사 사람들과 대면은 처음이었다. 풍성한 오찬과 환대가 기대 이상이었다. 나는 정식으로 10월 1일 국경절 행사에 샤오이푸를 초청했다. 10월 10일 대만의 쌍십절기념 행사 준비위원이라며 잠시 머뭇거렸다. 상관없다고 하자 함박웃음을 지으며 싱글벙글했다."

샤오이푸는 쉬자툰의 만찬 초대도 순순히 응했다. 샤오의 고향은 저장성 닝보(寧波)였다. 쉬자툰이 제의한 고향 방문에 즐거워했지만 확답은 주지 않았다. 시기가 성숙되지 않았다는 의미였다. 답을 주기까지 1년이 걸렸다.

샤오이푸가 설립한 쇼브라더스는 린다이(林黛),
리리화(李麗華) 등 당대의 명우들을 배출한 동방의
할리우드였다. 저우룬파(周潤發), 류더화(劉德華),
량차오웨이(梁朝偉)도 훈련반에서 연기를 닦았다.
1960년대 말 해외 촬영 차 출국 중인
쇼브라더스의 연예인들.

"상하이와 저장성 일대를 가보고 싶다."

쉬자툰은 즉석에서 환영을 표했다.

"쑤저우도 참관해라. 내가 직접 안내하겠다."

샤오이푸는 우리의 판소리 비슷한 쑤저우 핑탄(評彈)의 애호가였다.

쉬자툰은 저장성과 상하이시 정부에 서신을 보냈다.

"샤오이푸 일행을 열렬히 환영해라. 성장과 시장이 직접 공항에 나가라."

상하이공항에 내린 샤오이푸는 통전부 처장의 마중을 받고 입맛이 씁쓸했다. 쑤저우에 와 있던 쉬자툰은 소식을 듣고 화가 치밀었다. 부시장을 상하이로 보냈다.

"샤오이푸 일행을 모시고 와라. 나는 호텔 문전에서 기다리겠다."

쉬자툰과 샤오이푸는 쑤저우에서 즐거운 시간을 보냈다. 핑탄과 희극 감상에 시간 가는 줄 몰랐다. 다시 상하이로 돌아가기 전날 쉬자툰은 상하이 시장 장쩌민(江澤民)에게 전화를 했다.

"공항에서의 결례를 만회해라. 이유는 나중에 설명하겠다."

쉬자툰의 후임을 희망하던 장쩌민은 시키는 대로 했다.

홍콩 반환 후를 준비하는 중공

1972년 3월 8일, 유엔 주재 중국 대사 황화(黃華)가 비식민지화위원회에 홍콩과 마카오를 식민지 명단에서 삭제할 것을 요구했다.

장쩌민(오른쪽)은 상하이 시장 시절
신화통신 홍콩분사 사장 자리를 탐냈다.
쉬자툰(가운데)을 자주 예방했다.

"모두 주지하는 것처럼, 홍콩과 마카오는 제국주의가 중국에 강요한 불평등조약의 산물이다. 홍콩과 마카오는 영국과 포르투갈 당국에 점령당한 중국 영토의 일부분이다. 홍콩과 마카오 문제의 완전한 해결은 중국의 주권에 관한 문제다. 통상적인 식민지 범주에 속하지 않는다. 반(反)식민 선언에 적용되는 식민지구 명단에 들어가는 것을 용납할 수 없다. 그간 중국정부는 조건이 성숙되면 적당한 방법으로 해결하겠다고 일관되게 주장했다. 유엔은 이 문제를 다룰 권한이 없다."

1975년 중·영 양국은 1997년에 홍콩을 중국에 반환하기로 합의했다. 1978년 여름, 신화통신 홍콩분사 사장으로 국가출판국장 왕쾅이 부임했다. 왕쾅은 중국인이라면 초등학생도 다 아는 명문장가였다. 도착 첫날부터 방문 닫아걸고 고전만 뒤적거렸다. 홍콩 총독이 먼저 손을 내밀었다. 성대한 환영연을 열었다. 왕쾅을 통해 중국의 의향을 떠봤다.

"반환 이후 자본가들이 안심하고 투자할 수 있는 희망적인 방안을 중국이 제시했으면 한다."

며칠 후 왕쾅은 중공 중앙의 의견을 총독에게 전달했다.

"19년이라는 긴 시간이 남아 있다. 국제사회에 어떤 변화가 발생할지 예측할 수 없다. 현재 중국과 영국의 관계는 먹구름이 끼지 않았다. 양측에 모두 유리하다. 우리는 19년이 짧다고 생각하지 않지만, 투자를 저울질하는 자본가들은 고려해야 할 일이 많을 줄 안다. 1997년 홍콩이 조국의 품에 돌아오면 융통성을 발휘할 생각이다.

홍콩은 그들 특유의 자본주의를 유지하고, 우리는 우리의 사회주의를 견지하면 된다. 홍콩의 자본가나 투자를 희망하는 외국기업은 안심하기 바란다."

중국은 어떤 분야든 파벌이 있었다. 홍콩의 자본가들도 마찬가지였다. 광둥방(廣東幇), 상하이방, 푸젠방, 산둥방은 기본이고, 화교들도 인도네시아, 태국, 말레이시아, 싱가포르 등 출신지별로 계파를 형성했다. 친영, 친미, 친대만, 친일파 외에 식민지 초기 영국 매판(買辦)으로 출발해 부와 명예를 축적한 명문세가(名門世家)도 한둘이 아니었다.

홍콩 반환을 위한 중·영회담이 시작되자 신화통신 홍콩분사는 각 계파의 대표적인 인물과 중공 중앙의 가교 역할을 했다. 창장(長江)그룹 설립자 리자청(李嘉誠), 선박왕 바오위강(包玉剛) 같은 거상들이 대륙을 방문해 중공 고위층과 안면을 텄다. 문제는 친대만파의 간판 격인 샤오이푸였다.

중국의 교육과 의료시설에 큰돈을 기부한 샤오이푸

상하이 시장 장쩌민은 샤오이푸의 방문에 관심이 없었다. 낯을 붉힌 채 쑤저우로 향했다는 말을 듣고도 웃기만 했다. 쑤저우에서 쉬자툰의 안내를 받은 샤오가 상하이를 경유해 고향으로 간다는 보고를 받고도 시큰둥했다. 통전 대상이라는 쉬자툰의 전화를 받고서야 정신이 버쩍 들었다. 성대한 만찬을 준비했다. 천하의 미식가 샤오의 입이 벌어질 정도였다. 고향 저장성의 환대도 극진했다.

홍콩에 돌아온 샤오이푸는 기분이 좋았다. 쉬자툰에게 중국의

샤오이푸의 중년 시절 모습. 107세로
세상을 떠날 때까지 건강에 이상이 없었다.
하루에 40분 정도 고개를 들고 태양을
응시한 것이 특별한 비결이었다.

깊숙한 곳을 가고 싶다며 티베트 여행을 요청했다. 쉬자툰은 쓰촨 성정부에 전문을 보냈다.

"성 통전부장이 샤오이푸를 티베트까지 수행해라. 고령이니 만일의 사태에 대비해야 한다. 의사와 간호사도 함께 가라. 아직은 우리보다 대만 쪽에 치우친 사람이다. 국민당이나 장징궈에 관한 얘기는 입에 올리지 마라. 기자들의 접근도 차단해라. 본인의 요구다."

티베트 여행에서 돌아온 샤오는 저녁에 쉬자툰을 방문했다.

"호의에 감사한다. 의사와 간호사까지 배려할 줄은 몰랐다. 고원 지대라 헉헉거리며 힘들어 하는 사람이 많았다. 나는 끄떡없었다. 간호사는 정말 미인이었다. 목소리도 예쁘고 노래도 일품이었다. 앞으로 틈만 나면 내지(內地) 곳곳을 여행하고 싶다."

배석해 있던 부사장들이 베이징 방문을 권했다.

"중앙의 고위층이 만나고 싶어 한다."

샤오이푸는 신중했다.

"고맙지만 아직은 때가 아니다."

이유도 설명했다.

"내 사업은 대만과 관련이 깊다. 대륙과 밀접해지면 대만에 상처 받을 사람이 많다. 그간 대만은 돈을 버는 장소였다. 대륙은 다르다. 내가 돈을 써야 할 곳이다. 대륙은 빈곤 지역이 많다. 어려운 곳에 가장 필요한 것은 교육과 의료시설이다."

중국은 새로 발견한 별을 샤오이푸에게 기증했다.
명명식에 참석한 샤오이푸(왼쪽). 오른쪽은 당시
신화통신 홍콩분사 사장 저우난.
1990년 6월 1일, 홍콩.

샤오이푸는 빈말을 하지 않았다. 2014년 107세로 세상을 떠나기 전까지, 우리 돈으로 현 시가 8조 원 이상을, 그것도 회사 돈이 아닌 사재로 중국의 대학 및 초·중·고 건물 6,000여 동과 병원 건설에 기부했다.

중공의 통전은 어설픈 정치가들은 흉내도 못 낼, 지혜와 교활함이 뒤섞인 인간미의 결정체였다. 신화통신 홍콩분사는 새 친구 챙기느라 옛 친구를 등한시하지 않았다. 마카오 중화총상회 회장 허셴(何賢)과 홍콩 중화총상회 회장 휘잉둥(霍英東)은 중공의 오랜 친구였다. 두 사람은 비슷한 시기에 암 판정을 받았다. 쉬자툰이 건의했다.

"베이징에서 치료받기를 원하면 당 중앙과 국무원에 보고하겠다."

휘잉둥은 동의하고 허셴은 미국에서 치료받기를 원했다. 중국 위생부는 휘잉둥의 치료에 전국의 명의들을 동원했다. 건강을 회복한 휘잉둥은 '재생지덕'(再生之德) 넉 자 외에는 할 말이 없었다. 별명이 마카오의 왕(王)이었던 허셴은 병마를 이기지 못했다. 귀국 후 세상을 떠났다. 영결식 날 쉬자툰이 직접 관 줄을 잡았다.

홍콩, 일국양제의 시험구

"이 정도 거리를 두면 대만은 언젠가
우리 품에 들어온다."

하나의 나라, 두 개의 제도

중공은 평화를 노래하며 비(非)당원과 반대파를 동조자로 만들었다. 대상은 화교와 학자, 연예인, 예술가, 군인, 언론인 등 다양했다. 집권 후에도 마찬가지였다. 대만 문제를 평화적으로 해결하겠다고 목청을 높였다. 1955년 5월, 국무원 총리 저우언라이가 포문을 열었다.

"대만 문제는 전쟁과 평화 두 가지 방식으로 해결할 수 있다. 중국 인민은 조건만 갖춰지면 평화적인 방법으로 해결되기를 원한다."

마오쩌둥은 원칙만 강조했다.

"평화는 고귀한 것이다. 애국이 제일이다. 애국으로 일가(一家)를 이루자."

실현 불가능한 이유도 댔다.

"외국 세력의 간여로 실천에 옮기지 못해 유감이다."

외세는 미국을 의미했다.

1972년, 양안관계에 변화가 일어났다. 대만의 자유중국이 유엔에서 쫓겨났다. 중화인민공화국이 중국의 법통을 계승했다. 7년 후 미국과 수교하자 대세가 대륙 쪽으로 기울었다. 대만은 실제로 존재하지만, 존재하지 않는 국가로 변했다.

덩샤오핑은 한 나라에 두 개의 제도, '일국양제'(一國兩制)라는 기상천외한 제도를 제창했다. 덩샤오핑 외에는 그 누구도 할 수 없는 대담한 구상이었다. 국제조직에 양안이 참여할 경우, 대륙의 기본입장도 밝혔다.

"중화인민공화국이 중국을 대표한다. 대만은 중국의 일부분이다. 단, 현재 대만이 중국의 일부분이 아니라는 것은 인정한다. 대만이 독립적으로 비정부기구(NGO)나 준정부기구(SGO)에 참여하는 것은 상관없다. 단, 두 개의 중국을 바탕에 깔고 하는 행동은 곤란하다. 우리는 대만의 현실과 각계 인사의 의견을 존중한다. 합리적인 정책과 방법을 제시하면 수용하겠다."

통전을 염두에 둔 내용이었지만 중공 내부에선 불만이 많았다. 보수파와 외교부는 대놓고 반대했다. 덩샤오핑의 한마디에 수그러들었다.

"이 정도 거리를 두면 대만은 언젠가 우리 품에 들어온다."

홍콩은 일국양제의 시험구(試驗區)였다. 신화통신 홍콩분사는 대만 칭화대학 교장 선쥔산(沈君山)과 『성도일보』(星島日報) 대주주 후셴(胡仙), 세계적인 사진작가 랑징산(郎靜山), 장저(江浙, 장쑤성과 저장성) 동향회 종신명예회장 쉬지량(徐季良)과 접촉을 시도

했다.

아슬아슬한 통전으로 곤경에 처하다

쉬지량은 80세를 넘긴 노인이었다. 신화통신 홍콩분사 사장 쉬자툰과 부사장들이 편지를 보냈다.

"찾아뵙고 가르침을 청하겠습니다."

쉬지량은 건강문제를 이유로 거절했다. 대신 부회장들이 분사 사장과 부사장들에게 만찬을 베풀었다. 부회장들은 고향 얘기만 했다. 양안 관계는 입에 올리지도 않았다. 통전 실패였다.

랑징산은 명(名)사진가였다. 1930년대부터 내외에 명성이 자자했다. 중국의 산수를 담은 작품은 모두 명품이었다. 102세 때 홍콩을 찾았다. 쉬자툰에게 황산(黃山) 여행을 간청했다. 랑진산은 쉬자툰의 배려로 황산을 누볐다. 밥도 젊은 사람보다 많이 먹고 온종일 산을 누벼도 피곤한 기색이 없었다. 대륙에서 열린 사진전에 온 중국이 떠들썩했다.

후셴은 우리가 '호랑이 연고'라 부르는 '호표만금유'(虎標萬金油)의 설립자 후원후(胡文虎)의 상속자였다. 쉬자툰의 초청을 받을 때마다 고맙다는 말만 전할 뿐, 응하지는 않았다. 10월 1일 건국기념일 연회 초청장을 받자 정중한 편지를 보냈다.

"추하게 늙은 과부가 어찌 감히 대인(大人)을 뵙겠습니까."

전 광둥성 정치협상회의 부주석 리추원(李儲文)이 구술을 남겼다.

랑징산(왼쪽 둘째)은 화가 장다첸(張大千, 오른쪽 첫째)과 죽이 잘 맞았다.
장다첸을 소재로 명작을 많이 남겼다. 1995년 104세로
세상을 떠날 때까지 카메라를 손에서 놓지 않았다.

동남아 언론계의 여왕 후셴은 때가 되지 않았다며
쉬자툰의 손을 여러 번 뿌리쳤다.
1993년 대륙을 방문했다.

"당시 나는 신화통신 홍콩분사 부사장이었다. 외부 업무를 주로 봤다. 쉬자툰은 후셴의 행동에 국·공 양당의 간극(間隙)을 실감했다. 후셴을 원망하지는 않았다. 항일전쟁 시절 국민당 측에 가장 많은 자금을 지원한 화교 거상의 딸답다며 높이 평가했다. 통전이 실전보다 더 힘들다는 말도 했다. 후셴은 자신이 운영하던 신문사 창간기념일 만찬에 우리를 초청했다. 문전에서 우리와 인사만 나눴다. 말은 한마디도 건네지 않았다."

천샹메이(陳香梅)는 국민당 공군을 창설한 미국의 퇴역장군 셔놀트(Claire Lee Chennault)의 부인이었다. 미국 상원과 하원에 인맥이 단단했다. 케네디를 비롯한 미국 대통령들도 함부로 대하지 않았다. '워싱턴의 여왕벌'이라는 별명에 걸맞게 복잡하고 요란한 여자였다. 미국에 살며 대만과 대륙을 부지런히 오갔다. 쉬자툰의 회고를 소개한다.

"천샹메이가 베이징 외교부에 나를 만나고 싶다고 요청했다. 나는 천 여사가 홍콩에 오면 저녁을 함께했다. 나를 만나는 이유가 자신의 지명도를 확대하기 위함이라는 생각이 들었다. 주위에서 만나지 말라는 말을 자주 했지만, 귀담아듣지 않았다. 결국 일이 터졌다. 금은방을 하는 여동생이 나이트클럽을 시작했다며 개업식 테이프 커팅을 부탁했다. 전 국가주석 류사오치(劉少奇)의 처남이 수락했다는 말을 듣자 거절할 명분이 없었다. 개업식날 아침 갑자기 일이 생겼다. 부사장 리추원에게 대신 가라고 했

천상메이는 타고난 로비스트였다.
케네디 대통령 시절 백악관을 자유롭게 활보했다.

다. 홍콩 언론이 난리가 났다. 신화사 부사장의 나이트클럽 개막
식 참석을 대서특필하며 일국양제까지 비판했다."

대국의 고위 관리와 정치가들은 공통점이 있다. 좋을 때는 좋다
가 위기에 몰리면 친구건 뭐건 국물도 없다. 말도 잘 뒤집고 핑곗거
리도 잘 찾아낸다. 어느 나라든 비슷하지만, 유구한 역사를 자랑하
는 중국은 좀 심한 편이다. 나이트클럽 개막식 사건을 계기로 쉬자
툰은 곤경에 처했다. 리추원을 속죄양으로 만들었다.

대만 4공자

선쿤산은 가장 중요한 통전 대상이었다. 쉬자툰은 무협소설가 진
융(金鏞)을 중간에 넣었다. 세 사람은 바둑에 조예가 깊었다. 대만
4공자(公子) 가운데 한 사람인 선쿤산의 바둑 실력은 국수급이었다.
　흔히들 선쿤산과 렌잔(連戰), 천뤼안(陳履安), 첸푸(錢復)를 '대
만 4공자'라 불렀다. 대만은 물론이고 대륙에서도 그랬다. 4공자는
공통점이 있었다. 모두 1930년대에 태어났다.
　공자 소리 들으려면 가계가 중요하다. 전 국민당 주석 렌잔의 조
부는 모두가 인정하는 대만의 애국시인이었다. 일본 식민지 시절
일제의 황민화 정책이 전염병처럼 창궐하자 『대만통사』(臺灣通史)
를 저술한 문단과 학계, 언론계의 대부였다. 정치가였던 렌잔의 부
친도 재직 중 칭송을 받았다. 타이베이 총통부 건너편 2·28기념공
원(원래는 청년공원)에 흉상을 세울 정도로 청년들의 우상이었다.
　천뤼안은 장제스의 직계 천청의 장남으로 태어났다. 1950년대

고등학생 시절의 천뤄안. 왼쪽은 부친 천청.
국민당 부주석과 부총통을 겸했다.

대만은 출국이 하늘의 별 따기였다. 공무 출장 아니면 엄두도 못 냈다. 유학도 예외가 없었다. 천뤼안이 대학 1학년 때 MIT에서 전액 장학금 증서를 받는 바람에 규정이 바뀌었다. 화교 사회에서는 일찌감치 "미래의 총통감" 소리가 나돌았다.

1980년대 초, 홍콩의 유명 잡지에서 본 내용이 새롭다. 기억을 더듬어 소개한다.

"마오쩌둥과 장제스 모두 세상을 떠났다. 대만 총통 장징궈는 앞으로 장씨가 통치하는 일은 없을 것이라고 천명했다. 장징궈는 건강에 문제가 많다. 덩샤오핑과 장징궈 이후 양안의 집권자를 현재는 예측하기 힘들다. 중국공산당과 중국국민당은 혁명정당이다. 혈통이 중요하다. 중공은 현 부총리 리펑이 가장 유력하다. 리펑은 1세대 혁명가 리숴쉰(李碩勛)과 자오쥔타오(趙君陶)의 외아들이다. 국민당은 세 살배기 리펑이 보는 앞에서 리숴쉰을 참수했다. 외삼촌 자오스옌(趙世炎)도 국민당에게 참살당했다. 저우언라이와 덩샤오핑은 프랑스 유학 시절부터 리숴쉰과 자오스옌의 절친한 동료였다. 파리에서 소년공산당도 함께 결성했다. 리펑은 중공의 적자(嫡子)로 손색이 없다. 대만은 4공자 가운데 한 명인 천뤼안을 눈여겨볼 필요가 있다."

리펑은 대륙에서 총리와 전인대 상무위원장을 역임했다. 천뤼안은 대만 정계의 모범생이었다. 1980년대 말 행정원 재정부장과 국방부장, 감찰원장을 거친 후 총통직에 도전했다. 선거판에서 청렴과 성실은 통하지 않았다. 후보 4명 중 꼴등을 하자 공자의 진면목을 드러냈다. 세상과 담쌓고 불교에 심취했다.

주미 대사와 외교부장을 역임한 첸푸의 할아버지는 상하이 검찰국 검사였다. 좀도둑에겐 인정을 베풀고, 큰 도둑에겐 국물도 없었다. 사소한 일로 고소 고발 일삼는 사람을 인간 취급하지 않았다. 제일 천하고 더러운 직업이 검사와 판사라는 말도 서슴지 않았다. 업자에게 돈 받아먹은 선배 검사 면상에 "없는 범인도 만들어내는 놈"이라며 주먹을 날린 적도 있었다. 중일전쟁 초기, 일본이 세운 괴뢰정부의 협조 요청을 거부하다 암살당했다. 부친 첸쓰량(錢思亮)은 대만대학 교장과 중앙연구원 원장을 지낸 과학자였다. 형들도 재정과 의학계에서 명성을 날렸다. 첸푸는 후배들을 엄격히 교육시켰다. 전 대만 총통 마잉주(馬英九)도 첸푸를 스승으로 모셨다.

"고수와 바둑을 한판 겨루고 싶다"

물리학자 선쥔산은 양친이 미국 유학을 마친 농업 전문가였다. 학생 시절부터 수학과 바둑에 두각을 나타냈다. 축구부와 농구부 주장도 겸했다. 수학과 바둑에 대한 글이 교사들의 주목을 받았다.

"바둑과 수학은 머리를 단련시키는 훈련의 일종이다. 바둑은 수학에 없는 우수한 점이 있다. 청소년들이 진검승부의 장인 사회에 진입하기 전, 시험 삼아 싸워볼 수 있는 곳이 바둑판이다. 패해도 상처를 입지 않는 좋은 체험을 할 수 있다. 바둑은 한 번 배우면 평생 잊어버리지 않는다. 실력이 퇴보하는 법도 없다."

장제스(왼쪽 두 번째)와 쑹메이링(맨 오른쪽)을
보좌하는 청년외교관 시절 첸푸(왼쪽 첫째).

무협소설의 대가 진융과의 인연도 시작은 소설이었지만 결국은 바둑이었다. 선쥔산은 미국 유학 시절 진융의 애독자였다.

"1960년대 초 진융은 자신이 발행하던 『명보월간』(明報月刊)에 무협소설을 연재했다. 연재를 마치기가 무섭게 유학생 사회에 해적판이 나돌았다. 프린스턴대학에 재학 중이던 나는 주말마다 뉴욕에 갔다. 데이트하고 중국 음식 먹은 후에 진융 소설을 사러 책방으로 달려가곤 했다. 소설 보면서 작가가 바둑에 심취한 사람이라는 생각이 들었다. 기회가 되면 만나고 싶었다."

선쥔산은 바둑만이 아니었다. 체스 실력도 발군이었다. 졸업 후 전 미국 체스대회에 출전해 우승했다.

1964년 봄, 선쥔산은 귀국길에 올랐다. 진융을 만나기 위해 홍콩을 경유했다. 『명보월간』에 전화를 걸었다. 진융이 나사(NASA) 연구원과 퍼듀대학의 강단에 섰던, 미국 체스대회 석권자의 이름을 모를 리 없었다. 『명보월간』 동인들과 함께 31세의 대만 귀공자에게 풍성한 만찬을 베풀었다. 그날 밤 선쥔산은 호텔로 돌아가지 않았다. 산 중턱에 있는 진융의 저택에서 단잠을 잤다. 그날 이후, 선쥔산은 홍콩에 갈 때마다 진융을 찾았다. 진융도 선쥔산이 오면 모든 약속을 취소했다. 두 사람은 취향이 비슷했다. 수십 년이 지나도 한결같았다.

대만에 돌아온 선쥔산은 칭화대학에 자리를 잡았다. 잠시 행정원 정무위원으로 입각한 것 외에는 대학을 떠나지 않았다. 국사(國

진융(뒷줄 왼쪽 둘째)은 신문기자로 사회에 첫발을 디뎠다.
『명보월간』을 창간하며 경영을 위해
무협소설을 연재하기 시작했다.
『대공보』(大公報) 기자 시절의 모습.

事)에도 관심을 게을리하지 않았다. 민주화와 양안관계에 독특한 공헌을 했다. 1980년대, 대만은 계엄 상태였다. 정부와 재야의 소통에 발 벗고 나섰다. 민주화 운동으로 투옥된 인사들의 보석을 끈질기게 청원했다.

"국민당은 혁명정당이다. 지금은 민주 인사들을 석방하고 다당제를 수용하는 것이 혁명이다."

총통 장징궈는 한술 더 떴다. '결자해지', 민주 인사들을 풀어주고 야당창당도 하건 말건 내버려뒀다. 38년간 지속된 계엄령도 해제했다. 덩샤오핑이 일국양제를 제창하고 손을 내밀어도 모른 체했다.

선쥔산은 일국양제를 비판했다. 실현 불가능한 정책이라며 일국양치(一國兩治)를 주장했다. 중공은 선쥔산에게 눈독을 들였다. 신화통신 홍콩분사 사장 쉬자툰이 진융에게 부탁했다.

"선쥔산이 홍콩에 오면 자리를 만들어라."

이유도 댔다.

"고수와 바둑을 한판 겨루고 싶다."

진융은 일국양제 옹호자였다.

제 손으로 빗장 푼 대만

영국은 신중국과 사이가 나쁘지 않았다. 한국전쟁에 참전했을 때도 중국인민지원군과 기를 쓰고 싸우지 않았다. 부산 유엔군 묘지에는 영국군 무덤이 많다. 전사자가 많아서가 아니다. 사망자를 현지에 묻는 관습 때문이다. 홍콩총독부도 대륙에 신경을 썼다. 대만 군부나 관방 인사들의 방문을 제한했다. 1982년 덩샤오핑이 일국양제를 제창하자 중국정부는 대만의 명망가들과 대화를 원했다. 홍콩은 제쳐놓고 영국정부와 교섭했다.

"대만 정치가들의 홍콩 방문 제한을 풀어 달라."

대만 총통 장징궈는 요지부동이었다.

"지금 우리에게 시급한 것은 인재 발굴과 경제성장이다. 공산 비적들과의 담판이나 대화는 할수록 손해다. 중공과는 그 어떤 담판도 안 한다. 소련과의 접촉도 절대 안 한다."

몇 년 지나자 생각을 바꿨다. "시대가 변하고, 환경이 변했다. 우리도 변해야 한다"며 제 손으로 빗장을 풀었다. 미묘한 변화가 일어났다. 대만 상인들이 홍콩을 경유해 대륙으로 들어갔다. 투자도 서슴지 않았다.

대륙에 충성을 다짐한 홍콩 명사들이 신화통신 홍콩분사에 건의했다.

"홍콩에서 대륙 비자를 받으려면 오랜 시간이 걸린다. 홍콩정부에 영향력을 행사해주기 바란다. 관방 인사들의 방문규제도 해제할 때가 됐다."

쉬자툰은 홍콩총독을 만난 자리에서 대만인 비자 문제를 꺼냈다. 총독은 "대만의 관방 인사도 포함되느냐"고 반문했다. 이미 베이징의 동의를 받아놓은 쉬자툰은 즉석에서 답을 줬다.

"그런 일이 발생하면, 우리는 반대할 이유가 없다."

선쩐산에게 일국양제를 설득하려는 쉬자툰

홍콩『명보월간』사장 진융은 대륙의 국수들과 친분이 두터웠다. 중국 최초의 9단 천쭈더(陳祖德)와의 인연 때문이었다. 쉬자툰의 회고를 소개한다.

"1980년 1월 장쑤성 서기 시절, 중국 현대 바둑의 태두 천쭈더가 제자 녜웨이핑(聶衛平)과 함께 쑤저우에 왔다. 바둑 얘기로 꿈 같은 한나절을 보냈다. 나는 장난기가 동했다. 중국 장기의 사령관 후룽화(胡榮華)와 녜웨이핑의 대국을 권했다. 상하이에 있는 후룽화를 쑤저우로 초청했다. 남송(南宋) 명장 한세충(韓世忠)의 저택이었던, 유서 깊은 정원 창랑팅(滄浪亭)에서 대국이 벌어졌다. 나는 일정 관계로 참관하지 못했다."

쉬자툰은 천쭈더와 진융의 끈끈한 관계도 빠뜨리지 않았다.

"진융은 바둑광이었다. 자신의 무협소설에 등장하는 고수와 협객들도 한결같이 바둑의 고수들이었다. 창랑팅 대국이 있었던 그해 겨울, 천쭈더는 녜웨이핑과 바둑판을 마주했다. 대국 도중 피를 토하고 쓰러졌다."

진융은 추앙하던 대가의 중병 소식에 당황했다. 일면식도 없던 천쭈더에게 편지를 보냈다.

문혁 10년은 천쭈더(앉은 사람 오른쪽 첫째)의 청춘을 삼켜버렸다.
천쭈더는 문혁이 끝난 후 40이 넘은 나이에
다시 모습을 드러냈다. 네웨이핑(앉은 사람
오른쪽 둘째)과 후룽화(앉은 사람 왼쪽 첫째)의
대국을 지켜보는 천쭈더. 1980년 1월, 쑤저우 창랑팅.

"홍콩의 겨울은 따뜻한 편입니다. 병을 다스리기에 적합합니다. 저희 집에서 휴식과 양병(養病)을 취하시면, 제겐 그런 영광이 없습니다."

천쭈더는 시와 서예에 능했다. 무협소설을 글로 취급하지 않았다. 무례한 사람이라며 무시해버렸다. 병문안 온 친구가 진융의 소설을 들고 왔다. 거리에 널린 해적판이었다. 심심풀이 삼아 읽다 보니 몰입했다. 숙련된 문체와 해박한 지식에 감탄했다. 친구들이 홍콩에 가라고 등을 떠밀었다. 진융의 환대는 극진했다. 도가 지나쳐도 어색하거나 불편하지 않았다. 6개월간 머물며 건강을 회복했다.

대만인의 홍콩 방문이 수월해지자 선쥔산도 홍콩을 자주 찾았다. 진융의 집에 머물 때가 많았다. 진융은 선쥔산을 만나게 해달라는 쉬자툰의 부탁에 어리둥절했다. 이유를 물었다. 쉬자툰도 숨기지 않았다.

"선쥔산은 중국의 인재다. 진짜 애국자다. 부모도 중국 식량 개선의 공신이다. 모친은 전쟁 시절 보리(大麥) 품종 개량에 주야를 가리지 않았다. 과로로 순직했다. 총리 저우언라이도 생전에 선쥔산을 탐냈다. 선쥔산은 덩샤오핑 동지의 일국양제를 매섭게 비판했다. 이해시킬 필요가 있다. 통전 대상은 아니다."

진융은 꾀를 냈다. 천쭈더와 선쥔산을 홍콩으로 초청했다. 두 사람은 온종일 바둑에 심취했다. 하루는 천쭈더가 외출했다. 훗날 선쥔산이 구술을 남겼다.

"홍콩에서 쉬자툰을 두 번 만났다. 첫 번째는 신문사 주관 파티였다. 악수와 형식적인 인사말이 다였다. 쉬자툰은 명의만 신화통신 홍콩분사 사장이었다. 실제는 중공의 홍콩주재 최고 책임자였다. 지하 총독이나 다를 바 없었다. 사람들은 하늘과 통하는 통천인물(通天人物)이라며 눈치 보기에 급급했다. 자본가들이 특히 심했다. 처음 부임했을 때는 어찌나 강경하던지 간담이 서늘했다고 한다. 홍콩 사정을 이해한 후부터 사람이 변했다고 들었다."

두 번째 만남은 진융의 사저였다. 천쭈더가 외출하자 선쥔산은 정원을 산책했다. 갑자기 고용인이 달려왔다. 사장이 신문사에서 곧 귀가하니 외출하지 말라는 말을 남기고 황급히 사라졌다. 잠시 후, 진융이 도착했다. 상기된 모습이 평소와 달랐다.

"쉬자툰이 당신과 만나고 싶어 한다. 제발 거절하지 마라. 부탁한다."

선쥔산은 바둑 관련 일은 아니라고 직감했다. 비밀 많은 인물과의 대화에 입맛이 당겼다. 흔쾌히 수락했다.

두 대의 검은색 리무진이 도착했다. 대형 버스가 토해낸, 색안경에 방탄복을 착용한 수십 명이 진융의 집을 에워쌌다. 쉬자툰이 앞장서고 네 명의 보좌관이 뒤를 따랐다. 첫 번째 파티장에서 볼 때와는 완전히 다른 모습이었다. 옆에 있던 진융은 어디로 피했는지 흔적도 보이지 않았다.

녜웨이핑(왼쪽 둘째)과 진융(오른쪽 둘째)의 대국을
참관하는 선쥔산(왼쪽 셋째). 서 있는 여자는
대만 여배우 후인멍(胡因夢).
1984년, 홍콩 진융 자택.

진융의 말년은 화려했다. 틈만 나면
중국의 명승지를 유람했다. 가는 곳마다 극진한
대우를 받았다. 신파 무협소설의 대가였지만 인색했다.
얌체 소리도 심심치 않게 들었다.

"오면 아주 좋고, 안 와도 그만이다"

신화통신 홍콩분사는 덩샤오핑이 일국양제를 천명하자 분주해졌다. 홍콩의 국민당 기구 책임자들과 접촉을 시도했다. 방법을 놓고 내부토론이 벌어졌다. 쉬자툰은 일단 해보는 성격이었다. 10월 1일 열리는 국경일 기념 축하연에 초청장을 보내자고 제안했다. 반대의견이 많다. "홍콩을 몰라도 너무 모른다. 그래 본 적이 없다"는 것 외엔 특별한 이유가 없었다.

최종 결정은 사장 쉬자툰의 몫이었다.

"우리의 태도와 정책만 표명하면 된다. 오면 아주 좋고, 안 와도 그만이다. 초청장을 보내라."

훗날 쉬자툰은 미국에서 당시를 회고했다.

"18명에게 초청장을 보냈다. 홍콩의 국민당 최고 책임자 천즈후이(陳志輝), 국민당 당보(黨報) 주간이나 다름없는 『홍콩시보』 발행인 쩡언보(曾恩波) 등은 답변이 없었다. 국민당 중앙위원이다 보니 그럴 만도 했다. 일부는 인편에 정중한 사의를 표했다."

이 일을 계기로 국민당이 파견한 각 분야 책임자 중에 중공과 접촉을 원하는 사람이 모습을 드러냈다. 일면식도 없었지만, 인편에 안부편지와 작은 선물을 보내왔다. 1997년 홍콩의 대륙 반환 이후를 염두에 둔 사람들이었다. 쉬자툰은 끝까지 이름을 밝히지 않았다.

대만의 문화계 인사들도 제 발로 신화통신 홍콩분사를 찾았다.

영화계 종사자들이 대륙에 들어가 영화 찍기를 희망했다. 이유가 그럴듯했다.

"문혁 전까지만 해도 홍콩 영화는 대륙에 들어가 찍을 수 있었다. 문혁이 발발하자 출입이 수월치 않았다. 한국에 가서 촬영했다. 대만도 그랬다. 한국은 산천이 수려하고 사계가 분명한 곳이다. 서울 근교의 왕릉이나 궁궐, 새로 이전한 대학 캠퍼스 내의 호수 등을 사용했다. 현대판 애정물이라면 모를까, 사극 배경으론 뭔가 어색하다. 중국 영화는 대륙에서 찍어야 제 맛이 난다."

분사 문화담당 부사장이 양안의 영화인들을 연결했다. 중국은행에 대출도 주선했다. 은행 측은 대만 영화인들을 못 믿었다. 신화통신 홍콩분사에 담보를 요구했다. 손실이 발생하면 '신화통신 홍콩분사 문화예술지원금'에서 탕감하겠다는 쉬자툰의 각서 덕에 대만 영화 여러 편이 완성됐다. 흥행도 성공적이었다. 대만과 홍콩 배우들의 대륙행이 줄을 이었다.

대만의 홍콩주재 문화총책 황예바이(黄也白)도 쉬자툰에게 접근했다. 신화통신 분사 문화담당 부사장에게 묘한 청탁을 넣었다.

"너희 사장과 영화를 보고 싶다."

대만에서 촬영한, 항일전쟁 시절 상하이사변을 다룬 영화였다. 쉬자툰은 거절하지 않았다. 날짜와 시간을 조정하는 동안 베이징 외교부에 의견을 물었다. 외교부도 찬성했다. 약속 하루 전, 황예바이가 황급히 분사에 통보했다.

"사정상 배석이 불가능하다. 다른 사람을 참석시키겠다."
쉬자툰의 회고를 소개한다.

"당시 국민당의 홍콩기관 상층부는 나를 함부로 만나지 못했다. 황예바이가 보자고 했을 때 국민당의 홍콩정책이 변한 줄 알았다. 내 판단이 틀렸다. 황의 개인행동이었다."

쉬자툰도 간부 한 명을 대신 보냈다.
예외도 있었다. 퉁웨쥐안(童月娟)은 1930년대 상하이의 유명한 아역배우였다. 쉬자툰은 항일빨치산 시절 벽촌 가설극장에서 퉁웨쥐안이 출연한 영화를 보고 매료된 적이 있었다. 대만에서 입법위원까지 지낸 퉁웨쥐안은 남편이 타계하자 홍콩에 정착했다. 20여 년간 '홍콩영화연극인협회' 회장을 역임하며 연기자들의 존경을 한 몸에 받았다. 행동도 자유로웠다. 무슨 일을 하든 간섭이나 허락받을 필요가 없었다.
쉬자툰은 퉁웨쥐안을 극찬했다.

"1983년 부임 직후 만찬에 초청했다. 완곡하게 거절당했다. 5년간 명절 때마다 같은 일이 벌어졌다. 1988년, 5년 만에 우리의 초청에 응했다. 80이 다 된 명연예인과의 만찬은 나와 분사 산부들을 감동시켰다. 생활과 영화, 상하이에 있는 옛 친구들을 화제에 올릴 뿐, 정치나 홍콩 반환 얘기는 한마디도 언급하지 않았다. 통전은 엄두도 못 냈다."

퉁웨쥐안은 1930년대 경극으로 연예인
생활을 시작했다. 항일전쟁 시절
가명으로 국민당 계열의 반일 지하조직에
참여하는 등 정치색도 강했다.

퉁웨쥐안은 정치관이 확고했다. 말년에 상하이나 항저우를 자주 찾았다. 거처를 마련하겠다는 중국 관방의 제의를 거절하고, 친구들의 보살핌을 받았다. 2003년 심장병으로 사망하자 생전에 남긴 유언대로 대만의 남편 묘지에 합장했다. 상하이·홍콩·대만·캐나다에서 열린 영결식이 장관이었다.

엉터리 기록

대만 4공자 선쥔산도 통전이 먹혀들어갈 틈이 없었다. 진융과 천쭈더까지 동원했지만, 결과는 초라했다. 쉬자툰도 실패를 인정했다. 선쥔산이 자신을 만나자고 했다는 엉터리 기록을 남겼다.

"진융의 전화를 받았다. 선쥔산이 나를 만나고 싶어 한다기에 바둑도 둘 겸 진융의 집으로 갔다. 천쭈더와 선쥔산의 대국을 감상하고, 나도 진융과 한판 뒀다. 점심 먹고 잡담을 나누던 중 선쥔산이 내게 청탁을 했다."

내용도 구체적으로 기술했다.

"일본에서 열린 아시아 농구선수권 대회에 대만 청년 농구단이 출전했다. '중화타이베이'(中華臺北)라는 명칭을 사용하자 대륙 측이 발끈했다. '중국타이베이'(中國臺北)를 고집하는 바람에 시합도 못 하고 돌아왔다. 영문표기는 중화나 중국 할 것 없이 모두 'CHINA'다. 통일은 문화와 체육에서 시작해야 한다. 글자 한자 놓고 옹졸하게 굴다 보면 통일은 요원하다며 열을 올렸다. 나는 선쥔산의 주장에 공감했다. 국가체육위원회에 건의했다. 이후 대만은 국제경기에 '중화타이베이' 사용을 고민할 필요가 없어졌다."

선쥔산은 쉬자툰과 다른 구술을 남겼다. 내용도 천양지차였다.

"공비들과는 절대 자리하지 마라"

한동안 중국 고위층들은 선쥔산을 만나고 싶어 했다. 장쩌민도 선쥔산에게는 시간을 아끼지 않았다. 만나면 한두 시간은 기본이었다. 세 시간을 함께하며 대화를 나눈 적도 있었다. 효과는 기대 이하였다. 일국양제의 우수성 설득에 실패했다. 전인대 상무위원장 완리(萬里)도 마찬가지였다. 선쥔산과 브리지 게임을 하며 별얘기를 다 주고받았다. 완리는 일국양치를 주장하는 선쥔산의 말을 듣기만 했다. 일국양제는 거론할 틈도 없었다.

"선쥔산은 대만의 국민당정부가 대륙에 파견한 밀사"라는 소문이 나돌기 시작했다. "장제스나 장징궈는 대륙에 밀사를 보낸 적이 없다"며 부정하는 사람이 많았다. 사실을 모르다 보니 그랬다. 냉전 시절, 대만은 대륙에 밀사를 7번 파견했다. 밀사들은 공통점이 있었다. 고위 관리나 선쥔산에 비견될 유명인물은 단 한 명도 없었다. 첫 번째 밀사는 가오슝(高雄)의 동네 음식점 주인이었다.

장제스는 회담(會談)을 싫어했다. 화담(和談)은 더 싫어했다. 환담(歡談)하며 시시덕거리는 법이 없었다. 대륙 시절 중공과 화기애

중공 총서기 장쩌민(오른쪽)은 선췬산을
세 번 만났다. 총 6시간 동안 기탄없는 대화를 나눴다.
1990년 12월 16일, 베이징 인민대회당.

선쥔산은 여자들에게 인기가 많았다. 세계적인 육상선수
지정(紀政)은 중풍에 걸린 선쥔산의 건강을 체계적인
운동과 산책으로 회복시켰다.
2004년 봄, 신주(新竹) 칭화대학 육상트랙.

애한 얘기를 나눈 적이 두 번 있었다. 미국의 강권 때문이었다. 타이베이로 천도 후, 국민당의 실패 원인이 공산비적(共匪)과의 화담 때문이라며 자탄했다.

"몇 차례 전투는 근본적인 패배 원인이 아니다. 공비와 두 차례 화담이 나와 우리를 망쳤다. 미국 대사 헐리와 마셜 원수가 만나라기에 어쩔 수 없었다. 만나서 평화 타령 하다 보니 우리의 전과(戰果)가 희석됐다."

아들 장징궈에게도 당부했다.

"공비들과는 절대 자리하지 마라."

당시 대만 인구는 600만 명에 조금 못 미쳤다. 일본이 남기고 간 공장들이 있었지만, 대를 이은 농민이 대다수였다. 대륙에서 철수한 군인들이 몰려들자 섬 안에 긴장이 감돌았다. 좌파의 선전이 맹렬했다.

"군대는 뭐든지 공짜다. 의식주를 도민(島民)이 부담해야 한다."

물자는 부족하고 물가는 치솟았다. 공포와 불안이 뒤를 이었다.

온갖 소문이 난무했다.

"미국은 국민당을 버렸다. 해방군인지 뭔지가 곧 들이닥친다. 국민당 고관들은 대륙에서 탈취한 황금을 들고 대만 떠날 준비에 분주하다. 장제스의 동서 쑹쯔원(宋子文)과 쿵샹시(孔祥熙)는 일찌감치 미국으로 내뺐다. 지혜를 뽐내는 축들은 대만까지 올 생각도 안 했다. 홍콩에서 걸음을 멈췄다. 국민당 정권은 방첩을 이유로 출도(出島)를 금지했다."

국방부 총정치작전부 주임 장징궈의 음성이 방송을 탔다.

"그간 군사력을 분산시켰다. 전략적 실패였다. 모든 역량을 집중시켜 우리의 거점인 대만을 공고히 하고 대륙 수복을 준비하겠다."

대만의 첫 번째 밀사, 리츠바이

아무도 안 믿었다. 장징궈는 현실을 무시하지 않았다. 대륙과 대화를 시도했다. 밀사를 파견하기 위해 중공 고위층과 친분이 두텁거나 인척인 사람을 찾았다. 총통부 전략고문 탕언보(湯恩伯)가 리츠바이(李次白)를 추천했다.

"나와 황푸군관학교를 같이 다녔다. 생도 시절 흥정에 능했다. 어느 음식점이든 외상을 잘 줬다. 여자 설득도 뛰어났다. 애인에게 차일 뻔한 동기생들을 많이 구해줬다. 중공 지휘부와 홍콩에 아는 사람이 많다."

장징궈는 군 관련 정보를 움켜쥐고 있었다. 누가 누구하고 친한지 훤했다. 공군사관학교 교장 후웨이커(胡偉克)를 은밀히 만났다.

"지금 대만은 풍전등화다. 총통이 중공과 화담을 원한다. 탕언보가 리츠바이를 천거했다."

후웨이커는 무슨 말인지 금방 알아들었다.

"내가 잘 안다. 군관학교 시절부터 가깝게 지냈다. 형과 형수가 프랑스 유학을 마친 중공당원이다. 누이동생은 상하이 시장 천이(陳毅)의 형 천멍시(陳孟熙)의 부인이다. 천멍시는 아군 장교였다. 동생 때문에 공산당에 투항했다. 리츠바이는 가족 관계로 진급을 못 하자 군문을 뛰쳐나왔다. 아는 사람 없는 낯선 곳에서 뱃속 편하게 살다 죽겠다며 가오슝으로 갔다. 작은 식당을 운영 중이다."

1997년 7월 1일 0시, 영국은 홍콩을 중국에 반환했다.
육·해·공 3군이 동시에 진입했다. 6월 30일 밤, 홍콩 진입을 대기하는
중국인민해방군 홍콩주둔 부대. 한국전쟁 시절
중국인민지원군 부사령관을 역임한 천경의 아들이 지휘했다.
그날 밤비가 내렸다.

장징궈는 한숨을 내쉬었다.

"우리는 복잡한 시대에 복잡한 나라에서 태어났다. 편한 곳은 어느 구석에도 없다. 리츠바이 정도면 대륙의 대만 침공 자제를 설득할 수 있다. 네 뜻이라며 밀사를 맡아달라고 간청해라. 총통과 나는 거론하지 마라. 수락하면 내가 직접 만나겠다."

1950년 5월 초, 리츠바이가 운영하는 식당에 불청객이 나타났다. 잠시 놀란 표정을 짓던 주인의 손이 벽을 향했다. 손 가는 쪽으로 눈길을 준 불청객은 픽 웃었다. "나랏일은 말하지 마라"는 '莫談國事'(막담국사) 넉 자가 큼지막하게 걸려 있었다. 몇 명 안 되던 손님이 빠져나가자 주인은 문을 걸어 잠갔다. 불청객 손을 잡고 구석 자리로 갔다. 텅 빈 식당에 폭소와 고성이 그치지 않았다. 해 질 무렵, 두 사람은 타이베이행 마지막 열차에 올랐다.

리츠바이를 만난 장징궈는 긴말을 하지 않았다.

"홍콩을 경유해라. 가족은 내가 책임지겠다."

매제의 소개로 만난 천이는 한마디로 거절했다.

"장징궈는 나도 잘 안다. 나를 떠보기 위해 너를 우리 쪽에 보냈다. 장제스는 만회하기 힘들다. 국·공합작은 시기상조다. 미국처럼 양당제를 실시하자는 장징궈의 제의는 일고의 가치도 없다. 내일 베이징에 간다. 마오 주석에게 보고는 하겠지만 기대하지는 마라. 국민당은 끝났다. 너도 여기 눌러앉아라. 친구들 만나서 같이 혁명대학에 입학하자고 권해라. 명단을 주면 통전부에 연락하겠다. 내가 돌아오면 환영연을 겸한 잔치나 하자."

1개월 후 한반도에 전쟁이 터졌다. 미 7함대가 대만해협을 봉쇄했다. 대만은 숨통이 트였다. 리츠바이를 까먹었다. 혁명대학을 마친 리츠바이는 국민당 특무로 몰렸다. 감옥에서 4년을 보내고 26년간 노동 개조를 받았다. 1980년 홍콩으로 추방당했다. 대만에 귀국을 요청했지만 반역자라는 이유로 거부당했다. 8년간 홍콩거리를 떠돌다 숨을 거뒀다. 희미한 사진 한 장 남기지 못했다.

선쥔산이 리츠바이의 비극을 모를 리 없었다. 신화통신 홍콩분사 사장 쉬자툰과의 첫 대화 때 대만정부나 기관의 대표가 아닌, 개인 자격임을 누차 강조했다.

품위 있는 사람들 6

"죽림칠현이 내 앞에 나타났다는 생각이 들었다.
섬세한 눈빛에 얼굴은 뽀얗고 창백했다.
손이 어찌나 예쁘고 고운지
악수하자고 손 내밀 자신이 없었다.
중국 귀공자의 해박한 지식과 예절에
숨이 멎는 줄 알았다."

마지막 사대부

> "우리 세대에게 그의 이름은
>
> 하늘을 받쳐주는 기둥이었다."

대부호 집안의 망나니 아들

2009년 11월 23일 월요일 새벽, 베이징 지수이탄(積水潭) 의원 내과 병동에서 94세의 품위 있는 노인이 세상을 떠났다. 엄청난 뉴스였다. 10여 분 후 기자들이 병원을 포위하다시피 했다. 이튿날 중국·홍콩·대만은 물론이고 온 중화권 매체가 양셴이(楊憲益)의 죽음을 대대적으로 보도했다.

> "한 명의 문화 노인이 세상을 등졌다. 양셴이는 서구문화에 정통한 혁명가며 중국의 마지막 사대부였다."

『중국청년보』(中國靑年報)에 실린 저명작가 왕멍(王蒙)의 글이 눈길을 끌었다.

> "듣고 싶지 않았던 소식을 접했다. 구시대가 배출한 최후의 대가 양셴이의 죽음을 계기로 많은 생각을 해봤다. 우리 세대에게 그의 이름은 하늘을 받쳐주는 기둥이었다. 업적도 길게 늘어

놓을 필요가 없다. '중국을 통째로 번역한 사람'이 한마디면 족하다."

29일 오전 10시 바바오산(八寶山)에서 열린 영결식은 볼만했다. 장쩌민, 후진타오(胡錦濤), 원자바오(溫家寶), 시진핑(習近平), 우방궈(吳邦國) 등이 보낸 조화가 줄을 잇고, 말로만 듣던 문화 명인 1,000여 명이 한자리에 모였다.

19세기 말, 톈진의 대부호 집안에 양위장(楊毓璋)이라는 망나니 아들이 있었다. 돈만 있는, 흔해 빠진 부잣집 아들이 아니었다. 진사(進士)와 총독을 줄줄이 배출한 막강한 명문의 후예였다. 부친은 광서제(光緒帝) 시절 대과(大科)에 급제한 진사였지만 고루하지 않았다. 아들딸 가리지 않고 전통교육을 받게 한 후 외국 유학을 보냈다. 한 나라에 두 명은 보내지 않았다. 자녀 8명을 영국·미국·일본·독일·프랑스·벨기에·러시아·스위스에 골고루 보냈다.

양위장은 20세가 되기 전에 아편에 손을 대고 화류계를 출입했다. 일본에 '게이샤'라는 멋진 여인들이 있다는 소문에 귀가 번쩍했다. 부친의 다섯째 부인을 찾아갔다. 일본 유학을 가겠다며 아버지에게 잘 말해달라고 부탁했다. 경극 배우 출신인 미모의 여인은 머리가 잘 돌아갔다. 평소 얼굴 보기도 힘들었던 집안 장남의 간곡한 청에 입이 벌어졌다. 걱정하지 말라며 용돈까지 듬뿍 쥐어줬다.

와세다대학 경제학과에 입학한 양위장은 학교 문턱은 거의 밟지 않았다. 당대의 명기(名妓)들과 어울리며 주지육림으로 시간을 보냈다. 귀국한 후에도 악습은 변하지 않았다. 다섯째 엄마와 숙부들

양셴이(뒷줄 오른쪽 다섯째)의 집에는 늘 문화인들이 붐볐다.
뒷줄 왼쪽 첫째가 혁명만화가 딩충(丁聰).
둘째는 명극작가 우쭈광(吳祖光).
앞줄 오른쪽 둘째는 마오쩌둥이 볼 책을 골라주던
싼롄(三聯) 총경리 판융(范用).

은 애가 탔다. 넷째 숙부가 아편과 방탕한 생활을 접으라고 간곡히 권했다. 숙부도 보통사람이 아니었다. 지금의 톈진과 허베이(河北)성 전역, 허난(河南)과 산둥(山東)성 일부 지역의 군정을 담당한 직례총독(直隷總督)이었다.

양위장은 숙부의 한마디에 돌변했다. 귀공자의 풍모를 되찾고 정도를 걸었다. 선양(瀋陽) 전신국장을 거쳐 톈진의 중국은행 행장에 취임했다. 북양군벌의 창시자 위안스카이와 죽이 맞았다. 투자를 아끼지 않았다. 금융업은 날로 번창했다. 아들 없는 것 외에는 아쉬움이 없었다. 1915년 1월 초, 아들이 태어나자 대총통 위안스카이가 보낸 첫아들 셴이의 관복을 걸어놓고 열흘간 잔치를 했다. 그리고 5년 후 눈을 감았다.

부전자전, 양셴이

양셴이는 열두 살 때부터 은행 이사회에 참석했다. 은행 일에는 관심이 없었다. 프랑스 조계에 있는 영국학교를 다니며 서양 문학을 처음 접했다. 굴원(屈原)이나 소동파(蘇東坡)와는 다른 맛이 있었다. 구술을 소개한다.

"모친은 나의 영어 수강 능력을 우려했다. 영국인 가정교사를 집에 들여놨다. 나보다 열 살 많은 영국 여자와 한집에 살며 영어로 대화를 나눴다. 의사였던 근엄한 영국 여인은 시간이 갈수록 나와 친해졌다. 하루는 함께 영국에 가서 살자며 내 뺨을 어루만지다가 모친에게 들켜서 쫓겨났다. 1934년 봄, 열아홉 번째 생일

밥을 먹고 집안 전통대로 유학길에 올랐다."

런던에 도착한 양셴이는 신문사부터 찾아갔다. 그리스어와 라틴어 가정교사를 구한다는 광고를 냈다. 1년간 책상을 떠나지 않았다. 옥스퍼드대학에 무난히 합격했다. 옥스퍼드에는 20여 명의 중국 학생이 있었다. 훗날 양셴이와 결혼한 그래디 테일러가 회고를 남겼다.

"나는 선교사였던 아버지 덕에 베이징에서 어린 시절을 보냈다. 옥스퍼드대학에서 불문학을 전공하던 중 양셴이를 만났다. 중국 유학생은 세 부류가 있었다. 자비 유학생은 문화 수준이 높았다. 공부보다 교양과 스포츠, 여행에 관심이 많았다. 양셴이는 방학만 되면 지중해를 여행했다. 돈 귀한 줄도 몰랐다. 배도 특등석만 타고, 일류 호텔이 아니면 묵지 않았다. 록펠러재단 장학금을 받는, 훗날 중국의 문화곤륜(文化崑崙) 첸중수(錢鍾書) 같은 학생들은 학업에만 열중했다. 국민당이 파견한 유학생들은 동료 감시와 정치에 관심이 많았다."

1930년대 옥스퍼드대학은 학생 관리가 엄격했다. 입학 첫해는 기숙사 생활이 의무였다. 해만 지면 문을 닫아걸었다. 양셴이는 매일 밤 만취 상태로 담을 넘었다. 1937년 중일전쟁이 발발했다. 부전자전, 양셴이도 하루아침에 딴사람으로 돌변했다.

중국학회의 군계일학

1935년 12월, 양셴이는 이집트를 여행했다. 밤에 안내인과 사막으로 갔다. 피라미드를 보자 술 생각이 났다. 술잔에 어른거리는 은빛의 달을 삼키다 보니, 꿈인지 인간 세상인지 황홀했다. 안내인이 은화 한 닢에 앞날을 봐주겠다고 하자 두 닢을 냈다. 눈 감고 하늘을 바라보던 안내인이 입을 열었다.

"앞에 바다가 보인다. 대서양 건너 영국에서 아름다운 금발의 소녀가 초조한 모습으로 너를 바라본다. 두 사람은 만난 적이 없지만, 만날 날이 머지않았다. 수많은 사연과 모험이 너와 금발의 소녀를 기다린다."

당시 영국에는 중국의 문화와 정치적 사건에 관심 있는 사람이 많았다. 옥스퍼드대학에 유학 중인 중국 학생들이 중국학회를 만들었다. 100명 정도가 일주일에 한두 번 모였다. 술과 노는 것에 열중하던 양셴이는 중국학회가 있는 줄도 몰랐다. 이집트에서 돌아온 후에야 가입했다. 학회 운영은 회장과 비서가 도맡았다. 비서는 나이가 제일 어린 양셴이 몫이었다. 회의 기록과 잡무였다.

양셴이는 술집을 다니며 영국인들과 어울렸다. 학회 가입신청서를 내밀면 거절당하는 경우가 거의 없었다. 1937년 7월, 항일전쟁이 발발하자 중국에 대한 영국인들의 관심이 폭증했다. 양셴이는 중국의 아름다움을 알리겠다며 굴원의 장시(長詩) 「이소」(離騷)를 영어로 번역했다. 중국학회는 영국 전역의 대학도서관에 「이소」 영역본을 자비로 배포한 양셴이의 업적을 높이 평가했다. 회장 선거 때 몰표를 줬다. 2년 만에 회원이 2,000명으로 늘어났다.

양셴이는 조국의 항일에 관한 신문을 만들었다. 하루에 한 장씩, 낮에 편집하고 밤에 인쇄해서 런던으로 보냈다. 런던에는 800여 명의 화교가 있었다. 제1차 세계대전 때 군수공장 노동자로 영국에 온 사람들이다 보니 영문 독해가 불가능했다. 중국어 신문을 받고 다들 좋아했다. 일본의 중국 침략을 규탄하는 영문잡지도 만들었다. 영국과 미국의 대학 도서관은 물론 톈진의 일본군 사령부에도 보냈다. 영국 유학 경험이 있는 사령관은 짓궂은 놈이라며 유려한 문장에 혀를 내둘렀다.

"나와 결혼하면 험한 꼴을 겪을지 모른다"

하루는 영국 친구가 양셴이를 찾아왔다. 결혼을 약속한 여자친구 그래디 테일러를 소개했다.

"베이징에서 태어나 일곱 살 때 영국으로 왔다. 중국 역대 시인들의 시를 프랑스어로 번역하는 것이 꿈이다."

훗날 테일러는 양셴이와의 만남을 기록으로 남겼다.

"죽림칠현이 내 앞에 나타났다는 생각이 들었다. 섬세한 눈빛에 얼굴은 뽀얗고 창백했다. 손이 어찌나 예쁘고 고운지 악수하자고 손 내밀 자신이 없었다. 어린 시절 나를 매료시킨 베이징의 화려한 점포와 등불이 떠올랐다. 나는 자전거도 못 타고 수영도 할 줄 모르는, 열두 살 전까지 집 안에서만 생활한 중국 귀공자의 해박한 지식과 예질에 숨이 멎는 줄 알았다. 중국 문학으로 전공을 바꿨다. 양셴이는 내게 '다이나이뎨'(戴乃迭)라는 중국 이름도 지어줬다."

나이데는 영국 애인과 절교했다. 2년 후, 옥스퍼드대학은 개교 이래 최초의 중국 문학 전공자를 배출했다. 양셴이의 영문 자서전에 이런 구절이 있다.

"나이데가 내게 청혼했다. 설득하느라 애를 먹었다. 나는 중국으로 돌아갈 예정이다. 지금 중국은 전쟁 중이다. 네 기억 속의 중국이 아니다. 나와 결혼하면 무슨 험한 꼴을 보고 겪을지 모른다고 말해도 듣지 않았다. 나이데는 영국 친구들에게 조찬회 초청장을 보냈다. 조촐한 아침을 들며 나와의 약혼을 선언했다. 전 애인도 초청했지만 나타나지 않았다. 나이데가 '너라면 어떻게 했겠느냐'고 물었다. 인연이 끝났으면 참석하지 않을 이유가 없다고 생각했지만 입 밖에 내지는 않았다."

자본주의 정보원으로 오해받아 4년간 화장실 청소

귀국 후 양셴이는 술과 번역에만 매달렸다. 영문으로 둔갑한 『자치통감』(資治通鑑), 『홍루몽』(紅樓夢), 『유림외사』(儒林外史) 등 100여 종의 고전들이 해외 중국 연구자들에게 호평을 받았다. 문화부가 요청한 중국문학사 번역으로 곤욕을 치를 뻔한 적이 있었다. 양셴이의 말을 그대로 인용한다.

"마오쩌둥의 말을 너무 많이 인용한 황당하고 가소로운 책이

양셴이와 테일러의 결혼기념 사진.
1941년 2월, 전시수도 충칭.

문혁 초기의 양셴이와 테일러.
양셴이는 문혁 시절 4년간 고초를 겪었다.
1967년 가을, 베이징.

1993년 3월, 양센이(왼쪽 둘째)는 마더 테레사(왼쪽 첫째),
전 필리핀 대통령 코라손 아키노(오른쪽 첫째)와 함께
홍콩 중문대학에서 명예학위를 받았다.

었다. 외국 독자들에게 불필요한 마오 어록을 빼버렸더니 분량이 반으로 줄어들고 내용도 훌륭했다. 문화부에서 난리가 났다. 총리 저우언라이가 순수한 학자의 적의 없는 행동이라고 두둔하는 바람에 없던 일로 넘어갔다."

문혁이 발발하자 얘기가 달라졌다. 마오쩌둥의 부인 장칭(江靑)이 이런 말을 했다.

"지금 중국에는 외국인이 많다. 일찌감치 우리 진영에 잠복한, 자본주의가 파견한 특무(정보원)들이다."

영국인과 결혼한 양셴이도 특무 취급을 받았다. 한밤에 감옥으로 끌려갔다. 이튿날 나이데도 잡혀갔다. 1993년 3월 홍콩에 온 양셴이는 감옥생활을 묻는 기자에게 긴말은 하지 않았다.

"심문은 한 번으로 끝났다. 동문서답만 주고받았다. 4년간 칫솔 들고 화장실 청소를 했다. 비 오는 날 불려 나가 사진을 찍었다. 같은 방 사람이 사형시키려고 그런다기에 될 대로 되라며 잠만 잤다. 날이 밝자 나가라고 했다. 잡혀 온 이유를 물었더니 4년 전에는 그럴 만한 이유가 있었고, 지금은 내보낼 만한 이유가 있어서 그런다며 빨리 집에 가라고 했다. 다음 날 나이데도 풀려났다."

양셴이는 죽는 날까지 정치인과 법관들을 멀리했다. 친하던 사람도 정계에 발을 들여놓으면 만나지 않았다. 딩충, 황먀오쯔, 치궁 등 문기 넘치는 예술가들하고만 어울렸다. 젊은 사람들에게 훈계하는 법도 없었다. 회고록도 반성투성이였다. 한국전쟁 시절, 조상들에게 물려받은 고서화와 나이데가 부모에게 받은 패물을 처분해 미그전투기 한 대를 기부한 일도 남기지 않았다. 화려하고 우아한 삶이었다.

지혜의 여신 우이팡

"우리는 모두 난세의 여자들이다.
조국과 후세의 영광을 위해 노력하자."

유엔 헌장에 서명한 유일한 중국 여성

1985년 11월 1일, 중공 중앙정치국원 시중쉰(習仲勛)과 전인대 부위원장 펑충(彭沖)이 난징을 방문했다. 장쑤성 서기와 성장을 대동하고 난징대학 부속병원을 찾았다. 입원 중인 노년의 우이팡(吳貽芳)과 생애 마지막 작별을 나눴다. 병원에 진풍경이 벌어졌다.

미국에서 날아온 50-60대 여성과 전국 각지에서 달려온 여교수와 연구원들이 연일 병실 복도를 메웠다. 11월 10일 오전, 전 진링(金陵)여자대학 교장 우이팡이 93년간의 비바람을 뒤로했다. 유명 인사들의 회고가 줄을 이었다. 진링이 배출한 여류 화학자가 9년 전 세상을 떠난 저우언라이의 회상을 소개했다.

저우언라이는 인재를 같은 편으로 만드는 능력이 탁월했다. 실패하면 장탄식하며 땅을 쳤다. 우이팡을 쑹메이링(宋美齡)과 함께 거론한 적이 있다.

"우이팡을 볼 때마다 기쁘고 즐거웠다. 우리 낭에 서던 사람이 있으면 얼마나 좋을까라는 생각을 여러 번 했다. 국·공합작 시절 입당을 권하고 싶었지만 입이 떨어지지 않았다. 한때 쑹메이 링의 기질과 재능에 탄복한 적이 있었다. 우이팡을 보고 생각이 바뀌었다. 모든 면에서 쑹을 능가했다. 원로 천수퉁(陳叔通)과 루 스벨트는 혜안이 있었다. 천 선생은 우이팡에게 학문의 길을 열 어줬다. 미국 대통령 루스벨트는 우이팡을 '지혜의 여신'이라 불 렀다. 가장 정확한 표현이다."

우이팡의 이름 앞에는 '최초, 유일, 가장'이라는 수식어가 평생 붙어 다녔다. 중국 최초의 여대 입학생이고 여대 교장이었다. 유엔 헌장에 서명한 유일한 중국 여성이고, 가장 근엄하고 숭고한, 융통 성 많은 교육자였다. 장제스와 쑹메이링이 직접 제의한 부장(장관) 직도 교육 외에는 관심이 없다며 두 차례나 거절했다. 평소 자신 에 관한 얘기를 자제했지만 늘그막에 소녀 시절 얘기를 남긴 적이 있다.

"나는 1893년 1월 26일, 일주일간 내린 폭우로 프랑스 파리가 물바다로 변한 바로 그날, 우한(武漢)의 세무관리 집안에서 태어 났다. 12세 때부터 언니와 함께 상하이와 쑤저우의 영어학교에 다녔다. 하루는 속히 돌아오라는 모친의 급전을 받고 부모가 있 는 우한행 윤선을 탔다. 배 안에서 이모부 천수퉁을 만났다. 이모 부는 평소와 달랐다. 침통한 표정을 지으며 우리를 피했다. 우리 가 보채자 아버지가 강물에 투신했다는 얘기를 해줬다. 장례를 마친 모친은 오빠와 언니, 동생을 데리고 친정 항저우로 갔다. 외

진링여자대학 교장 우이팡은 1945년 4월 25일
샌프란시스코에서 열린 유엔선포식에 중국 대표로 참석했다.
유엔헌장에 서명하는 우이팡.

할머니는 우리를 끌어안고 통곡했다. 나는 학교가 그리웠다."

1911년 10월, 쑨원의 추종자들이 우한에서 혁명군 깃발을 내걸었다. 우이팡 일가는 상하이로 이주했다. 국제도시의 거리를 총성에 놀란 피난민들이 메웠다. 어딜 가나 인산인해였다. 칭화대학에 재학 중이던 오빠는 미국 유학이 수포로 돌아가자 절망했다. 인간 세상이 싫었던지 아버지의 뒤를 따랐다. 황푸(黃浦)강에 몸을 던졌다. 남편 사망 후 시름시름 앓던 모친은 아들 사망에 충격을 받았다. 3주 후 잠에서 깨어나지 못했다. 비극은 계속됐다. 모친의 시신을 지키던 언니가 우이팡이 잠들자 옆방에서 제 손으로 목을 맸다.

이모부의 도움으로 고통을 딛고 일어서다

한 달도 안 된 사이에 오빠, 엄마, 언니를 잃은 17세 소녀는 갈 곳이 없었다. 동생 손을 잡고 이모부 천수통을 찾아갔다. 이모부는 우이팡을 안심시켰다.

"나는 너처럼 눈이 맑은 아이를 본 적이 없다. 오늘부터 너와 나는 부녀지간이다."

부탁도 했다.

"전족을 풀어라."

우이팡은 고개를 저었다.

"엄마가 정성을 다해 만들어준 선물입니다. 불편해도 영원히 간직하겠습니다."

천수통은 "네 말이 맞다. 너야말로 내 골육(骨肉)"이라며 눈물을

우이팡 가족이 남긴 유일한 사진. 앞줄 왼쪽부터
우이팡의 아버지, 동생, 어머니, 할머니,
천수퉁의 형과 천수퉁. 뒷줄 왼쪽 첫째가
14세 소녀 우이팡. 그 옆은 언니와 오빠.
1907년, 우한.

훔쳤다.

천수퉁은 조카의 조용하고 강인한 성품을 높이 샀다. 미국 침례교가 항저우에 설립한 홍다오(弘道)여중 교장에게 붓으로 쓴 영문 편지를 보냈다.

"어린 나이에 온갖 액운과 고통을 겪은 여자아이가 있다. 나는 훗날 이 아이가 '자유를 누리며 규정을 존중하는 청소년'을 배양할 수 있기를 소망한다. 엄한 단련을 감히 청한다."

선교사의 딸로 항저우에서 태어난 교장은 중국이 어떤 나라인지 잘 알았다. 청나라 말기 대과(大科) 급제자며 혁명 세력도 인정한 대지식인을 중국의 전통적인 방법으로 예우했다. 안부를 묻는 정중한 편지로 우이팡의 입학 통보를 대신했다. 우이팡은 천수퉁을 실망시키지 않았다.

1914년 겨울, 천수퉁 일가는 베이징으로 이주했다. 우이팡은 베이징여자사범학교와 부속 초등학교에서 1년간 영어교사를 했다. 첫 월급으로 천수퉁의 안경과 단장을 샀다. 이듬해 겨울, 홍다오여중 시절 미국 역사를 강의하던 여교사의 편지를 받았다. 난징의 우이팡기념관(貽芳園) 자료실에 있는 서신 내용을 소개한다.

"나는 1913년에 설립한 진링여자대학으로 자리를 옮겼다. 금년 가을 정식 개교와 함께 여학생 11명이 입학했지만 7명은 2개월 만에 학업을 포기했다. 교직원 6명 중 2명이 중국인이고 나머지는 미국 국적이다. 홍다오여중 재직 시 너의 단정함과 꼿꼿한 자세는 내게 깊은 인상을 남겼다. 우리 교직원들의 의무는 장차이 대학을 이끌 중국 여학생 발굴이다. 너의 입학을 간청한다."

우이팡은 주저했다. 학비 때문이었다. 천수퉁과 이모는 조카를
격려했다.

"너는 결정만 하면 된다. 우리는 너를 지지한다."

대학 측은 우이팡을 위해 2개월간 특별반을 개설했다. 여름에
1학년 과정 시험에서 전과목 거의 만점을 받았다. 2학년이 된 1회
입학생 4명과 합류했다. 입학 초기만 해도 불행한 가정사의 음영을
털어버리지 못했던 우이팡은 영어『성경』을 읽기 시작했다. 암송
하기까지 18개월이 걸렸다. 꿈같은 대학 생활이 시작됐다.

창강 유역 유일 여자대학의 탄생

서구 열강의 중국 진출은 대포나 돈보다『성경』이 먼저였다. 선
교사들은 도시와 농촌에 학교부터 세웠다. 여성교육도 등한시하지
않았다. 1개 현(縣)에 외국인이 설립한 여중이 한두 개는 있었다.
최종 목표는 선교였다. 1911년 가을, 혁명이 발발했다. 신정(新政)
이 실시되자 여학교가 늘어났지만 여중 졸업생을 수용할 고등교육
기관은 전무했다. 당시 대학은 여학생을 뽑지 않았다.

1912년 11월, 강남의 7개 교회를 대표하는 미국 여성 7명이 한
자리에 모였다. 4년제 여자대학을 난징에 설립하기로 합의했다.

"교명은 난징의 옛 이름을 딴 '진링여자대학'으로 하고 교장(총
장)은 서스톤 부인이 맡는다. 3년간 준비를 거쳐 1915년 개교를 목
표로 한다."

1954년 9월 27일 전인대 1차 회의에서
투표하는 천수퉁. 대표들은 무기명 투표에서 천수퉁을
상무부위원장으로 선출했다.

서스톤은 학술지와 신문을 뒤지며 교수 요원을 발굴했다. 미국 전역을 다니며 모금 활동도 벌였다. 학교 부지로 청나라 말기 국정을 좌지우지하던 이홍장(李鴻章)의 다섯째 아들이 여덟 번째 부인과 살던 대저택을 헐값에 매입했다.

1915년 가을에 문을 연 진링여자대학은 창강(長江) 유역의 유일한 여자대학이었다. 여러 교회와 기독교 단체들의 참여가 줄을 이었다. 미국의 명문 스미스여대는 참관단을 파견해 자매결연을 맺었다. 매년 학교 운영비 일부를 부담하고 학기 실습생을 보냈다. 뉴욕주립대학은 진링여자대학 졸업생이 유학 올 경우 학점을 인정했다.

서스톤은 전인교육(全人敎育)과 실천교육(實踐敎育)의 신봉자였다. 학생관리가 엄격했다. 70점 이하는 보충수업 듣고 재시험을 치르게 했다. 70점 아래가 두 과목이면 무조건 유급이었다. 신입생에게 IQ 측정도 실시했다. 90 이하는 입학을 허락하지 않았다. 학생들에게 걷는 자세, 음악에 대한 소양, 조직 활동의 중요성, 아름다움을 즐길 줄 아는 능력, 주변인들에 대한 관심과 봉사, 체육 활동 등 요구사항이 한두 가지가 아니었다. 후회하는 학생이 줄을 이었다. 서스톤은 자퇴 희망자를 만류하지 않았다.

우이팡은 모든 면에서 발군이었다. 서스톤이 동료 교수에게 이런 말을 할 정도였다.

"저 아이는 중국의 신구(新舊)가 적절히 융합된 학생이다. 전족을 해 불편한 몸으로 모든 활동에 빠지는 법이 없다. 자연과

학과 인문학 소양이 출중하고, 영어 문장은 우리가 봐도 놀랄 정
도다."

"진링여자대학을 너에게 맡기기로 했다"

우이팡은 5·4운동으로 온 중국이 들썩거리던 1919년 가을, 최
고 성적으로 진링여자대학 졸업장을 받았다. 베이징여자고등사범
이 우이팡을 영어 교사로 초빙했다. 학생들은 영어 시간에 전족을
한 26세의 자그마한 중국인 여교사가 나타나자 당황했다고 한다.
후스(胡適)의 회고를 소개한다.

"호기심에 우이팡의 강의를 창밖에서 몰래 청강했다. 에밀리
브론테의 명작을 읽는 조용하고 낭랑한 음성이 일품이었다. 까
치발하고 교실 안을 들여다봤지만, 그날따라 안경을 놓고 오는
바람에 얼굴은 보지 못했다. 25년 후 유엔으로 가는 비행기 안에
서 그때 얘기를 했더니 조용히 웃으며 고개를 숙였다. 소문대로
교양과 기품이 넘쳤다."

1921년 겨울, 미국 명문 마운트홀리요크여대 총장이 베이징여
자고등사범을 방문했다. 강연을 마친 총장은 우이팡의 품위 있는
통역에 혀를 내둘렀다. 귀국 후 미시간대학에 우이팡을 추천했다.
몇 개월 후, 우이팡은 미시간대학이 보낸 대학원 입학 허가서를 받
았다.

우이팡은 미시간대학에서 생물학 학위과정을 밟았다. 적응력이

개교 초기의 진링여자대학 교수와 학생들.
둘째 줄 가운데 키 큰 여성이 초대 교장 서스톤.

빠르고 모두에게 호감을 줬다. 1년 후 유학생회 부회장에 선출됐다. 이모부 천수퉁은 학업에만 열중하라며 매달 돈을 보내줬다.

파스퇴르 장학금까지 받았으니 생활에 어려움은 없었다. 그래도 우이팡은 학교 화장실 변기와 식당 청소를 하며 저축을 게을리하지 않았다. 유일한 혈육인 동생과 천수퉁의 딸 유학자금을 부지런히 모았다. 두 동생이 미시간대학에 유학 오자 밤새 교내를 산책하며 훌쩍거렸다.

1925년 5월, 상하이의 일본 자본가가 중국 노동자를 학살했다. 대규모 시위가 동방의 국제도시를 마비시켰다. 영국 경찰의 발포를 계기로 사건은 걷잡을 수 없이 확대됐다. 미국 신문도 연일 사건을 보도했다. 우이팡은 일본과 영국의 폭행에 분노했다.

하루는 호주 총리가 미시간대학을 방문했다. 학생 4,000여 명이 운집한 교정에서 중국을 모욕했다.

"중국은 낙후된 나라다. 국민은 무지하고 정부는 무능하다. 도적과 비적들이 도처에 널려 있다. 독립된 국가가 될 자격이 없다."

우이팡은 식음을 전폐하고 잠도 안 잤다. 호주 총리의 강연을 비판하는 문장을 새벽까지 완성했다. 『미시간일보』에 실린 글을 본 중국 학생들은 우이팡만 보면 웃으며 손을 흔들었다. 우이팡은 청년들의 그런 모습에 더 치욕을 느꼈다.

1928년, 북벌(北伐)을 마친 장제스가 교육주권을 선언했다.

"외국인이 설립한 모든 교육기관의 교육권을 회수한다."

상하이에서 진링여자대학 이사회가 열렸다. 안건은 중국인 교장 선출이었다. 생물학과 주임이 우이팡을 추천했다. 교장 서스톤은 다른 사람을 천거했다. 두 명 모두 실력과 자격에는 이상이 없었다. 서스톤이 염두에 둔 인물은 예의범절에 결격 사유가 있었다. 이사회는 우이팡을 낙점했다. 미국에 편지를 보냈다.

"진링여자대학을 너에게 맡기기로 결정했다. 즉시 귀국할 필요는 없다. 미국의 여자대학을 충분히 둘러보며 교장 임무를 수행할 준비를 하기 바란다."

우이팡 35세 때였다.

같은 해 11월 4일 밤, 오색 등불이 진링여자대학 체육관을 물들였다. 귀빈석이 요란했다. 소박한 복장에 단정한 모습의 우이팡이 취임사를 시작했다. 첫마디에 다들 깜짝 놀랐다.

중국어로 취임사한 우이팡

개혁과 혁명은 혼란의 시작이지 마무리가 아니었다. 19세기 중후반 개혁과 혁명 바람이 불면서 중국은 조용한 날이 단 하루도 없었다. 어느 구석에서건 총질이 벌어졌다. 유서 깊은 골목에서 몽둥이가 춤을 추고, 일하는 사람은 일하지 않는 사람의 비판 대상이 되기 시작했다.

엉망이긴 교육기관도 마찬가지였다. 서구에서 유입된 선교사들은 도처에 학교를 세웠다. 숫자 파악이 힘들 정도로 난립했다. 학생들도 남편에게 두들겨 맞고 가출한 여인이나, 눈 맞은 형수와 야밤에 고향 등진 시동생 등 각양각색이었다. 교사도 엉터리가 많았다. 교내에서 별 해괴망측한 일이 다 벌어졌다. 그래도 나른 분야에 비하면 일찍 제자리를 찾았다.

1910년대에 들어서자 제대로 된 고등교육기관들이 모습을 드러냈다. 난징의 진링여자대학은 여선교사들이 세운 모범적인 대학이었다. 설립도 빨랐다. 1919년 지금의 베이징대학 자리에 미국인이 세운 옌징(燕京)대학보다 4년 먼저였다.

개교 이래 진링여자대학은 모든 강의를 영어로 했다. 교장의 훈시도 마찬가지였다. 2대 교장 우이팡의 취임식도 내빈들의 영어 축사가 줄을 이었다. 단상에 오른 우이팡은 중국어로 짧은 취임사를 했다.

"진링여자대학은 중국인의 대학이다. 본교의 설립 목적은 신해혁명 후 우리 사회에 필요한 여성지도자 양성이다. 중국의 지도자는 국학과 과학을 겸비해야 한다. 현재 고등교육을 받은 여성은 소수다. 여성교육의 목적은 책임감과 고결한 인품을 소유한 지도자 배양이다. 중국은 혼란기다. 우리는 모두 난세의 여자들이다. 포기하지 말고, 조국과 후세의 영광을 위해 노력하자."

영어 연설만 듣던 학생들은 젊고 예쁜 교장의 중국어 취임사에 환호했다. 졸업생의 회고를 소개한다.

"꼿꼿한 자세가 붓 같았다. 조용한 음성에 힘이 있었다. 흑색 머리와 화장기 없는 얼굴에 단정한 걸음, 졸업하는 날까지 흐트러진 모습을 한 번도 본 적이 없었다. 이른 새벽 교내를 산책하는 뒷모습은 같은 여자 눈에도 고결해 보였다. 항상 평화의 중요

우이팡은 매일 새벽 교내를 산책했다. 한 학생이
우이팡의 뒷모습을 남겼다.

성을 강조하던 표정이 아직도 눈에 선하다. 중공 원로 둥비우(董
必武)가 중국 남자 중에는 우이팡 같은 인물이 없다는 말을 자주
했다고 들었다. 맞는 말이다."

진링여자대학은 1951년 가을 미국의 지원동결로 국립진링대학
과 합병할 때까지 36년간 존속했다. 1928년 교장에 취임한 우이팡
은 23년간 진링여대를 이끌었다. 우이팡의 재직 기간은 평범한 시
절이 아니었다. 전란이 빈번하고 자연재해가 그치지 않았다. 우이
팡은 후생(厚生)을 교훈으로 내걸었다. 학기 초마다 학생들에게 후
생을 강조했다.

"인생의 목적은 후생이다. 후생은 자신을 빛내기 위함이 아니
다. 자신의 지혜와 능력을 통해 타인을 돕고 사회를 복되게 하는
것이 진정한 후생이다. 우리 대학의 창학(創學) 종지(宗旨)는 개
인의 사리(私利)를 도모하지 않는 고상한 인격체의 양성이다. 한
분야의 전문 지식을 갖추지 못한 사람은 책임감이 약하고 게으
르다. 재학 기간 서로 돕고 협력해서 사회에 봉사할 준비를 하도
록 하자. 그것이 애국주의의 출발이다."

홀로 학업과 교육에만 전념하기로 하다

우이팡은 평생 가정을 이루지 못했다. 집요하게 묻는 쑹메이링
에게 연애 같지도 않은 연애를 한 번, 그것도 '할 뻔했다'고 실토한
적이 있다.

"젊은 시절 현재 국민당 고관이 보낸 구애 편지를 받았다. 나는 어릴 때부터 인간 세상의 염량세태(炎凉世態)를 수없이 겪었다. 진심인지, 단순한 호기심 때문인지 알 수가 없었다. 답장을 안 했다. 두 번째 편지를 받고는 별생각이 다 들었다. 세 번째 편지를 기다리던 중 그 사람이 미국 유학 떠났다는 소식을 들었다. 한 번 간 사람은 몇 년이 지나도 돌아오지 않았다. 그러다 보니 서른이 훌쩍 넘어버렸다. 그 사람의 결혼 소식을 듣고 충격받았다. 학업과 교육에만 전념하기로 결심했다."

고관의 이름은 밝히지 않았다. 쑹메이링은 누군지 짐작이 갔다. 우이팡에게 들은 말을 장제스에게 그대로 해줬다. 남녀문제에 정통한 장제스도 처음에는 무슨 말인지 이해가 안 갔다. 한동안 멍한 표정을 짓더니 갑자기 폭소를 터뜨렸다. 쑹메이링에게 신신당부했다.

"앞으로 우이팡 만나면 말조심해라. 한번 한 약속은 꼭 지켜라."

이튿날 외교부장을 불렀다.

"편지 한 통이 네 운명을 갈랐다. 한 통 더 보냈으면 평생 큰 고생할 뻔했다. 네가 연애편지 두 번으로 그친 덕에 중국은 위대한 교육자 한 명을 얻었다. 앞으로 우이팡에게 잘해라."

외교부장은 웃기만 했다. 쑹메이링과 외교부장은 우이팡의 일이라면 발 벗고 나섰다. 진링여자대학의 교세 확장에도 신경을 썼다. 중국풍의 강의동, 도서관, 기숙사, 강당, 부속 중학, 체육관 신축과 베를린 올림픽 참관인 파견에 한몫했다.

영국 출장 중 올림픽 여자 대표팀 임원으로 참가한
진링여자대학 체육과 교수(앞줄 왼쪽 첫째와 셋째)를
격려하기 위해 독일을 방문한 우이팡(앞줄 왼쪽 둘째).
1936년 8월 7일, 베를린 올림픽선수촌.

교장 우이팡은 젊은 시절의 고지식한 우이팡이 아니었다. 하루는 새벽 산책 도중 기숙사 담에 의자가 있는 것을 보고 걸음을 멈췄다. 생각해보니 짚이는 바가 있었다. 21세기인 지금 했어도 화제를 몰고 올, 기상천외한 지시를 했다.

기숙사에 만든 연인실

진링여자대학의 시설과 교육환경은 당대 최고였다. 교장 우이팡은 하나를 더했다. 당시 국립진링대학에는 잘생긴 남학생이 많았다. 진링여자대학생들에게 인기가 있었다. 명승지 쉬안우호(玄武湖) 인근은 해만 지면 진링여자대학와 진링대학 학생들의 데이트 장소였다.

진링여자대학은 밤 9시만 되면 기숙사 문을 닫았다. 우이팡은 새벽에 학교를 산책하는 습관이 있었다. 하루는 기숙사 창문 앞에 놓인 의자를 발견했다. 졸업생이 구술을 남겼다.

"교장은 늦게 돌아온 학생이 의자에 올라가 창문을 넘어 숙소로 들어간다는 것을 알았다. 교내에 연인실(戀人室)을 만들자고 제의했다. 금하는 것이 소통만 못하다는 말에 다들 동의했다. 기숙사 1층 휴게실에 탁자와 의자를 갖춘 작은 방들이 들어섰다. 밤 9시 전까지 학생들은 그 안에서 연인들과 시간을 보냈다."

요구 사항도 있었다.

진링여자대학의 연인실. 남학생들이
여자친구를 만나러 오면 한쪽 구석에서
교무주임이 어슬렁거리거나 신문을
보는 척하며 연인실을 감시했다.

"먹고 난 사탕봉지와 과일 껍질은 남학생이 들고 나가라."

'로칼'(Local)이라는 용어가 교내에 유행했다. '러브콜'(Love Call)의 약자였다. 누구의 연인이 나타나면 학생들은 친구 이름을 부르며 "네 로칼이 왔다"고 수다를 떨었다.

하루는 실연당한 여학생이 음독을 기도했다. 우이팡은 학생을 꾸짖었다.

"나도 한때 세상을 등지려 한 적이 있었다. 자살은 자신이 한 일에 책임을 안 지려는, 비열한 사람의 행동이라는 생각이 들자 뜻을 접었다."

일찍 발견되는 바람에 목숨을 건진 여학생은 무릎을 꿇고 사죄했다. 화학을 전공한 이 여학생은 훗날 원자탄 개발에 한몫했다.

전쟁 중에도 불이 꺼지지 않은 교실

1937년 7월 초, 장제스가 저명 교수들을 뤼산(廬山)으로 초청했다.

"일본과의 전쟁이 임박했다. 전시에도 교육은 평소와 같아야 한다."

황급히 난징으로 돌아온 우이팡은 교무위원회를 열었다. 대학을 쓰촨성 청두(成都)로 이전하기로 설정했다. 12월 3일, 일본군이 수도 난징을 공격하기 직전, 우이팡은 학생들과 영국 상선에 올랐다.

40여 일간 영국 군함에 바짝 붙어가며 일본의 공습을 피했다. 청두에 도착한 우이팡은 현지 대학과 연합했다.

전쟁 기간, 우이팡은 미국에 있는 진링여자대학 졸업생과 미시간대학 동창들이 보내준 성금을 요긴하게 썼다. 전시아동보육원을 차리고, 일본 점령 지역에서 온 여학생들에게 교육 기회를 줬다. 부상병을 돌보러 전쟁터로 나가는 학생들에게는 모든 지원을 아끼지 않았다. 교수지원단을 이끌고 미국도 방문했다. 전역을 순방하며 미국의 참전을 호소했다. 루스벨트가 '지혜의 여신'이라며 극찬할 만했다.

전쟁 중에도 학내 규정은 엄격했다. 재학 도중 결혼하면 자동 퇴학이었다. 군인과 몰래 결혼한 학생이 있었다. 우이팡은 평소 아끼던 생활용품을 들고 학생의 집을 찾아갔다. 결혼을 축하하며 더는 학교에 나오지 말라고 타일렀다. 몇 년 후 학생의 남편이 전사했다는 소식을 듣고는 재입학을 권했다.

"자녀는 부속 보육원에서 책임지고 키우겠다. 학업에만 열중해라."

전쟁이 끝나자 국·공내전이 벌어졌다. 국민당은 교육기관 장악에 열을 올렸다. 교내에 정보원을 침투시켜 블랙리스트를 만들었다. 1948년 가을 야밤에 경찰들이 난징의 대학 기숙사들을 동시에 덮쳤다. 진링여자대학도 예외가 아니었다. 우이팡은 기숙사 정문에 서서 경찰들을 제지했다. 눈 감고 고개 숙인 채 조용히 입을 열었다.

"내가 이 학교 대표다. 여기는 여자들만 있는 교육기관이다. 나

우이팡(둘째 줄 오른쪽 첫째)은 현안에 관한 회의를
자주 열었다. 1933년 일본군이 화북(華北)을 점령하자
'국제 문제 토론회'를 열었다.

는 당신들을 부른 적이 없다."

인솔자가 명단을 내밀었다.

"이 학생들만 데려가면 된다."

우이팡은 미동도 하지 않았다.

"안 된다. 빈손으로 가기 싫으면 나를 잡아가라."

인솔자는 우이팡이 어떤 사람인지 알고 있었다. 한숨을 내쉬며 철수했다. 투덜대는 부하들에게 이유를 설명했다.

"차라리 길길이 뛰어댔으면 제압하기 쉬웠다. 차분한 음성과 몸가짐이 어찌나 품위가 있던지 다리가 떨릴 지경이었다. 오래 있다 간 무슨 망신을 당했을지 모른다. 위에서 뭐라고 하든, 오늘처럼 해야 나중에 좋은 소리 듣는다."

이튿날 우이팡은 교육부장을 방문했다.

"여자대학의 명예를 위해 군경의 난입을 막아주기 바란다. 블랙리스트에 있는 우리 대학 학생들의 명단을 주면 내가 교육하겠다."

대학마다 비밀조직이 있었지만, 진링여자대학 학생들은 국민당이 대륙에서 철수하는 날까지 한 명도 잡혀가지 않았다.

우이팡은 국민당의 부패와 무능에 염증을 느꼈다. 장제스 하야 후 교육부장을 맡아 달라는 대리총통 리쭝런의 제의를 거절했다. 함께 대만으로 가자는 쑹메이링의 전화도 받지 않았다. 1949년 4월 말, 난징에 입성한 중국인민해방군 제3야전군 대표가 우이팡에게 정치협상회의 참여를 청했다.

정치협상회의에서 전족한 여인을 발견한 마오쩌둥이 이름을 물었다. 장쑤성 교육청장 우이팡이라고 하자 함박웃음을 지으며 고개를 숙였다.

"존함(大名) 들은 지 오랩니다. 교육부장을 두 번 마다한 분이 성교육청장직을 맡다니 신중국의 영광입니다."

우이팡은 23년간 9.9제곱미터(3평)짜리 교장실에서 집무했다. 싸구려 차만 마시고, 먹는 얘기는 입에 올린 적이 없었다. 의복도 행사 때 입는 두 벌 외에는 평범한 의상 몇 벌이 다였다. 매달 받는 봉급도 학생과 친구들을 위해서 썼다. 패물은 졸업생들이 선물한 진주목걸이 외에는 없었다. 그래도 어딜 가나 품위가 좌중을 압도했다.

김명호 | 중국인 이야기 **❽**